思想的風景

近代思想史另類閱讀

向繼東　著

序

思想史的側面

——謝泳

　　繼東兄在湖南《湘聲報》做編輯的時候，我是他的作者，想來這都是十幾年前的事了。繼東能把一張地方小報副刊辦成全國一流的報紙副刊，可以想見他的努力和見識。據我所知，那一個時期，國內文史界許多人都是他的作者。後來繼東還編輯過不少叢書，這些叢書都與思想和歷史有關，在社會上很有影響。

　　繼東本人是一個對中國現代思想有興趣也在此方面很用力的人。我們從收在本集中的文章中可以看出，他不僅發現了湖南當地文革時期被遺忘過的思想者，並力圖找回他們對中國現代思想史的貢獻，同時他對中國近現代以來有影響的思想文化界人物也精心研究，努力從他們身上發現與當代生活的關係。他雖然走的不是專業學者的研究路子，但在他筆下，有很多鮮活的史料和生動的記述。特別是他筆下的楊小凱、李慎之等思想者的經歷和思想活動，將來都是研究中國現代思想史的重要史料。

　　從繼東的寫作，我還想到當代中國思想史研究中存在的一個問題。

　　中國現代思想史研究的重點是在現代人物及他們的思想與活動方面，從學科建設方面來觀察，這方面可能成就最大。我們通常所謂的中國現代思想史研究主要是指這方

面的研究，特別是在專業的研究機構和高校裏，這是一個主要研究方向。在這方面的研究之外，從上世紀九十年代以來，還有一個重要的中國現代思想史研究的側面，就是像繼東這樣的作家和記者的出現。在這個群體中，還有一些自由撰稿人，如丁東、傅國湧、余世存等人，他們雖然不是專業的思想史研究者，但他們對中國現代思想史研究所做的努力，卻是其他研究者不能替代的。繼東在這個群體中，也有自己獨特的貢獻。他一方面是一個編輯，在整合相關研究資源以及協調出版方面，做過相當多的工作；另外，他本人也有相對獨立的研究工作，特別是對當代思想人物的關注，繼東的工作有他獨特的價值。在繼東筆下，當代中國思想界比較活躍的人物和他們的學術工作，繼東都有較為詳細的記述，這些工作現在看來也許不是很引人注目，但隨著時間的流逝，它的重要性會越來越為人所重視。因為繼東和這些人物以及相關的活動有直接關係，作為思想史材料來評價，這都是第一手的材料，繼東在這方面是一個有心人，他的工作也較為全面和系統。從他的這本書中，我們大體可以找到上世紀九十年代以來中國思想文化界發展的主要脈絡，其中很多線索將會在以後的思想史研究中成為重要史料。

　　繼東這本書，雖然不是一本專業的思想史研究論著，但它的重要性是顯而易見的，因為它是一個思想史側面的真實記錄，對於專業思想史研究來說，也非常有參考價值。今天研究中國現代思想史的人，除了要在專業及成型的文獻中發現材料外，更重視這些成型文獻以外的人物札記、記者筆錄和其他相關的文獻小品，因為這些看似零散的小書中，可能會有鮮為人知的史料。繼東這本書，我以為就有這樣的價值，它以後可以成為一本中國現代思想史研究中需要參考的書，因為書中涉及的人物及他們的思想已經成為歷史的一部分。

　　繼東要我為這本書寫幾句話，我談了一點感想，主要紀念我們之間
的友誼，並感謝繼東多年來對我研究工作的關心和支持。

謝　泳

2006年11月4日　於太原山西作協宿舍

2008年1月2日　校訂於廈門大學

目錄

第一輯

其人其事

李鴻章這個人

因為電視劇《走向共和》連播的緣故，晚清人物李鴻章又成了人們爭議的話題。梁啟超曾寫過《李鴻章傳》，對李氏作了一番總結：

> 李鴻章今死矣。外國論者，皆以李為中國第一人。又曰：李之死也，於中國今後之全局，必有所大變動。夫李鴻章果足稱為中國第一人與否，吾不敢知，而要之現今五十歲以上之人，三四品以上之官，無一可以望李之肩背者，則吾所能斷言也。（《李鴻章傳》，海南國際新聞出版中心，1994年10月版，頁3）

梁啟超還說：「吾……敬李之才，惜李之識，而悲李之遇也」，並稱李「為中國近四十年第一流緊要人物」。

我想，大凡讀一點中國近代史的人，恐怕都有這種共識。

在晚清權臣中，當屬李鴻章最有洞察力。正是他深切地意識到中國必須開放，與西方進

行競爭，此乃中國「數千年來一大變局」，於是才有洋務運動的興起。中國現代電信、交通、航運、軍備等產業，大多始於李氏之手。但是，主流意識幾十年來對李鴻章的評價是欠公允的。歷史教科書中的「標準說詞」，並非真正是歷史唯物主義的。

誰都知道，弱國無外交。在慈禧領導下的清帝國是怎樣的一副爛攤子，大家都略知一二。當時李鴻章集總理大臣等要職於一身，面對列強的要脅，也絕非以前所說的那樣，處處以「賣國求榮」。1896年，七十四歲的李鴻章出訪歐美，9月2日在美國接受《紐約時報》記者採訪時說的話，就最能體現其大國權臣的不卑不亢的人格魅力。

當時，美國通過了一個叫《格利法》的排華法案，剝奪了華裔人在美國的勞動權利，李鴻章很想幫助這些華裔，但又愛莫能助。有記者問他是否期待，廢除現存的排華法案或對其做大幅修改。李鴻章說：

> 我知道，你們又將進行選舉了，新政府必然會在施政上有些變化。因此，我不敢在修改法案前發表任何要求廢除《格利法》的言論，我只是期望美國新聞界能助清國移民一臂之力。我知道報紙在你們這個國家有很大的影響力。希望整個報界都能幫助清國僑民，呼籲廢除排華法案，或至少對《格利法》進行較大修改。（《帝國的回憶》，2001年5月北京三聯版，頁339）

李鴻章面對記者，不溫不火地說：

> 我聽了很多加州清國僑民的抱怨，他們在那裏未能獲得美國憲法賦予他們的權利，他們請求我幫助，以使他們的美國移民身分得到完全承認，並享受作為美國移民所應享有的權利。而你

們的《格利法》不但不給予他們與其他國家移民同等的權利，還拒絕保障他們合法的權益。其實，排華法案是世界上最不公平的法案。所有的政治經濟學家都承認，競爭促使全世界的市場迸發活力，而競爭既適用於商品也適用於勞動力。我們知道，《格利法》是由於受到愛爾蘭裔移民欲獨霸加州勞工市場的影響，因為清國人是他們很強的競爭對手，所以他們想排除華人。如果我們清國也抵制你們的產品，拒絕購買美國商品，取消你們的產品銷往清國的特許權，那麼你們將作何感想呢？我還想請問，你們把廉價的華人勞工逐出美國究竟能獲得什麼呢？廉價勞工意味著更便宜的商品，顧客以低廉價格就能買到高質量的商品，這有什麼不好呢？

美國是一個年輕的國家，他們一直以自己所擁有的民主和自由而自豪。李鴻章說：

你們不是很為你們作為美國人自豪嗎？你們的國家代表著世界上最高的現代文明，你們也因你們的民主和自由而自豪，但你們的排華法案對華人來說是自由嗎？這不是自由！因為你們禁止使用廉價勞工生產的產品，不讓他們在農場幹活。你們專利局的統計數字表明，你們是世界上最有創造力的人，你們發明的東西比任何其他國家的總和都多。在這方面，你們走在歐洲的前面。……你們不像英國，他們只是世界的作坊。你們致力於一切進步和發展的事業。在工藝技術和產品質量方面，你們也領先於歐洲國家。但不幸的是，你們還競爭不過歐洲，因為你們的產品比他們貴。這都是因為你們的勞動力太貴，以致生

1896年李鴻章在美國訪問時

李鴻章和他的兒孫們

產的產品因價格太高而不能成功地與歐洲國家競爭。勞動力太貴，是因為你們排除華工。這是你們的失誤。如果讓勞動力自由競爭，你們就能夠獲得廉價的勞力。華人比愛爾蘭人和美國其他勞動階級都更勤儉，所以其他族裔的勞工仇視華人。我相信美國報界能助華人一臂之力，以取消排華法案……（《帝國的回憶》，頁340-341）

李鴻章肯定沒有讀過《資本論》，但他的話語卻包含了對這種價值的評估。當記者問到「美國資本在清國投資有什麼出路」時，他的回答是乾淨俐落的：

只有將貨幣、勞動力和土地都有機地結合起來，才會產生財富。清國政府非常高興地歡迎任何資本到我國投資。我的好朋友格蘭特將軍曾對我說，你們必須要求歐美資本進入清國以建立現代化的工業企業，幫助清國人民開發

利用本國豐富的自然資源。所有資本，無論是美國的還是歐洲的，都可以自由來華投資。

讓外國投資清國，不怕喪失主權嗎？李鴻章說：

> 這些企業的管理權應掌握在清國政府手中。我們歡迎你們來華投資，資金和技工由你們提供。但是，對於鐵路、電訊等事物，要由我們自己控制。我們必須保護國家主權，不允許任何人危及我們的神聖權利。

這也可以說是李鴻章吸引外資的宣言，其原則在今天恐怕也沒有過時。

當記者問到中國的教育現況時，李鴻章一面承認中國只重男孩教育和窮人家孩子沒有上學機會的事實；一面表示將來我們會建立更多的學校，還會建供女孩就讀的公立學校，同時肯定歐美的教育制度，表示將學習歐美之適合我們國情的那些先進的教育制度。尤其是談到美國和歐洲的報紙時，李鴻章毫不掩飾對當時的清國報紙的不滿。他說：

> 清國辦有報紙，但遺憾的是清國的編輯們不願將真相告訴讀者，他們不像你們的報紙講真話，只講真話。清國的編輯們在講真話的時候十分吝嗇，他們只講部分的真實，而且他們也沒有你們報紙這麼大的發行量。由於不能誠實地說明真相，我們的報紙就失去了新聞本身的高貴價值，也就未能成為廣泛傳播文明的方式了。（《帝國的回憶》，頁342）

李鴻章對清國媒體的批評，至今讀來，耐人尋味！

當然，這裏說「清國報紙」的事，也不排除李鴻章在客人面前作秀，故意說些讓客人高興的話。梁啟超的《李鴻章傳》附錄了敏章編的《李鴻章年譜》。據年譜記載，光緒二十五年（1899年）十一月十八，李鴻章「以康有為、梁啟超逋逃海外，刊佈流言，復在沿海一帶，候往候來，命海疆各督撫嚴密緝拿二人」。次年正月十五，七十八歲的李鴻章又「詔命南、北洋、閩浙、廣東督撫懸賞十萬，緝拿康有為、梁啟超」，並嚴令「如有購閱所發報章者，也嚴拿懲辦」。這就和接受《紐約時報》採訪時的李鴻章判若兩人了。其實他自己就是「不願將真相告訴讀者」的人，對言論自由實行嚴厲的高壓政策。也許，這就是身在中國官場的李鴻章的兩面性吧。

人無完人，金無足赤。《唐浩明評點曾國藩家書》中說李鴻章辦了許多錯事，親手簽訂好些個喪權辱國的條約，招來罵名。歷史地、客觀地看李鴻章所辦的錯事，有些的確情有可原，因為一則他是奉命辦事；二則清國是弱國，在強敵面前，他李鴻章再想硬也硬不起來。但對李鴻章人品上的缺陷，則沒有必要為他辯護。

李鴻章以淮軍發跡，很快便躋身督撫高位。他的後半生執掌國家外交洋務大權凡三十餘年，在為國家辦事的同時，也為自己聚斂了巨大的財富。當時有一副聯語流傳甚廣，道是「宰相合肥天下瘦，司農常熟世間荒」。後句說的是翁同龢。翁為江蘇常熟人，官居戶部尚書，戶部尚書古時稱之為大司農，意謂司農家中常年豐收而農村的田是荒的。前句說的便是李鴻章。李係合肥人，身為大學士，即宰相。宰相倒是肥了，而天下百姓卻都是瘦子。李家後人至今保存著李鴻章去世後，其直系子孫遺產分配的合同。合同中提到李家在合肥、巢縣、六安州、霍山都有大量田產，在揚州有當鋪，在廬州府、江寧、揚州、上海等有大批房產。合同中只提到不動產，至於金銀財寶等動產部分還不知有多少。其錢是怎麼來的？當然是為官撈來的。《唐浩明評點曾國藩家書》中有一則評點文字，題目就叫

〈李鴻章貪財〉。李鴻章也確實喜歡錢。出訪美國時與美國退休將軍威爾遜見面就問：「在美國你很富嗎？」接著轉而又問現任將軍盧傑「很富嗎？」，由此也可見「錢」在李鴻章心中的位置。據俄國沙皇冬宮檔案記載，1896年李鴻章簽訂《中俄鐵路條約》後，就陸續從道勝銀行獲得了沙俄給予的「回扣」三百萬盧布！至於他從北洋艦隊的軍需採購中撈了多少，只有等歷史研究專家去考證了。

官場寵辱，瞬息即變。李鴻章的一生也是跌宕起伏的。1896年冬，李鴻章出訪回京第二天，興沖沖的「覲見光緒，呈遞國書寶星」。四天後，卻「以李鴻章擅入圓明園遊覽，交部議」。後被「吏議革職，旨改為罰俸一年」。次年，也許是李鴻章最灰心喪氣的一年。敏章編《李鴻章年譜》載：

> 李投閒京師，門庭冷落，對時政頗多憤懣之詞。嘗自謂：予少年科第，壯年戎馬，中年封疆，晚年洋務，一路扶搖，遭遇不為不幸；自問亦未有何等隕越。乃無端發生中日交涉，至一生事業，掃地無餘。……功計於預定而上不行，過出於難言而人不諒，此中苦況，將向何處宣說？（《李鴻章傳》，頁174）

接著，李鴻章又反躬自問說：

> 我辦了一輩子的事，練兵也，海軍也，都是紙糊的老虎，何嘗能實在放手辦理，不過勉強塗飾，虛有其表，不揭破，猶可敷衍一時，如一間破屋，由裱糊匠東補西貼，居然成一淨室，即有小小風雨，打成幾個窟窿，隨時補葺，亦可支吾對付，乃必欲爽手扯破，又未預備何種修葺材料、何種改造方式，自然真相破露，不可收拾，但裱糊匠又何術能負其責？（同上，頁174-175）

當時清國如此衰敗的癥結何在？1895年2月北洋水師戰敗，丁汝昌退守威海，準備自殺殉國之際，收到日方海軍總司令中將伊東亨佑的一封勸降書。書曰：

> 至清國而有今日之敗者，固非君相一己之罪，蓋其墨守常經不諳通變之所由致也。夫取士必由考試，考試必由文藝，於是乎執政之大臣，當道之達憲，必由文藝以相升擢；文藝乃為顯榮之階梯耳，豈足濟夫實效？（王芸生編，《六十年來中國與日本》第2冊，民國二十年大公報出版，頁197-198）

伊東中將一針見血，指出清國之所以落敗的原因就是開科取士。不知當時的李鴻章是否看到過這封勸降書，但在兩年後失寵的李鴻章就說了內容大致相同的話。李鴻章歎曰：

> 言官制度，最足壞事，故前明之亡，即亡於言官。此輩皆少年新進，毫不更事，亦不考究事實得失、國家利害，但隨便尋個題目，信口開河，暢發一篇議論，藉此以出露頭角，而國家大事，已為之阻撓不少。（《李鴻章傳》，頁175）

　李鴻章畢竟是個歷史人物，其身影且行且遠。今天重溫這個歷史人物，能從其身上得到一點什麼啟示，才是最重要的。李鴻章說自己是個「裱糊匠」，其實也正是他自己甘當「裱糊匠」，才使中國的事情越辦越糟，終於一敗塗地，自己也被定格在那個揪心的歷史場景中。

（2005年5月）

回憶楊小凱的一次談話

一

　　昨天有朋友打來電話，說起楊小凱的去世及其對中國學術思想界的震盪，問我怎麼不寫篇悼念文章。其實，我早在琢磨這文章怎麼寫了。連日來，各大學術網站追懷和哀思如縷，張五常、汪丁丁、林毅夫、張曙光、茅於軾、吳敬璉、樊綱等海內外著名經濟學家，都寫了悼文或發了唁電。如張五常說他「學術生涯只有二十年，滿是火花的二十年。小凱不枉此生」；張曙光說他「創立了新興古典經濟學，成為中國學者走向世界，創立學派的第一人」。這些都是經濟學同行的評價。我又不懂經濟學，要說什麼好呢？所以遲遲沒有動筆。

　　我和楊小凱相識，得從他父親說起。他父親是我們這個大院的頭兒，姓楊名第甫，是個三十年代參加革命的「老延安」——我常叫他「楊老」。楊老一生坎坷，晚年有反思，常讓他秘書叫我，去聽他說那些「陳年舊事」。楊老有本回憶錄，叫《吹盡狂沙》。我讀這本回

楊小凱

1965年，楊小凱（後排右一）與父母兄弟在一起（原載楊曙光、楊小凱、楊輝、楊曉成編，《周年祭——獻給親愛的父親楊第甫》，2003年10月自印本，以下簡稱《周年祭》）

憶錄時，才知道楊小凱，當然也向楊老問起過楊小凱。後來楊小凱回國看望父親，我們就有機會見面並相識了。再後來，我讀到楊小凱牛津版的《牛鬼蛇神錄》，對他才有了更多的瞭解。

二

我寫過三篇關於楊小凱的文章。一篇是記事性的，題為〈從「現行反革命」到哈佛教授〉（因那時他正應聘做短暫的哈佛教授），文章發表在《今日名流》雜誌上；另一篇是訪談，題為〈從經濟學角度看中國問題〉，署名「楊小凱、向繼東」，發表於1998年第6期《書屋》雜誌。

這兩篇文章寫好後都沒有經他本人審讀，因我那時還沒有上網，寄來寄去又嫌太麻煩。大概是1999年春夏之交吧，他回國看望父親時，我給他送去兩本樣刊。他看了《書屋》上的文章後說：「以後發表訪談，還是先讓我看看。」話中似乎有一點意見，但從他後來將此文收入其網上文集來看，他還是滿意的。

我寫的第三篇文章就是這次訪談的內容。記得我整理後用電子郵箱發去讓他審。他看了，做了些改動，篇幅也增加了一千多字。因為這次訪談，他談到中國政治和「科索沃事件」等，其中一些觀點談得比較深入，所以這篇訪談國內一直找不到平面媒體發表，但此文的影響很大。記得我用電郵發給香港的《二十一世紀》，編輯部很快就回覆說：「此文不合本刊」，並告知說已轉給他們即將創辦的一個叫「世紀中國」的網站發表。過了幾天，「世紀中國」的編輯給我打電話說，因文章太長，要我把它分成三段，並加上小標題。我按照要求這樣做了，但創刊號終於沒能發行，直到半年後，我把此文的標題改了，才在李揚主持的「世紀中國·公共平台」刊出。幾乎就在同時，我還將此文寄給《讀書》編輯部，編輯很快就回覆說，談得很好，但很遺憾，不能發表。後來，北京三聯的資深出版家許醫農先生打電話給我，說她從《讀書》的編輯手裏拿到此文，和我談了

1983年9月，全家送楊小凱（後排左三）赴美國留學前合影（原載《周年祭》）

近二十分鐘，最後問我是否可將此文複印幾份給國內思想界的同人看看，如李慎之等，我說當然可以。後來我寫信問慎之老，他說看到了此文。我和慎之老的聯繫也是從此開始的。

三

記得1999年春夏之交，我正在讀安徽文藝出版社出的李澤厚的《世紀新夢》，書裏收了1989年李澤厚和劉再復的「告別革命」的長篇對話，於是我們的話題是從這裏開始的。楊小凱說，李澤厚和劉再復的對話是1989年的，而他在1987年就談到了這個觀點。

楊小凱說：「洛克的思想對我有過極大的影響。按照洛克的邏輯，革命要推翻的是一個暴君，而沒有一個比暴君更集權的力量，卻無法打倒暴君。一旦暴君倒下，革命中所形成的權威，任何人都無法控制它了，它又成了新暴君，又會催生革命。這就是『革命產生暴君，暴君產生革命』的改朝換代的邏輯。」

楊說，他有兩個基本的觀點：一是用革命手段推翻專制行不通；二是革命會延緩民主化進程。並說，在現代條件下，如果沒有國與國的戰爭，沒有上層階級內部的大規模衝突或類似代理人戰爭的局面，用革命手段推翻一個專制政體成功的概率等於零。換句話說，他不主張革命，因為革命無益於民主化進程，正如同俄國革命使蘇聯的民主化遭遇挫折一樣。所以阻止革命，對於當今中國的改革具有十分重大的現實意義。

他又說，後來讀過英國人伯克寫的《法國大革命論》，他的觀點又有很大的不同：因為革命理論也有其合理性。革命對統治者總是一種威脅，沒有這種威脅，政府為人民服務的承諾就不可信；有威脅，其行為就不會太離譜。美國憲法明確指出：人民的權利是上天賦予的，而政府的權

利則是人民給的。所以美國人普遍認為：你要統治我們，就必須得到我們的同意，要是你搞得不好，人民就可以革你的命。如美國的彈劾制度，就是人民表達革命權利的一種方法。

我們談到當時的科索沃事件。楊小凱説：「科索沃事件是世界歷史上的大事，也是中國政治和外交史上的大事。説它是世界史上的大事，是因為起於十七世紀和在十九世紀被神聖同盟確立的『國界神聖不可侵犯』的原則，已被『住民自治』和『民選政府』不可侵犯的原則所超越（override）。在這兩個原則有衝突時，國際社會選擇了後者優先的原則，並有『國際員警』機制來強制執行這些新制度。這是意識形態、道德準則和國際關係的大變化。其背景是：歐洲由於沒有統一的政治權力，各國之間長期戰亂，逐漸形成了住民自決、民選地方政府的原則，並且這個原則在二次世界大戰後，成為西歐的共同意識形態，各國之間的領土糾紛都是由住民投票解決的。例如德法之間對魯爾區的歸屬，在二次大戰後就用公民投票的方式解決。雖然法國是戰勝國，是魯爾區既成事實的治理者，公民投票還是使魯爾區回歸了德國。這次就是科索沃地方民選政府要求獨立，而南斯拉夫企圖收回自治權，並動用聯邦軍隊去攻打它。」

我説：「那麼強大的北約去打一個小小的南聯盟，這不是恃強凌弱嗎？」

楊小凱説：「不能這麼簡單地看，要在國際大環境下做具體的分析。中國人比較普遍地認為這是一場強權政治的遊戲，無道德準則可言，這點我也理解。但是我們的意識形態不能老是停留在『蘇聯時代』，要有人類普遍的價值觀念。比如説警察懲罰小偷就不能説是恃強凌弱，因為我們有社會公義的概念：偷東西是不義的，應該受到懲罰。」

我們談到他一篇隨想錄中的「三個平等競爭的野獸就是民主」的觀點。他説：「既然我們認識到人都有天生的弱點，找不到十全十美的『控制者』，那我們就讓幾個『一半是天使，一半是野獸』的人來平等競爭

15

吧！這個道理雖簡單，但實行起來卻不易，因為人都有征服的本能，都想打倒對方。怎樣才能保證他們和平共處、平等競爭？唯一的辦法就是依賴歷史提供的各派平衡、誰也吃不掉誰的機制。英國光榮革命前夕，長期互相迫害的兩大派之間就出現了這種誰也吃不掉誰的均衡局面，這就是兩個魔鬼平等競爭——即民主的條件。所以作為一個民主主義者，就要盡量維持上層各派的均衡，哪一派強大了，就要支持它的敵對派。可惜，中國知識份子對民主制度的實質遠未瞭解，他們喜歡附和強權而歧視弱者。」

我說：「由此來看，二十世紀中葉以來知識份子的悲劇全都是咎由自取。」

楊小凱說：「應該說是中國人運氣不好。如果沒有日本人入侵，1930年代中國已經有了五五憲草，已經在準備立憲，搞民主憲政。民法、公司法都上了軌道，經濟發展也非常好。日本入侵使中國憲政發展之夢破滅。抗戰後有另一次機會，但是國共政治協商失敗，又一次使中國失去憲政民主的機會。」

接著，我要他談談民主、自由、共和與憲政的關係。

楊小凱說：「以前我們只強調民主，其實民主、自由、共和、憲政這四個東西是有差別的。比如說，民主和自由就有緊張關係。自由是保護少數，民主是少數服從多數，所以自由主義是不信任民主的——因為民主可能會導致『多數暴政』。在人類歷史上，我們不難發現這個殘酷的事實：少數服從多數，結果成了多數迫害少數。共和強調地方的權力不應來自中央，應該有獨立的權力，以形成地方權力和中央權力的制衡。在歐洲，他們真正發達起來的原因，就是沒有大一統，國家之間有競爭，政府之間有競爭。共和最初的想法是在上層內達到權力分割和制衡。一旦大一統，就沒有制衡了。歐洲人有這樣一個觀念，它不能讓任何一個國家太強大。如果某個國家太強大，它們就要遏制它，特別是對那些非民主的國

家。希特勒太強大了，所有的歐洲人要
遏制他；拿破崙太強大了，所有的歐洲
人要遏制他。當歐美人談要遏制中國的
時候，中國可能就很簡單地產生一種民
族主義的情緒。這是由於中國人對歐美
人不信任權力的傳統不瞭解。」

1998年7月，作者採訪楊小凱後合影

我問：「你是否可以說，歐美人的
這種遏制是有傳統的？」

楊小凱說：「我認為是有的。其實
歐美人的遏制強權不一定是針對中國，
或者說不是針對誰的。在美國，總統連
任兩屆，他們就要挑他的毛病，他們就
覺得這個人權力太大了，要遏制他。在
歐洲，德國統一後，他們認為德國太強
大，他們也會想要對付它一下。所以我
認為，這種遏制的心理是一種很正常的
心態，是來自對權力的不信任。」

我要他談談美國的權力制衡機制。
他說：「美國當年成立聯邦政府的時
候，就有許多人反對，並以歐洲的經驗
為例，說你成立一個聯邦政府，最後沒
辦法控制它，使它變成一個怪物。於是
美國聯邦黨人將古時候希臘的共和思想
弄出來，建立了一整套權力制衡機制。
美國的參議院，每州兩票，這是為了防

止大州欺負小州；眾議院是依照人口選出的，大州的議員人數當然要多於小州。按人口，大州就欺負小州，但是參議院一州兩票，就有保護小州的制衡。美國聯邦政府有它獨立的稅源，州政府也有它的獨立稅源，這樣就有很大的制衡作用。州政府都完全地方自治，由本地居民而不是由上級政府任命。而其下縣政府、區政府的首腦也都是由地方選民選出的……。

其實我們中國的知識份子，早在清末民初就接受了這種地方自治的意識形態，但由於清政府一直不積極推動地方自治，所以造成動亂。如果清政府那時積極推動地方自治，國家就會長治久安了。美國、澳洲、加拿大等國之所以富強，就是英國治理這些地方時一直是搞地方自治。美國人早期是英國人的精華，但是他們要獨立，英國人也沒有認真反對，就讓它獨立了。結果一次、二次世界大戰時，都是美國救了英國。

我們澳洲是否要獨立，也是用公民投票來解決的，結果去年公民投票仍然選擇了君主立憲制，英國女王仍是我們的元首。有了地方自治，這些問題都不是你死我活，都可以用和平公正的方法解決。美國南北戰爭的教訓是：一州獨立或脫離聯邦應該由本州選民進行公民投票，而且應有三分之二以上的選民同意。同時，提議進行公民投票的州政府不應有權馬上實行之，而應由下屆政府實行公民投票，才不至於發生像南北戰爭前的南方，幾個州政府匆忙做出退出聯邦的決策而導致戰爭。美國憲法規定每個州都實行地方自治，如果某個州想退出聯邦，這是合法的，但他們不退出，完全是他們的自願選擇。美國南北戰爭中，北方打敗了南方，按美國憲法，南方退出聯邦是它的權利，北方強迫南方留在聯邦裡反而是違憲的。但內戰後北方不迫害南方，並保護他們的權力，把『反動派』扶起來，重新自由競選。現在你要南方退出聯邦，南方肯定是不答應的。」

我們談到共和與民主的關係時，楊小凱說：「中國人對共和瞭解太少，對民主講得太多，對自由講得太少，對憲政也講得太少。英國是

憲政的創始國，但至今沒有成文的憲法。英國、以色列、紐西蘭這三個國家是世界上憲政非常好的國家，卻沒有成文的憲法。中國有憲法，而沒有憲政。成文的憲法和憲法司法是美國人所創造的，英文是『judicial review』，譯成中文是『憲法司法』（直譯為『司法審查』）。最高法院可以宣佈政府、國會所制定的法律違憲，這就叫做『法治』。在非普通法的大陸法系國家，憲法司法多由憲法法庭處理。但中國現在沒有『憲法司法』。現在中國想『依法治國』，其實『依法治國』和『法治』是有區別的。」

我問：「這區別是怎樣的？」

楊小凱說：「這裏說的『法治』是指有一個獨立的司法系統，司法系統對違背憲法的立法是可以否定的。『依法治國』的弊端是，政府制定法律可以不受制約，想搞什麼就可以制定一個相應的法律，這是很不好的。五四運動過去八十年了，中國人對五四運動要有反省精神。五四講民主和科學，在我看來，最應該講自由和憲政。」

我說：「五四運動給我們的印象，也是主流意識形態一貫提倡的——即民主和科學，繼而就是愛國主義。五四運動八十周年時，我注意到一些大陸學者撰文紀念時加了一條『自由』。但據我觀察，這也只是在學術圈子裏闡釋，一般人以為『自由』，就是毛澤東當年『反對自由主義』的那些東西。中國的自由主義提得太少，是何原因？有學者說：五四啟蒙運動尚未完成便救亡了。要救亡，似乎自由主義就格格不入了。」

楊小凱說：「中國最缺少的是自由主義。中國所強調的『科學』，已經變成『科學主義』了。我們現在對『科學主義』也應有所批判，因為迷信科學和迷信理性，都可能導致制度失敗。」

我說：「這麼說來，科學和理性都需要批判。但我覺得，說『科學主義』和『理性主義』，似乎有點誇大其詞。大躍進中『一天等於二十

年』、『畝產三萬斤』，還有『文革』等等，都是一哄而起的。仔細想想，正是缺乏科學和理性。」

楊小凱說：「大躍進不是因為缺少科學，難道錢學森還不懂科學？他也鼓吹『畝產萬斤』符合科學。世界上的事物，不是全能用科學來判斷是非的，宗教是反科學的，但政府對宗教是沒有任何權力去鎮壓它的。在美國，幹什麼都是以宗教運動為先導。工業革命和現代化都是宗教改革的後果。所以宗教所起的作用是很大的，但它絕對不是科學。你可以說它是反科學的，但反科學有什麼關係，科學為什麼不能反？中國有一種『科學主義』，如『新三論』（即資訊理論、系統論、控制論）就是科學崇拜。現在，什麼事情一講，就是符合科學，或不符合科學。不符合科學就歧視，這就是『科學主義』。有些東西即使不科學，你也不能壓制，不能歧視。如今中國很多人都同意：制度很重要。其實，『制度』就是信仰、意識形態和宗教創造出來的，而不是『科學』創造出來的。」

我說：五四的口號是民主、科學、自由和憲政，那麼現在按你的觀點，應把自由放在第一位？

楊小凱毫不猶豫地說：「自由應擺在科學之前，憲政和共和應擺在民主之前。我甚至覺得不應當搞科學崇拜，現在中國面臨的很多問題，都跟崇拜民主和科學有關。中國走了很多彎路，不是因為反五四，而是五四的後果。如果那時強調自由，強調憲政與共和，情況就肯定不一樣了。共和跟民主是不一樣的。共和是講上層的權力制衡，民主是講下層的政治參與，兩相比較，共和比民主更重要。共和強調要有三極世界：即選民的權力、州政府的權力、聯邦政府的權力，以及中央級司法、立法、行政之間的分權制衡。沒有共和思想，它容易形成兩極：即統治階級和被統治階級。兩極鬥爭起來，不是革命就是暴政，而三極就比較穩定……。」

我們的話題由中西文化差異談到中西法律異同。

楊小凱說：「十二、三世紀的英國，它的法庭就有三個，一是國王的法庭，二是宗教裁判所，三是地方的封建法庭。三個法庭共存，這就有點像共和了。老百姓打官司時，可以在三個法庭中選擇。當時一般都認為國王的法庭比較公平。為什麼？是因為有另外兩個法庭存在，如果把另外兩個法庭砍掉，那國王的法庭也肯定不會公平了。但是回頭看中國，幾千年的封建社會，就只有一個『王法』。」

我說：「中國的司法體制也在進行改革，但步子不是很大，話語空間也很有限，泛泛而論者多。」

楊小凱說：「英國法庭有陪審團、雙方律師，還有一個法官，法官只保證司法公正，陪審團才是判決被告有罪或無罪的。陪審團成員既非達官貴人，也不一定是專家教授，而是街上請來的。對陪審團員唯一的要求是必須要有良心，必須為原、被告雙方所接受。如告辯雙方中任何一方認為某某坐在陪審團是不公正的，他可以要求將其排除在陪審團之外。這就有利於判決的公正了。」

談到中國加入WTO組織時，楊小凱說：「WTO組織有它的遊戲規則，如非岐視性、公平、透明、穩定、政府對遊戲規則的可信承諾等。中國還有許多與此不相適應的政策和制度。據我所知，中國還有許多行業不准私人經營，如銀行、電信、鐵路、外貿等等。根據WTO的規則，外國的私人公司可以進入中國市場，但國內卻不讓私人經營這些，這就是歧視中國人了，真的成了『華人與狗不准入內』了。這不行。恐怕還得讓中國人自己也搞，參與和外國人的競爭。這點我在海外就已經想到，你加入了WTO組織，把機會讓給了外國人，而中國人自己卻得不到，這樣公平嗎？中國人的民族主義情緒很強，如果不引起足夠的重視，民族主義情緒一起來，各種意料之外的事都是可能發生的。」

我問到中國加入WTO組織後，經濟更加與世界一體化了，這對中國的體制改革會成為一種推動力嗎？楊小凱說，他不是中國問題的專家，只是談談個人的想法。他認為：為了執政黨的長遠利益，也為了老百姓的利益，現在的當務之急是執政黨必須學會搞選舉。中國的村級選舉普遍開始了，但它不是一級政府，應該盡早開始鄉級政府的選舉，然後到縣級，待條件成熟再逐級往上發展──這樣的直選越早越好。他說，東歐和蘇聯執政黨之所以丟失政權，就是因為他們沒有學會選舉。說到此，他顯得很樂觀，斷言直選在中國是遲早要發生的事，你不會，自然就有麻煩了。學會選舉，是一切革命黨在憲政民主新時代，為保持繼續執政機會所必須走的一條路……。

這次談話，我記在這裏的，當然是「大陸版」的。還有些敏感話題，我當然略而不記了。往往說到敏感處，我會不停地插話，強調話語空間的有限。而楊小凱總說，不能說也要想法子說，因為有人說總比沒有人說好，說了就算沒用也總比沒說好。

楊小凱在湖南賓館主會場演講。他私下說：「這次演講完全是為了滿足父親的一種心願……」

四

　　2000年底至2001年初，楊小凱攜妻與最小的兒子回國看望父親。我是查了日記才記起來的：12月31日，楊小凱回到長沙。下午楊老打來電話，説小凱回來了，要我過去。一去，楊小凱就先給了我八百元人民幣，説是1999年夏天的那次「訪談」在美國發表了，得稿費兩百美元。這是給我的。

　　接著，楊小凱告訴我，這次回來一個星期，1月4日在湖南省政府禮堂有一個「湖南與世界」的演講。1月3日，楊小凱電話尋問我哪裏可上網，我就為他聯繫了一位已上網的同事家，陪他一起去。上網回來，路過我家門口，問他是否要到我家裡坐坐。他説：「進去看看吧。」就在他妻子對我「怎麼有兩個孩子」感到驚訝時，楊小凱突然問我：「我明天要去演講，儲波省長要來聽。你知道儲波這人的思想怎麼樣嗎？」我如實説，我沒機會接觸他，不大瞭解。但我建議他講學不要顧忌什麼，該怎麼講就怎麼講。第二天，他的演講改在湖南賓館舉行，前來主持演講的不是儲波，而是一位非中共的副省長，但他並不在乎這些。

　　和楊小凱認識這麼多年，但聽他演講是第一次，也是唯一的一次。老實説，他不是長於言辭的人，有滔滔不絕、慷慨激昂的鼓動天才，但一些問題經他提出之後，就令你不能釋懷。大家在談「後發優勢」時，他發現了「後發劣勢」。記得他把「後發劣勢」的主要觀點談了一下，強調説，僅在技術層面上模仿，肯定是要失敗的，我們必須從制度層面上去模仿。有人問到湖南要有什麼樣的產業政策比較好，他説，他很反感產業政策的提法。1958年工業化優先，結果餓死了四千萬人。他還説，產業政策與WTO是矛盾的，有優惠就有歧視。哪個產業有發展前途，政府是不知道的。政府應該搞好基礎設施和建設，而不應該搞高新技術投資，因為

高新技術投資是一種風險投資。政府不是萬能的。中國的問題就是太相信政府。加入WTO，中國不是有保護民族工業之說嗎？其實不需保護而能生存的就是好的，要保護的就是不行的……。中國人總是先君子後小人，政府的行為也是先君子後小人，而WTO的規則卻是先小人後君子。中國人談判容易說「同意」，但人家就是不信你。記得龍永圖在哈佛遊說WTO：「你們為什麼不同意中國加入？」對方答曰：「不可信」。龍說：「即便是個壞孩子，你讓我進了，不就慢慢變好了嗎？」楊小凱在這次演講中，還肯定了江澤民的「三個代表」，說執政黨已看到了自己不能「代表」的嚴重性……。

國內那時就有新左派和自由主義等學派之稱，有人問他屬於哪一派。他說：我不是新左派，也不是自由主義。新左派是1950年代就有的，是把發展中國家邊緣化。這個理論已被否定了。新左派基本上不是搞經濟學的……。

楊小凱的這次演講，我原本想整理，但因年終忙得一塌糊塗，一直沒能弄出來。記得講演第二天上午，楊老就給我打電話，說《湖南日報》刊載了消息，對楊小凱評價很高。楊老還說：「你有筆記嗎？這裏有小凱講話的提綱。你拿去看有用嗎？」我拿了提綱告辭時，楊老很認真地說：「這次你整理稿子，稿費不要分，你拿著。小凱已得了五千元講演費。」（其實，後來楊小凱回憶父親的文章中說是四千元）楊老這一說，我倒慚愧起來，因為楊小凱把我訪問他的文章拿到國外發表，稿費分了我一半，而我把〈從經濟學角度看中國問題〉給《書屋》發表，稿費雖然只有兩百餘元，但我在接過他給我的那八百元時並沒有提及有過這筆稿費，他當然也不會問。我當時想：楊小凱應該是不在乎的，我再提及就有點見外了。其實，我心裏已欠下他一筆債。

　　2003年10月底，楊小凱應邀參加在湖南湘潭舉行的一次國際學術研討會。楊老的秘書告訴我：「小凱說散會後，我們再聚一聚。」這時我正在編一套文史方面的書，擬將他的《牛鬼蛇神錄》也收納進來，正想就一些具體事項與他談，對這一聚當然是求之不得。就在我等他來長沙相聚的時候，楊老的秘書又對我說：「小凱感冒了，明天就回澳洲。說等下次再聚吧。」我隨後給楊小凱發去電子函，說了我對出版《牛鬼蛇神錄》的一些想法。大約過了十來天，我收到楊小凱2003年11月18日的英文回覆，說他對此書出大陸版的信心不足，此事也就擱置了。此後我密切關注著他的健康狀況，希望還有「下次再聚」的機會，豈料等來的竟是天人永隔了。

　　如今，楊小凱和他父親楊老都先後去了。每當我走過楊老居住的那棟樓下，望著那緊閉的門窗，心裏總是湧出一種悲憫。楊老是以九十三歲高齡謝世的，似也壽終正寢；而楊小凱年富力強，才五十五歲呀！我曾聽楊老的秘書說，楊老兩袖清風，這套房子還是楊小凱出資買下的。我曾想，楊小凱雖在澳洲，一旦退休，由於互聯網的通達便捷，也許會回國定居。屆時，我就可以經常向他討教了。他的經濟學我不懂，但他講憲政與民主、講宗教等，我還是能略知一二的。嗚呼，庸才我不死，俊傑爾先亡……

　　小凱永生！

（2004年7月28日於長沙）

我與李慎之的交往

有人說，吳祖光是中國人的良心，李慎之是中國人的頭腦。在京城，在「非典」猖獗的4月裏，他倆先後走了。4月9日，我們失去了一顆良心；4月22日上午10時5分，我們又失去了一顆頭腦！

這幾天裏，網上紀念李慎之老的文章，我大都瀏覽了。大家說過的，我就不說了。

我和李慎之的交往，得感謝何家棟先生。記得是在2000年的秋季裏，我剛學會上網，在網上讀到李老的〈風雨蒼黃五十年〉——儘管讀李老的文章不是第一次了，但此文留給我心靈的震撼是難忘的。當讀到「在這世紀末的時候，在這月黑風高已有涼意的秋夜裏，一個風燭殘年的老人，守著孤燈，寫下自己一生的歡樂與痛苦，希望與失望……最後寫下一點對歷史的卑微的祈求」時，雖然不知為誰，但我就是流淚了。我有一本李慎之和何家棟的合著《中國的道路》，因此知道他們的交誼應該是不錯的。於是，我當即就給何家棟老寫信，說

李老的〈風雨蒼黃〉就是當今的「出師
表」，其情至真至誠。也許，李老是希
望黨好的，但卻無人理會。好像我還敘
說了此文的大意：李老是二十世紀下半
葉，繼顧准之後又一位偉大的思想家，
因為這篇文章，二十世紀的散文史也是無
法繞過他的。後來，我很快就收到何家棟
老的信，說他已將此信轉給李慎之先生
了，讓他讀讀，或許能得到些許安慰。

　　2000年12月8日，我冒昧給李慎之
老寫去了第一封信。記得我大致是這樣
寫的：

李慎之——中國的頭腦（朱厚澤／攝）

李老，您是一個巨大的存在，因
此我與我的朋友們常說起您。今
年初，我在給何家棟老的信中談
到過您的〈風雨蒼黃五十年〉。
我說您的此文，就是當今的『出
師表』。何老說要將我的信轉給
您看，不知真轉給您看了沒有。
7月份，我給《讀書》雜誌吳彬
先生寄了〈革命與反革命及其
他——澳洲經濟學家楊小凱訪談
錄〉，吳彬給我打電話說，稿子
很好，但不能發表。隨後她徵求

李慎之和何家棟合著《中國的道路》。
此書其實完全是由書商操作的，李、何
二位都不以為然。

我的意見，是否可將此稿複印幾份，給一些真正關心中國問題的
人看看，如李慎之老等，我當然同意了。不知後來您看到沒有。

我還告訴李老說：

> 我2000年6月前在《書屋》雜誌兼職，但前些年刊物一直沒印上
> 我的名字，直到今年上半年，有幾期雜誌才署了我的化名「特
> 約編輯 方愚之」。其實，我的「謀飯」職業是《湘聲報》副刊
> 編輯，還望能賜稿支援我。給您寄了兩份有副刊版面的報紙，
> 其中有邵燕祥和何家棟先生的文章，可留意……。

大約過了二十天，李老給我寄來了第一篇稿子──〈回歸五四　學習民
主──給舒蕪談魯迅、胡適和啟蒙的信〉。稿子首頁上方貼了一小紙條：

> 向繼東同志：《湘聲報》已收到。楊小凱文我處有。此文請指
> 正。無處發表，能代覓發表處否？稿費不必計也。李慎之。

我當即回信說：稿子一定會發表，但限於報紙篇幅和您所知道的原
因，可能會有所刪節。同時我給李老還寄去自己的一本小書。李老很
快回信說：

> 大著及《湘聲報》均已收到，不過我現在已入醫院等待白內障
> 手術，只有以後再看了。你說準備把我的文章發表，極感。不
> 過《書屋》的王平同志來信，也說下半年要發表。你們同在一

地，我怕發生重複不好，請與《書屋》商量。我個人當然是願意發表在《書屋》上的。

我回信說，那就讓《書屋》發吧。大概又過了十餘天，李老又來信說：「繼東同志：信悉。〈致舒蕪信〉讓《書屋》先用，甚好。」接著說到朱正先生的大著：

朱正同志見過三四面，他研究魯迅極有成績。不過你稱讚的《1957年的夏季：由百家爭鳴到兩家爭鳴》，我卻不敢贊同。為表示我的反對起見，特寫〈毛主席是什麼時候決定引蛇出洞的？〉一文，以示異議，呈上供參閱。朱正同志以為毛主席鼓勵鳴放，本出好心。我則期期以為不可。其書名「由百家爭鳴到兩家爭鳴」亦全非事實。蓋根本沒有「百家爭鳴」，亦更無「兩家爭鳴」也。鳴呼，世無信史，將何以導天下氣正乎！（2001.2.1）。

1999年6月，李慎之在美國凱特林基金會演講（原載丁東等編，《懷念李慎之》，2003年5月自印本，以下簡稱《懷念李慎之》）

李老隨信還給我寄來〈毛主席是什麼時候決定引蛇出洞的？〉——其實，此文我早在朱正先生處拿來讀過了。從這封信裏還可看到，我寄給李老的那本小書，李老是翻過了的，不然他怎麼知道我「稱讚」朱正先生呢？

　與李老有了通聯後，報紙只要有我編的副刊版面，我都寄給他一份，差不多每週一張，連續寄了三個多月。李老大概也是讀了這些報紙的。2001年3月10日，他寫信說：「繼續收到《湘聲報》，覺得在今天的中國，確實還是一張可以發聾振聵的報紙。」隨信他寄來一篇〈憶胡繩——回應李普「悼胡繩」的信〉，並說：

> 近作一文，是回應李普論胡繩的。胡繩死後已有一些紀念文章，然而都極泛泛，自以為李普與我之文，似已可為胡之蓋棺定論，唯據云中宣部下令，不許發表胡繩1998年以後的文章。李普說，因為他的名聲比我好，已經在《炎黃春秋》上發表了。我的文章未必發得出去，已經李普介紹給廣東政協的《同舟共進》，也不知能否發表，姑且寄給你。《湘聲報》是湖南政協的，李普也是湖南人，胡繩更是全國政協副主席，看看此（文）能否殺出重圍。

　文章後來發表了，可惜被老總刪去了兩段，一段是關於「為什麼新中國不實行新民主主義而實行社會主義，不實行市場經濟而實行計劃經濟，不實行共同綱領而實行無產階級專政」等所謂敏感的話語。另一段說到胡繩在1989年的事情，刪去了下面這段文字：

1989年的那場風波，肯定也是刺激胡繩進一步反思的一個因素。那年5月底，他在領銜發表了社會科學院學者們的呼籲書以後，就率領社會科學院代表團到蘇聯訪問去了。當來自祖國的悲痛消息傳到蘇聯的時候，代表團有人看到他暗自落淚。回來以後不久就是檢討，最後得了一個「免予處分」的「處分」。……那年年底柏林牆被推倒，到1991年的蘇聯瓦解改制，大概都進一步對他有所觸動。

寫這篇小文時，我還查了近兩年的《同舟共進》雜誌，見該刊沒有發表此文，這也可能是他們不忍刪節的緣故吧。

李老還曾將香港版〈革命壓倒民主——序《歷史的先聲》〉寄給我，並附言說：「此文曾寄《書屋》，由於周實去職，想已無見天日之可能，故寄上供參閱。」我曾爭取發表此文，但沒能通過。2002年1月8日，王若水不幸在美國旅次病逝，1月17日，李老就寫出追悼王若水的文章——〈魂兮歸來，反故居些！〉。1月26日寄給我，並附言說：「王若水逝世，勉作一文，估計無處可發表，僅供參考。」我很想發這篇文章，當即送審，但又被老總打回來。於是我再做刪節，再送審，最後還是被老總給斃掉了。李老知道以當下的環境，發表這些文章有難度，所以寄給我之後從沒問過這些文章的命運。

2002年，李老共寫給我三封信。一封是1月9日的，一封是1月15日的，一封是2月22日的。

1月9日的信是因為我的疏忽，把《湘聲報》週二刊全寄給了他，因為此前我只寄給他《湘聲報·觀察週刊》。《湘聲報》是週二刊，一次出八版，其中一張週刊，一張正報。所謂「正報」，即全是政協工作的報導，但當下的中國政協工作有何意義，報紙大抵都是不用看的。所以我寄

贈出去的報紙，一般只寄週刊。由於新年的第一期報紙沒來得及抽出正報，引來了李老這封信——

> 繼東同志：今天收到今年（1月3日）第一期《湘聲報》，發覺面目大變，不知是否已遭到和《書屋》同樣的命運，而從版面看似較對《書屋》下手更狠。不知吾兄安否？甚為懸之。專此馳書問候，希望一切平順。順問 春節大吉 李慎之（1.9）。

李老雖寥寥數語，但其情之切，擔心的又豈只是《湘聲報》的命運？我回信時當然將以上情況告訴了他。這次回信，我想引發李老的話題，將壓在自己心中已久且又想不太明白的問題順便提出。我說，新中國第一部憲法就白紙黑字地寫著，公民有出版、言論、集會、結社等等自由，但事實上從來就沒有過——沒有也就罷了，為何還要堂而皇之寫上，並且一屆又一屆？一個星期後，李老回信說：

> 繼東同志：
>
> 　　連續收到兩份《湘聲報》，發現確實沒有改變，尤其是最近這一份上面謝泳批李敖的文章，十分精彩，不但批倒李敖，而且連毛澤東還有（我極不願意聯想的）魯迅也涉及到了。（因我在報上發表了一篇謝泳的文章〈別看李敖的書〉，引者注）
>
> 　　我實在不明白你為何會提出那樣的問題。中國的憲法完全是騙人的，若追問，他也不以（用）辯解說沒有騙人，因為我們的憲法有一個序文，其中提到馬列主義毛澤東思想的領導，又提到人民民主專政（即無產階級專政），又有共產黨的領導，這三條是完全一致的，又是與民主完全不相容的。所以憲法中規定

33

的各項自由，百分之百是「屁話」。毛、劉均有一次拿著憲法質問人，為什麼自己沒有說話的權利。實際上劉是受了委屈而想伸冤；毛是為了要耍威風，打壓別人。兩個人都不懂憲法的作用，也都不把憲法放在眼裏。你說憲法「堂而皇之」，其實它從來沒有堂皇過，堂皇的是領袖的指示，從〈論人民民主專政〉到三個代表都是。中國要現代化就必須實行憲政民主，而不是什麼社會主義、共產主義。現在的憲法太臭了，修改恐怕不行，非得重新立憲不可。我的文章已經論及，將來還要寫，請注意。

　　…………

　　敬禮！

李慎之

（2002.1.25）

　　信寫完了，也許李老覺得言猶未盡，在信箋右邊的空白處又寫了兩句附言：

　　　　黨的專政的威力，就是可以使明明白白寫在白紙上的黑字，使十二億（人）視而不見，見而不敢說，久而久之索性忘掉了。

　　　　雙百方針是違反憲法的，是違反現代民主通則和言論自由的。

這些熟視無睹的問題，一經李老點破，就再也忘記不得了。

　　2002年2月22日，李老寄給我一封打印的信，標題是〈重新認識顧准　深入研究顧准　大力宣傳顧准〉，下面的「繼東同志」，僅「繼東」二字為手書。他這次不是投稿，但我將它發表了，標題就叫〈重新認識顧

准〉。文中有兩處刪改:「一個客觀原因是因為他(指顧准)是從毛澤東的絞肉機裏滾過來的人」被我改成「一個客觀原因是因為他是經歷過一個特殊歷史階段的人」。文末幾句是:「古人云『莫為之前,雖美而不彰;莫為之後,雖盛而不傳』。中國自由主義的思潮本來就不旺,它是在滅絕三十年之後,經由顧准這點火種才又開始重燃起來的,必須重新認識顧准,深入研究顧准,大力宣傳顧准,才能使這股思潮重新燃成熊熊大火」,但被老總一筆勾掉了。發表後,我給李老寄去樣報,他也能理解,沒說什麼。去年底,劉洪波先生為長江文藝出版社編《2002年中國雜文精選》,讓我推薦當年在《湘聲報》發表的好文章,我推薦了此文。劉洪波

2002年李慎之與李銳、于光遠、胡績偉、朱厚澤、戴煌、曾彥修、李昌等在一起(原載《懷念李慎之》)

眼光迥異，選了李老的文章。然而不知何故，長江社拖到今年3月才出書，作者樣書至今還未寄出，使李老沒能看到此書，也是一個小小的遺憾。

　　「有的人活著，他已經死了；有的人死了，他還活著」，李老是活著的！

　　在這個春雨淫淫的夜晚，我悲憫的心無法平靜。我一邊讀著李老的信札，一邊想著李老這一代人的命運──他們早年是堅定地投身於暴力革命的知識份子，經過二十世紀下半葉的曲折和洗禮，他們的思想分化了，有的成了僵死的教條派，還事事搬出老一套來唬弄人；有的成了聖典的修正派，竭盡全力新釋聖典，從而證明並非全盤皆錯，前途依然光明。而李老，以思想巨人的睿智，清醒地看到了革命的後果，剝去「皇帝的新衣」，最終選擇了自由主義。對李老這一代人來說，走出這一步是何等的不容易，但李老走出來了！我為李老感到慶幸。去年6月，李老搬了新家，他寄來新家的地址和電話，還告訴我怎樣搭乘公車，新居附近有什麼標誌性的建築等等。我本擬今年5月去北京一趟，專門拜望幾位思考著中國前途和命運的老前輩，但李老偏偏在4月裏匆匆走了！

　　而今望著李老網上的遺像，我能夠選擇的，唯有在南方這座曾號稱最革命的都市裏，點燃一柱心香，默默為他祝福……。

（2003年5月2日夜）

八年前的一次訪談

——追念吳祖光

兩年前，我曾在一篇文章裏寫到病中的吳老。我在文中説：

> ……吳老一定還有許多話想說，只是病魔殘酷地剝奪了他說話的權利。「不屈為至貴，最富是清貧。」這是吳老自撰的一副對聯。我想，在病魔面前，吳老也會不屈的，因為人們還期望聽到他的聲音。

但這一次，吳老真的去了，永遠的去了。

2003年4月9日，我最先在網上得知吳老去世消息的那一刻，真不知説什麼好。雖然我知道1998年，他失去老伴新鳳霞後不久就病倒了，患有嚴重的腦血栓，健康狀況一直不佳，但還是感到太突然了！

1995年夏天，吳老作為「全國政協視察團」一員赴湘視察，我作為地方隨團記者，與他相識。八年裏，我曾寫過幾篇關於吳老的文

吳祖光——中國的良心

1995年6月，吳祖光（左）隨全國政協視察團來湘與作者合影。

章，但仍覺有話要説，尤其是八年前的那次訪談，當時整理了，但沒發表出來，至今是個遺憾。

那次訪談的時間是1995年6月9日，地點是湖南賓館。其時，我剛好收到香港朋友寄來一期《亞洲週刊》，上面登有一篇〈吳祖光勝訴國貿〉的報導，於是我把這期刊物帶去送給了他。如此一來，話題自然就從「國貿案」開始了。

吳老説：「新聞輿論都説我勝訴了，其實我無所謂勝，因為法院只是駁回了『國貿』的上訴，並沒有判『國貿』賠償我什麼，我只是出了口氣。我曾説過要索賠一百萬的話，辦一所學校讓『國貿』員工提高文化素養，但也只是説説而已……。」

因為我讀過張揚先生〈王蒙「訓斥」吳祖光〉的文章，所以我知道當年王蒙在全國政協小組會上批評他的事。當我提及此事時，吳老説：「王蒙這次對我的批評，出乎我的意料。」

接著吳老平和地跟我説起那次經過：「關於『國貿案』，我本想在大會上發言的，小組會上我只是簡單地説了些情況。説完之後，王蒙就批評我，並

且語氣很強硬。當時我沒作聲，因為我不在乎，但在場的一些記者們聽了就忍不住了，立刻就有人跑到新鳳霞那個小組傳了信，幾乎搞得『滿會風雨』，大家見我都問『是怎麼回事』。後來我準備在大會上發言，就寫了個稿子。以前大會發言是不要審稿的，只要說我要發言，到時發言就完了，可這次要我先寫好，審查後再印出來。那天我寫好稿子後，有人告訴我，胡德平（胡是大會副秘書長）要來看我。我從家裏趕到香山飯店。胡來了，他說話有點吞吞吐吐，不知道他要找我談什麼，後來當然聽明白了，就是因為我的發言稿的事。他的意思是，這個稿子不要提陳慕華，因『國貿案』的背後有陳慕華。後來我同意了，把關於陳的那一段刪去了。但同時我說明，這不是為了陳慕華，而是為了世界婦女大會——因為今年她要主持在北京舉行的世界婦女大會。」

吳老還告訴我，稿子經這麼一折騰，沒趕上大會發言，只是作為大會材料印發給大家而已。

吳老這次來湖南之前，把這份發言材料又整理了一下，恢復了被刪掉的部

吳祖光遭遇「國貿案」後，有書商看到商機，竟然由華藝出版社出了這樣一本書。

分。吳老說：「『國貿案』5月12日宣判之後，《中華工商時報》的編輯找到我，說無論如何要我給他們寫篇文章，並說案子是他們報紙引起的，他們該有所反應。我說，我寫了文章你能發表嗎？他們說『能』。我寫了篇〈國貿案結束感言〉，但還是刪了不少，凡稍有一點鋒芒的地方都給磨平了。這次我把這兩篇文章都帶來了，都給你，看在湖南的報紙上能發表嗎？」

我接過吳老的這兩篇文章，明知發表是很難的，但仍然做了一些努力。在本人供職的媒體被斃掉以後，我又推薦給別的媒體，然而最終還是沒能發表。後來我就此打電話向吳老致歉，他說：「這能怪你嗎？我是早就料到結果的……。」吳老的話語間透著無奈。

話題轉到吳老的創作上。

我說：「吳老，您寫了一輩子劇本，你自己最滿意的有哪些？1949年後主要有哪些作品？」

吳老說：「你們長沙與我有緣。1937年『七七事變』後，我曾隨南京國立戲校來到長沙，並在長沙寫出了成名作、也是處女作的《鳳凰城》！」

我說：「這是中國現代戲劇史上第一部寫抗日的劇本吧？」

吳老笑笑，說：「當年我看了東北少年鐵血軍苗可秀、趙侗等將領的英雄事蹟後，很受感動，於是『投』抗戰之『機』，『取』大家都沒有寫過之『巧』，寫了《鳳凰城》。沒想到《鳳凰城》在重慶上演後，造成轟動。於是，我就糊里糊塗的寫了一輩子，糊里糊塗的成了劇作家。要說最滿意的，好像還沒有。」

事實上，吳老從1930年代就開始戲劇創作，年輕時期的代表作就有《鳳凰城》、《正氣歌》、《風雪夜歸人》，其中《風雪夜歸人》久演不衰，成為話劇史上的經典作品之一。後來，他又陸續創作了京劇《三打

陶三春》、《鳳求凰》、《武則天》、
《踏遍青山》、《蔡文姬》，評劇《花
為媒》以及電影劇本《北大荒》等作
品，並執導過電影《梅蘭芳的舞台藝
術》等。

吳老回憶1949年後的經歷説：「1949
年後，我基本上沒寫出什麼好劇本。主
要原因是，我是個自由主義者，不願意
別人干涉自己的事情，尤其是在寫作方
面，我想寫什麼就寫什麼。我認為寫作
是作家個人的事情，不應橫加干涉。
1949年，周恩來總理派人來香港找我，
勸我回大陸，我回來了。我的目的是要
趕上10月1日的開國大典，但因為我要
結束我在香港的最後一部電影的收尾工
作，動身遲了，還是沒趕上，10月1日到
青島，10月2日才到北京。那時我最關心
的是：我回到新中國要幹什麼。我原來
是寫話劇的，之所以會去香港，是因為
我寫了兩個罵國民黨的話劇，國民黨不
容我，我才跑的。香港一家電影公司要
我搞導演，其實我沒搞過，必須先熟悉
電影的特點。在香港，我這個導演請了
個副導演，是導演向副導演學習。到了
北京，我立刻知道了，新的共產黨的中

1950年代的吳祖光夫婦

晚年吳祖光、新鳳霞夫婦

國有一項工作的基本原則，就是個人要服從組織分配。在這之前我不懂什麼叫服從組織，也不知道組織能掌握自己的前途命運及其一切。這樣，我就不能有個人選擇了。儘管我說了我想搞話劇，但當時找我談話的中央電影局藝術處處長陳波兒說：『現在最需要的是電影導演……』（陳波兒是電影局長袁牧之的夫人）我說自己不願搞導演，陳波兒立刻對我說：『當前我們所缺的就是導演，譬如說某某人，過去根本沒接觸過電影，剛從延安進城，連電影都只看過幾部，現在不是已做了導演？何況你已經在香港拍過四部電影，很有經驗和成就了。請你做導演，是革命的需要。你的任務已經定了，先去拍一部以紗廠女工為主角的《紅旗歌》……』我嚇了一跳，搖手說自己不太理解工人。陳波兒說：『任何事物都是從不理解到理解的，現在就應開始去工廠體驗一下生活……』口氣是不容商量的，使我也認識到『革命的需要』最重要。怎麼也沒有預料到，我突然變成一個『革命者』了。

　　我問：「後來這部影片拍成了嗎？」

　　吳老説：「半年之後拍成了。我這個所謂『新中國第一代導演』的人，其實沒進過電影棚，都是我請的副導演一手包辦的。半個世紀後，我一想起《紅旗歌》這部影片，就感到滿臉通紅，慚愧不已。」吳老説這些話時，神態是真誠的。

　　「1949年以後的八年中，我沒寫一部電影，一個話劇劇本也沒有。到了1957年，我不想當導演的問題自然而然解決了，因為我被打成了右派，我想幹也不能幹了，接著是充軍北大荒。1960年，我回到北京，閒了半年之後，文化部領導問我願不願寫戲劇劇本，尤其是寫京劇，並説中央很重視京劇，連毛主席都關心，要我創作一些新的京劇劇本。並説我從小就是京劇迷，又有寫劇本的經驗，也有舊文學的根底。於是，我同意了，將我的工作單位從北影轉到了中國戲劇學校。因為學校有個實驗京劇團，有了本子就可以演出。京劇有一個傳統，北京培養成名，然後赴上海演出。如在上海引起轟動，得到上海觀眾的歡迎，那麼你就真正成名了，甚至世界知名，如梅蘭芳等四大名旦都是這樣出名的……。1960年到『文革』前那幾年，我確實還寫了幾個劇本。『文革』開始後，我什麼都不能寫了。」

　　這時，我問：「您老還有什麼寫作計畫嗎？」

　　吳老説：「現在不想寫什麼劇本了，但有一個電視劇正在寫。這是中央電視台要我寫的。寫的就是我夫人『新鳳霞』。」

　　我又問：「『新鳳霞』您打算寫多少集？」

　　吳老説：「1989年開始寫，寫到現在還沒寫完。一開始，中央電視台約我寫，我不寫，説自己寫自己的愛人，沒什麼意思。後來，中央台要我推薦一個人寫，可我又找不到適合的人。所以中央台説，那就只有你自己寫了。可我提了個條件，我只寫到新鳳霞認識我之前，如果再寫，她的命運與我的命運是連在一起的，就變成自己寫自己了……。」

新鳳霞幼小時被一人販子由南而北拐到天津，在一赤貧人家長大，後來學戲，居然成了名。吳老的劇本《劉巧兒》，就是由新鳳霞主演的，並獲得巨大成功。他倆從青春年華時《劉巧兒》的合作，到遲暮之年的書畫唱和，無論藝術生涯還是日常生活，都融進彼此的心靈，長相廝守。

吳老說：「新鳳霞沒有上過正規學校，建國初期還屬一個半文盲的民間藝人，但她勤奮好學。她在文革中被殘害，致使半身癱瘓，只有右手是好的，因此還能寫東西。她不但寫書，還能畫畫，至今已出版了十幾本書。她集演員、作家、畫家於一身，確實讓我感到驕傲。」

「您和新鳳霞都是搞戲劇的。您是否同意『戲劇危機』這種說法？」

吳老說：「應該承認有這種危機，但危機的根源是多方面的。過去戲劇興旺，是因為它沒有競爭的對手，現在電視出來了，戲劇受到了全面的衝擊。電視坐在家裏就可以看，並且用不著買票，更用不著風風雨雨跑出去，在家裏一打開電視機，什麼都看得到，所以現在戲劇蕭條跟這有絕對的關係。但是，好演員畢竟是好演員，觀眾還是願意去看的。現在有個怪現象，真正的大歌唱家上台不值錢，關牧霜上台唱一段只給她五十元，結果氣得一下子就去世了；而有的女孩子根本沒經過多少訓練，上台拿著麥克風，隨便唱唱，就是上萬甚至幾萬元。這都是不正常的。我們有時候也覺得這確實不像話，但又拿它沒辦法。比如說戲劇演員，他們都要經過嚴格刻苦的訓練，有真才實學，有很好的先天條件，可就是比不過年輕貌美的女孩，人家不怎麼學，拿了麥克風就唱，唱了就掙大錢……。」

這是否就是流行文化和高雅文化的必然命運呢？我說：「也許這是一個流行的時代，流行是風；高雅者，曲高和寡。」

吳老說：「一個國家、一個民族，對高雅藝術應有扶持政策，使之流傳下來，這是政府的責任……。」

　　話題由政府政策説到政府行為，説到建國後的政治運動和失誤。吳老説：「『文革』是萬惡之源。我們最大的錯誤就是搞了一個『文革』。這責任由誰來負？今天不言而喻。1949年後，毛澤東搞了無數次政治運動，從批《紅樓夢》到批胡風，從反右到『文革』……沒有一個是對的，後來都改正了。為什麼只説改正，不説錯誤？我常常思考這個問題。明天我們要到劉少奇的家鄉花明樓去。劉少奇就是被毛澤東害死的，而且死得那麼慘！中國的歷史一定會重寫，對這一點我是堅信不疑的。」

　　我説：「我們這一代人，恐怕難以寫出真實的歷史了。」

　　吳老説：「那也不一定，我就不相信要那麼長的時間。也許鄧小平去世就是個新的開始。」

　　當時民間對鄧小平的健康有種種猜測，於是我又問：「鄧小平的健康到底怎麼樣？」

　　吳老説：「我和你差不多，一樣不知道。孫中山病危時，病情都是公開的。幾點幾分心跳多少、血壓多少，都公佈了。共產黨的制度就是什麼都保密。讓他兒女出面，一下説好，一下説九十歲的人了，要人扶立是自然的。不過去年（1994年春）春節時露面，那樣子很難看的。現在陳雲去了。實際上，陳雲活著的時候比他形象好，但沒活過他。」

　　我説：「聽説您老是（1995）『五二一』四十五位上書江澤民、喬石等領導的簽名人之一，要求什麼什麼的。外電報導後，是不是有人找過你？」

　　吳老説：「沒有。『六四』這個案子是一定要翻過來的。鄧小平去世後，就要翻的，如不翻過來，江澤民也難得民心。當年華國鋒就是堅持『兩個凡是』，結果很快下台。我想江澤民應當有這種智慧，也應當看到這個問題。」

　　談到社會腐敗和中共黨風問題時，吳老説到了王寶森。

我問：「關於王寶森的自殺，你知道得更詳細一些嗎？」

「王寶森死了，北京市民欣喜若狂。説是自殺，有人懷疑。王寶森死的消息，我很早就知道了——他死後的第二天，我就聽説了。當時的傳説有一個版本：那天晚上，他要司機把車開到郊區的一個水庫邊，四周無人，他要司機回去。司機説：『我回去了，你怎麼回去？』王説：『會有人來接我。你就回去吧！我實在很累很累了，我需要休息休息。你關照一下，回去後你不要告訴任何人，兩天之內你不要説出去。』司機回去給他關照了，誰問他都説不知道。這些話是誰告訴我的我忘了，大概是死後兩、三天傳出的，也不知是真是假。」

我説：「據説這個案子與香港富商李嘉誠有關係？」

吳老説：「也有這種傳説。現在北京拆得亂七八糟，過去最繁華的王府井大街，已被拆了一半。拆了就得建呀！現在大片的地方拆了，但工地上沒有幾個工人，或是才開始建又停工了。最近有人組織了一個『百人采風』的活動，我被邀請參加了，去上海浦東采風剛回來。浦東和北京就不一樣，雖然也拆得亂，但同時都在建設。北京一拆就完了，不建設，不知這個事情怎麼結束。人們都擔心歷代古都快完了。」

吳老還説到陳希同的「引咎辭職」，説這是好事，不然我們這裏的官員從來就是絕對正確的……。那時吳老已年近八十，而談鋒依然不減當年。

視察團飛離長沙那天，我和吳老在湖南賓館話別。我説：「吳老，我這篇訪談，您忌諱什麼嗎？」吳老説：「只要是我説的，你想怎麼寫就怎麼寫吧！」想不到一晃八年過去了，我這篇遲發的訪談，吳老永遠也看不到了。假如吳老九泉有知，他會怪罪我這麼拖拉嗎？

嗚乎，願吳老安息！

（2003年5月）

吳祖光的一篇文章

四年前，吳祖光老有一篇懷人的文字，題為〈知遇之恩〉，是寫裝幀藝術家曹辛之的。因為文中寫到他自己入黨和退黨的事兒，所以「敏感」，文章寫好半年都沒有發表。這時，吳老想到我這個做副刊編輯的，將文章寄來。也許是吳老急於發表，幾天之內竟兩次用掛號寄給我。第一次寄有兩稿（另一篇為〈藝術大拼盤〉），附信是這樣寫的：

> 繼東兄：來信收到。找出兩篇小文章，其中一篇懷人之作，就遇見（到）了障礙。你看湖南可有此種顧慮否？思之可悲可笑。祝安　並賀新年　吳祖光
> 三十一日除夕（1996.12）。

第二次附信又曰：

……〈知遇之恩〉一稿，是曹志人約寫（的），但出版單位要求刪節，審稿當局之怯懦令人可歎可笑，不知貴刊能過關否……。

　　我看了此稿，覺得並不怎麼出格，於是急忙發稿——因為我即去北京組稿，屆時好帶上樣報去拜見吳老。那時我的老總是個有點人文關懷的人，稿子經他一番擺弄，刪掉了文中提到胡喬木的段落和句子，終於簽發了。不料在最後簽字付印時，老總一狠心又把它撤下了。文章沒發表，而我還是去了北京組稿。我和丁東、邢小群夫婦一起找到吳老家，把「處理」過的文章清樣給了吳老一份。吳老匆匆看過後，溫和地說了句什麼，如今只記得有「害怕」、「脆弱」等詞兒。大概過了一年多，適逢《書屋》雜誌讓我幫著組稿，於是我又將〈知遇之恩〉送了去。後來，此稿終於在《書屋》雜誌發表了。

　　那段所謂「敏感」的文字，《書屋》雖未做多大刪改，但也進行了一些「技術處理」。記得《書屋》將小樣寄給吳老過目時，吳老仍在小樣上堅持將「胡喬木」三個字添上，同時又寫了一句寬厚的話：「假如來得及

吳祖光最愛寫的幾個字

就改過來，否則就算了。」最後當然「沒來得及」，直到去年出版的《天火——書屋佳作精選》收錄此文時，文中也找不到「胡喬木」的名字。我曾與《書屋》的主編開玩笑說：「看來這位勸吳祖光老退黨的政治局委員是誰，就只能讓後學去考證了！」

　　日前，與友人閒談，說及吳老種種。友人聽了建議我就此作一小文，於是我又找出〈知遇之恩〉原稿，重讀之下，靈機一動：寫一段不如抄一段，讓有興趣的讀者去對照讀。吳老文章中寫到入黨和退黨的文字是這樣的：

　　　　1976年終於結束了血腥遍地的十年苦難「文革」……峰迴路轉，難以想像的是：當時我的主管領導、中央文化部代部長周巍峙找我談話，對我說：「文革十年由於四人幫的破壞，黨的威信降到了最低點，在這種艱難的時刻，就會想到老朋友。由於你和黨長久的密切關係，尤其是和周總理的友情，在這樣的時刻，你是否應當考慮寫一個『申請』呢？」他說的當然是「入黨申請」，是我沒有預料到的。我卻自知我遠遠不夠做一個共產黨員，而部長和我的懇切的談話卻使我不得不認真對待。我當晚在家裏召集了全家的首次家庭會議，說明情況後，妻子、兩個兒子，五分之三的多數一片欣然，都說過去由於你不是黨員，我們受盡了折磨和欺辱，現在終於有了這麼一天，還商量什麼？趕快寫申請吧。唯有我那在音樂學院讀書的小女兒始終一言不發，問她在想什麼？她說：「爸爸入黨的話，我沒有臉見同學了！」她的話雖出人意外，和部長對黨的威信的評價卻是一致的。然而女兒的意見是三比一，占了少數，我終於聽從多數的意見和不能過拂部長的好意，入了黨。時間是1980年。

在很多朋友為我的「入黨」而向我熱烈祝賀的時候，我卻始終惶愧不安，原因是我自覺自己遠遠不符作一個中國共產黨員的條件，作為一個知識份子，首先我的馬列主義和毛澤東思想水平都和應當具有的水平相距太遠，對社會、生活、事物的理解又時常和現實有所分歧。在自我感覺尚無察覺的時候，1987年，亦即在我「入黨」七年的時候，發生了中國共產黨成立以來從未發生過的事——由一位中央政治局委員親自駕臨一個普通黨員家裏，宣讀中央紀律委員會文件，提出六條所謂「錯誤」，勸我「退黨」，並作出「不聽勸告，即予開除」的決定。這位政治局委員就是在1957年和我初識，並在1985年親筆寫信和我「訂交」的胡喬木同志。

我當時對喬木說了：中紀委文件中所提出的六條「錯誤」，前三條均不符事實，後三條引自我的一篇談戲劇藝術改革的文章，均不能作為勸我退黨的理由，但是喬木同志年長體弱，親自走上我家四樓，由於對喬木的尊重和感動，我同意接受「退黨」……

吳祖光老為人，在學界是頗受稱道的。他將此文寄給我，希望在我主持的副刊發表，但限於當時的氣候而未能，我是心懷歉疚的。今天寫這篇文字，一是做些補救工作，二是為研究二十世紀中國知識份子命運的後學提供一個方便，免得再費時去考證了。記得當年吳老退黨時，知識界曾有種種傳聞，其中之一是：中央決定勸吳老退黨，但考慮到吳老的個性，讓誰去勸合適呢？吳老所在的中國戲劇家協會，本是文化部的下屬單位，但最後還是胡喬木同志親自出面找了吳老。這些是否屬實，我沒問，吳老也沒有説。

我與吳老已有三年多未見面了，去過幾封信，但沒有回音。昨天，我試著給吳老打電話，居然打通了，但接話的不是他，而是他家的保

姆。自報家門後，我問吳老還好吧，電
話那邊説，吳老遭受失去老伴新鳳霞的
打擊後，不久患了腦血栓，治癒後又復
發過。現在病情雖還穩定，但不太説話
了，字也不能寫了，行動也不太方便。
放下電話，我又給吳老的乾女兒趙青打
電話。詳細詢問病情後，我又問吳老
〈知遇之恩〉這篇文章是否收進了他的
近著中。趙青告訴我，吳老近兩年沒出
過書，吳老的文集雖有出版社感興趣，
但似乎還不是出版的時候。也許正因如
此，我寫這篇小文尤顯必要了。

1997年1月，作者和口述史學者邢小群
（左）在吳宅訪問吳祖光

　　吳老一生遭遇坎坷，就因其言太真
太實。他現在怎樣打發日子？保姆説：
看看電視、翻翻書報雜誌。也許，這説
明他腦子還管用。吳老一定還有許多話
想説，只是病魔殘酷地剝奪了他説話的
權利。「不屈為至尊，最富是清貧。」
這是吳老自撰的一副對聯。我想，在病
魔面前，吳老也會不屈的，因為人們還
期望聽到他的聲音。

（2001年）

彭燕郊談艾青

曾經寫出〈黎明的通知〉的艾青，在1996年5月5日的黎明悄悄走了。他走得很平靜。當時北京的天空下著細雨，似為這位中外著名的詩人灑淚送行。艾青的詩曾被譯成三十多種語言出版，獲得過法國文化藝術最高勳章，諾貝爾獎得主、智利詩人聶魯達曾稱他為「中國詩壇的泰斗」。一代詩壇巨星走了，但關於他的創作、他的命運，留給我們一片思索的空間。艾青走後第二天，我採訪了「七月派」詩人彭燕郊先生。彭先生是這樣評論艾青的——

艾青比我年長六、七歲。艾青對我們這一代寫新詩的人影響很大，可以說，他就是旗手和導師。我說的「我們這一代」，不包括後來被稱為「九葉派」的穆旦等詩人。在艾老的追悼會上，稱他為現實主義詩人，我看是恰當

晚年艾青

的。遺體告別時，艾老身上覆蓋了一面黨旗，這禮遇，丁玲好像沒有。

我認識艾青是從讀他的詩開始的，見面卻很遲。1949年中華人民共和國成立前夕，我從香港到北平參加第一次全國文代會，會後供職《光明日報》，主編副刊。那時艾青在中國文聯。我們幾乎天天在一起，或者我去找他，或者他來我這裏，彼此什麼都談，但談得最多的是詩和藝術。他當時是《人民文學》副主編（茅盾任主編）。我建議他多發表點有新意的作品，他笑笑，不置可否。有時，我們也一起逛小市，他總喜歡買些類似古董的小玩意兒。

艾青會走上詩壇，應該說是胡風的貢獻。在他默默無聞時，是胡風首先發現了他。胡風寫了篇艾青的詩論，發表在當時的《文學》雜誌上。《文學》當時很具權威，因為是魯迅、茅盾支持的，由鄭振鐸主

編。儘管胡風這篇文章不在顯著的位置上發表，但當時愛好新
詩的青年都注意到了。《大堰河，我的保姆》是艾青的第一
本詩集，是自費出版的。五四以後的新詩一直得不到承認，
直到徐志摩，才有人承認，但徐志摩基本上是浪漫主義的。
艾青比徐志摩要晚些，表現手法卻是現代主義的，不同於徐
志摩。

艾青在法國留過學，他有一首〈蘆笛〉，詩中提到了法國
現代詩人藍波、阿波里奈爾等人。胡風另一篇關於艾青的詩評
是〈吹蘆笛的詩人〉，稱讚艾青的大膽創新。艾青的現代主義
不是李金髮的現代主義。李金髮的詩很難看懂，雕飾的痕跡太
多；而艾青的詩是可讀的。

三十年代我讀了《大堰河》，才知道生活裏有那麼多詩；
看了〈蘆笛〉，才知道寫詩還有這麼一種手法。抗戰前期是艾
青創作的高峰期，他發表了一系列震撼人心的詩作。艾青走
上詩壇，就把中國新詩提升到一個嶄新的階段，所以我們都深
受他的影響。後來，艾青到《廣西日報》編《南方》副刊，他
的第二本詩集《北方》正是這時出版的，因為是自費，印數不
多，我看到的是手抄本。1980年，我曾在《新文學史料》上寫
過一篇關於《北方》詩集版本的小文章。

艾青的現代主義表現手法，主要是拋棄格律，不押韻，是
真正的自由詩，提倡詩的散文美。他的〈詩的散文美〉是五四
以來，詩論中最好的一篇。他的詩〈向太陽〉、〈吹號者〉、
〈他死在第二次〉、〈黎明的通知〉、〈火把〉等，震撼了整
個詩壇。1940年前後，他在湖南新寧師範寫了一部詩集叫《曠
野》，寫的是農村生活，很美。他自己不太看重這部詩集，我

卻認為這是一部很好的詩集，如果他能按《曠野》的路子寫下去，那一定是世界著名詩人。大約1941年，艾青去了延安，雖不停地寫，但無法與他前期的詩相比了。在延安他寫過一首民歌體長詩，寫延安的勞模吳滿有，但失敗了（這種失敗，也可稱之為「歌頌的尷尬」）。胡宗南後來打進延安，吳滿有被俘了，他到處講共產黨的壞話，後來還去了台灣。艾青的詩全集當然沒有收錄此詩。作為一個詩人，艾青最輝煌的時候是三十年代中期到四十年代初期。

艾青三十年代在上海被國民黨捕過，當時他還不是中共黨員。他在延安時受過批判，解放後又受到一次「再批判」。1957年被打成右派，流放新疆，直到1978年後才回到北京。1983年我去北京看他，他身體狀況不好了，一隻眼失明，一支腿癱了，基本上不看書，就聽聽音樂。雖出國訪問過，也寫了些好詩，如〈光的讚歌〉等，但比起他早期的作品，感染力就差了。

兩年前，艾青出了全集，四大本，其中有一本詩論。總的來講，艾青的詩還是先鋒性的，但今天來看，手法還是陳舊了。我認為，他最大的問題是藝術自我更新不夠，他應該有更大的成就。當然，超越別人容易，超越自己確實不容易。況且，他後來的詩，有社會和歷史的原因，不能一味苛求他。五四以來，成就最大的詩人還應該是他，徐志摩、戴望舒都不能與他比。港台有些人對艾青抱有成見，甚至說艾青的詩「不是詩」。這個看法使人覺得奇怪，港台接近世界最新潮流，世界詩歌到現在進入後現代主義時期了，探索很大膽的，不知他們又能否接受。

艾青走了，但艾青在中國詩壇的影響是不可磨滅的。

　　附記：吳滿有其人

　　此文發表後，接到李冰封先生的電話，說吳滿有被俘後「自首叛變」，這是舊的說法。並告知李銳先生曾在1995年《炎黃春秋》雜誌發表〈勞動英雄吳滿有真的叛變投敵了嗎？〉一文，已澄清了事實，隨後《新華文摘》也轉載了此文。

　　吳滿有是抗日戰爭時陝甘寧邊區一個真正的農民英雄，毛澤東親密的農民朋友，他的名字如五、六十年代的陳永貴那樣知名。李銳先生曾在當年《解放日報》上寫過一篇〈開展吳滿有運動〉的社論。解放戰爭後，吳滿有參了軍，胡宗南進攻延安時，他被俘，化名「王文亮」，後來被一個當了俘虜的通信員認出來。在獄中，國民黨軟硬兼施地威迫他，但總是不屈服。國民黨炮製的吳滿有罵共產黨的聲音，其實是另一個假冒「吳滿有」的人讀的。解放後，吳滿有被開除黨籍，取消「勞動英雄」的稱號，高級農業社時僅剩他一個人未入社。1959年3月，吳滿有鬱鬱而死，時年六十六歲。吳滿有雖被人遺忘，但歷史不應該忘記這個人。

（1996年5月）

晚年楊第甫

我認識楊第甫老很晚，大約是在1996年吧。此前，我讀過他的回憶錄《吹盡狂沙》（中國文史出版社，1991年9月版），印象是，楊老敢說真話；並與朋友說過，如誰要瞭解湖南建國頭三十年的高層鬥爭內幕，讀他的回憶錄或許就知道一個大概了。儘管我知道，回憶錄是不一定靠得住的，但楊老這本回憶錄，是值得重視的。記得我第一次拜見楊老時，話題就是從這本書開始的。我曾寫過一篇〈歷史是不能欺騙的——讀楊第甫的兩本書〉，在《博覽群書》和《同舟共進》等先後發過。我給楊老送去樣刊，他看了沒說什麼。1999年11月，湖南人民出版社出版《吹盡狂沙》修訂本時，他曾徵求我的意見，問我是否同意讓他將〈歷史是不能欺騙的〉作這個修訂本的代序，我當然同意了。後來他的秘書告訴我，因為有人向他進言，說此文是散文，還是不收為好，於是他又放棄了。這裏還要交待一句：他決定出版《吹盡狂

沙》修訂本時，曾鄭重其事地把我叫去他家，要求我為他整理此書。但那時我還居無定所，有漂泊之累，深恐延誤他的時間，於是沒有答應。看得出，有一段時間，楊老還為此有點不高興。

在我的印象裏，楊老雖是中共黨的高級官員，但骨子裏依然是個知識份子。是官員，就必須遵守遊戲規則，放棄自我；而作為一個知識份子，他又想竭力堅持一點自我和知識份子應有的良知。於是，他常常在「官員」和「知識份子」之間躊躇。共產黨的紀律是：個人服從組織，下級服從上級，全黨服從中央。他決心做到，但具體行事，他又是「秉性難移」。這一點，從楊老的《吹盡狂沙》裏也可以看到。

楊第甫離休後忘情於詩詞書法

知識份子對我是普遍性，愛國是我的特殊性。我從來沒有要建大同社會的想法。那時大學畢業為了找出路，去了延安。我之所以反蔣，是因為蔣不抗日。我有許多機會，我可以通天，升官發財什麼的，門路很多，但我一概不去找……。

這是1998年9月20日，楊老對我說的。而這時，楊老離開湖南省政協黨組書記、省政協常務副主席的位子已整整十三年了。

楊老的晚年，有反思意識，雖然耄耋之年，但思想敏銳，對當下有清醒的憂患意識；與我這個自以為持自由主義立場的人，也有許多共鳴。我曾應省黨史委之約採訪他，以訪談形式寫了〈我所知道的黃克誠〉。文章末尾，我借他的口說了這樣幾句話：

> 我們今天的社會正處在一個轉型期，各種社會矛盾絞在一起，尤其需要實事求是的勇氣和精神，不迴避問題和矛盾。要知道，在當前，任何空話、大話、套話都是有害無益的。去年，任仲夷在《南方日報》發表〈再談堅持四項基本原則〉，我認為談得實在，是一篇很好的文章。

沒想到讓他過目時，楊老竟將說到任仲夷的幾句話刪掉了。他說：「這要不得，哪有一個黨派領導下的民主？這是一黨獨裁。」我後來將任老的全文拿給他看，他同意了，並說：「四個堅持本來就不對嘛。為什麼只能讓共產黨領導？」。我當時很驚訝，因為楊老是1938年冒死加入中共的老黨員呀！我想，楊老思想的變化，很可能是受其兒子楊小凱的影響。楊小凱是澳洲拉莫什大學教授、當代世界著名經濟學家，十七歲時曾寫出《中國向何處去》，並因此蒙冤入獄十年。楊老承認，兒子的中文著作他是必讀的，除非是很深奧的「經濟學原理」。

楊老生於1911年，長我四十二歲，但我們的交流沒有代溝或障礙。我要是讀到他應該會感興趣的好文章，就送給他看看；他也一樣，要是看到好文章或是好書，就打電話告訴我，要我一定讀讀。記得李南央的〈我

有這樣一個母親〉，我就是在楊老那裏最先讀到的。（楊老在美國的女兒以電郵將此文發給在深圳的姐姐，其姐姐再打印寄給楊老）讀完之後，我複印一份，立即推薦給當時的《書屋》主編周實先生。我說：「此文令人靈魂震顫，稍經處理就可發表。」後來此文在《書屋》發表了。如果沒有楊老，不知大陸讀者要推遲多久才能看到這篇二十世紀寫母親的傑作。還有，潘旭瀾的《太平雜說》出版後，他立即讓秘書買了一本。待我去看他，他說此書一定要讀。他還說，太平軍曾打到湘潭，殺了幾個家族的人。當時老百姓叫他們「長毛賊」。前些天，中央電視台播《太平天國》，我不看。有人說，太平軍比法輪功還壞，因為法輪功沒武裝，他們有武裝，殺人如麻。洪秀全利用「拜上帝會」愚弄人民，控制人民，殺了多少人啊！對於太平天國的評價，歷史早有定論。上世紀三、四十年代，國共失和。蔣介石當時曾以曾國藩自命，而把共產黨領導的軍隊視為太平軍一流。於是共產黨發動了對曾國藩的批判，產生了〈漢奸劊子手曾國藩的一生〉之類的文章——這就是當時貶斥曾國藩的背景。歷史早翻過了這一頁，今天還這麼寫，就有失歷史的真實了。楊第甫1991年出版的《吹盡狂沙》，談到曾國藩等湖湘舊人，也是這個觀點。

楊老三次去延安，前兩次去了，又要他回來開展地下工作。1941年，他從南方局去延安後就進了中央黨校，直到1945年調去東北。在延安四年，他被「整風」整了三年。1942年，妻子陳素來延安了，但不能見面。三年裏，只在開大會時見過一面，彼此沒說一句話，妻子只是將他的手捏了一下，就離開了，因為楊老是整風對象呀！「捏手」這個細節，在他的回憶錄裏寫了。我讀到這個細節，心彷彿被刀絞了一下，有一種痛切骨髓的感覺。2000年8月18至28日，得楊老之約，我每天去聽他談一個小時。我想讓他詳詳細細談那延安四年，想讓他把「捏手」這個細節再前前後後細化一下，但他只記得這些了：延安搞大生產，每個人要積肥，

陳素希望能碰上每天清晨撿狗糞的他，但就是沒碰上一回，直到1945年後，他才被「解放」，和妻子一起去了東北。我問他：「你想妻子，近在咫尺而不得見，從人性的角度看，你不感到殘酷嗎？」他說：「殘酷。共產黨本來是最殘酷的，但那時不這樣認為。」楊老這些天的談話，可惜我沒錄音，是筆記的，大概有一、兩萬字；如實整理的話，發表還有困難，於是至今我還沒有整理。

寫這篇小文時，我把那本筆記又翻出來，見我當時不僅記其談，而且每次談話後，我又小結了幾句。8月21日下午，小結有這麼幾句——這次見面，楊老說：「我可能要走了，你也在搶救文史資料哪！」我說不會的。8月24日下午，我因事沒去，下午四點多他打來電話問：「今天怎麼不來了？」8月25日下午，我去了，楊老正靠在臥室的藤椅上。他夫人說：「楊老今天有點不好過。」我說：「那我明天再來吧。」他夫人卻又說：「那你還是去見見他，他心裏好過些。」我見了楊老。他說：「我不住院，我要自己搶救自己。」8月27日我去了，他說：「你不是要我談周小舟嗎？周小舟可談，華國鋒也可談，但張平化我不想談」。——他的意思是不屑於談。周惠整他最厲害，使他仕途遇挫。1980年代周惠任內蒙古書記時，把他接去內蒙，與他促膝長談。周惠說：「第甫，我要向你檢討。當時我們太蠢了，要是現在，我就不會那樣做了……」之後，周惠又陪他去延安舊地重遊一趟。楊老說，對周惠，我原諒他了。楊老的寬容，在《吹盡狂沙》中也可以看出。這天談話後，我說，我們談話就告一段落了，以後你想起什麼要談，就用電話找我吧。第二天，他的秘書告訴我說，楊老要你上午去他家裏，他還有兩件事跟你說說。我去了，原來是他看了香港《鏡報》雜誌上的文章，說「江李體制」如何如何，他同情朱鎔基，說他「把經濟穩住了，又把他踢開了」，云云。

我編的《湘聲報》「文化」副刊，後來改名「文化·滄桑」，楊老說他每期必讀。2002年1月10日，副刊版發了一則簡訊，開列了2001年第四季度本版被《雜文選刊》、《中華文學選刊》、《讀者參考》等刊物轉載的文章篇目，他看了給我打電話說：「你這個小報，一個季度竟有十多篇文章被轉載。確實是小報辦出了大氣象。」他還要我去他那裏談談。我去了，他就評點起這一期的版面了。這一期我發表了丁東的〈失職的年代〉和黨國英的〈什麼是好學風〉。楊老說，這兩篇文章實質上是講同一個問題，即知識份子怎樣做人和怎樣做學問，很有現實感。也許知識份子讀了，更有共鳴。本期還刊載了篇評說兩部電視劇的隨筆：〈孫中山為何鬥不過康熙〉，作者是針對「孫劇」收視率大大低於「康劇」問題說的。楊老說，他讀此文，首先想到了這兩個人——康熙盛世，國泰民安，傳統的中國人只希望生活富裕而安定，所以喜歡他；孫中山的「三民主義」雖好，但沒有實現。孫中山留給人們的印象就是募捐、革命、打仗。他

1948年12月，吉林省敦化縣政府歡送楊第甫縣長離任

為了民主，讓出了總統的位子，也許出發點是好的，但結果袁世凱復辟了。這篇文章好就好在它批評了中國人的「好皇帝」思想。到今天，中國人還指望出現一個「好皇帝」，而不去追求有一個「好制度」，這說明中國的民主與法治還有很長的路要走。

2001年1月，作者與楊第甫合影

我調來報社，很長一段時間沒有房子住。楊老雖管不了這些，但他問我，還問過他的秘書：「向繼東怎麼不分房子？」有一次我曾對楊老開玩笑說：「楊老，要是您在位時我認識您就好了。」楊老笑了笑，沒說什麼。其實，假如他真的在位，我也真的在他的管轄下，也不見得會有多少接觸，因為我向來不會攀附什麼，況且像他這樣級別的領導，政務繁忙，也很可能無暇垂注我輩人物。

楊老是2002年10月18日去世的，記得進醫院前兩天還給我打來電話。那時網上有關於楊老兒子的傳言，說楊小凱今年獲得諾貝爾經濟學獎提名了，楊老當然希望兒子得此大獎。那次電話就是說這事兒。末了，我問他這兩天還好嗎？他說：「年紀這麼大了，好不到哪

裏去。我只想無疾而終。」這回楊老真的「終老」去了。參加完楊老的追悼會，本擬即寫這篇小文，但因俗務纏身，久未動筆，一拖竟過了半年多。記得有一次，在楊老身邊工作過的劉正蓮女士曾和我開玩笑說：「向記者，楊老托夢給我，催你寫紀念他的文章呢。」這下拉拉雜雜，寫了這些，不知楊老在天之靈有知否？

（2003年）

先行者並不孤獨

——解讀鍾叔河

認識鍾叔河先生，是從一篇批評文字開始的。不久前，我謀職的那家報紙副刊收到一篇指摘鍾叔河先生的文章。作為編輯，我覺得那種批評至少是缺乏理性的，但此文經一位要人轉至編輯的案頭，且有總編的簽字，不發表是不行的。於是輾轉找來鍾先生的電話，我問他要不要看看此文。鍾先生説：「沒有看的必要，你們覺得可以發表就發表吧。」後來他讀到此文，我説，你可以反批評。他卻説，他還有別的事正忙著呢。

作為一個出版家，鍾叔河先生是傑出的，是成功者。這並不是説他拿了出版界的韜奮獎，而是他主編的一套套叢書，享譽海內外，如「走向世界叢書」、「鳳凰叢書」、「舊籍重刊」、「舊譯新刊」等等。八十年代，他確實在出版界颳起過一陣「旋風」，讓湘版書大出風頭，博得了錢鍾書、黎澍、李一氓、楊憲益、李侃、蕭乾等一代文化名流的叫好。錢鍾書先生曾致函稱：「弟讀尊編，即傾倒兄之卓識明見。」錢先生在

〈序《走向世界》〉中還說：「叔河同志的這一系列文章，中肯紮實，不僅能豐富我們的知識，而且很能夠引導我們提出問題。」

我想寫寫他，他卻說自己服務出版界早已是過去的事，再寫這些沒有什麼意思了。於是我提到了幾年前蔣子丹寫的〈鍾叔河小記〉，他說，那是蔣子丹的感覺，作者寫自己的感覺總是有自由的嘛！蔣子丹曾與他共事多年，而我與他才匆匆見過兩面，生活中的鍾叔河是如何，實在不敢說有把握。苦於找不到切入角度時，想起鍾先生給我的一份繁體字的打印材料，題為〈一九五七年的四十八條〉。這份材料前面還有一段鍾先生1989年春的手跡。鍾先生在香港出版《中國本身擁有力量》時本想作附錄印上的，後因故撤下了。鍾的手跡題曰：

鍾叔河和他主編的書

> 1957年10月，前《新湖南報》反右辦公室印發了一冊128頁的三十二開本書，書名《繼續揭發批判鍾叔河的反黨反社會主義罪行》。下面這四十八條，就是

原來揭發的一部分，見該書106-112頁……。我很感謝反右辦公室的同志們，替我出版了我的這一本「著作」。當年作為一個二十七歲的「作者」，能夠得到這樣破格的待遇，的確是值得永誌不忘的。

這四十八條就是當年鍾叔河先生的言論，經「反右辦」整理，成為六個部分，即「關於自由」、「關於民主」、「關於無產階級專政」、「關於黨的領導」、「關於社會主義思想和馬列主義理論」、「關於階級鬥爭和知識份子問題」。經過二十年改革開放，今天我們重讀這四十八條，依然感受到其強烈的現實意義。以下僅錄數條（北京《人物》雜誌1982年第6期，〈述往事、思來者〉曾引用過這幾條）：

> 馬克思主義是一百多年前的產物，不隨時修正就不能保持正確。列寧把它修正了一次，但列寧的時代也過去三十多年了。第二次世界大戰後，南斯拉夫又把它修正了一次，可是原來史達林卻不承認。現在證明，南斯拉夫修正是對的，是馬列主義的新發展。
>
> 馬克思主義的理論、觀點，如果不准修正，就會僵化，變成教條，反而要束縛人的思想。
>
> 社會主義的基本概念，就是一切不平等的消失，人類的徹底解放。所以，自由、民主和社會主義是沒有矛盾的。
>
> 只要贊成社會主義的原則、思想、觀點和理論則應該隨人們去建立，去創造，不應當只允許一種思想、一種觀點、一種理論存在，這會窒息人們的思想意識，形成教條主義的統治。

我贊同此説：顧准是一位先知先覺者。王元化先生曾評價顧准説：

> 作者才華橫溢，見解深邃，知識淵博，令人為之折服。許多問
> 題經他提出，你就再也無法擺脫掉……。在造神運動席捲全國
> 的時候，他是最早清醒地反對個人迷信的人；在凡是思想風靡
> 思想界的時候，他是最早衝破教條主義的人。僅就這一點來
> 説，他就比我以及和我一樣的人，整整超前了十年。
>
> （序顧准，《從理想主義到經驗主義》）

在這裏，我要説的是：顧准對政治、民主、社會主義及馬克思主義諸
問題的思考是從六十年代開始的，他的《從理想主義到經驗主義》就
是在1973年至1974年完成的。五十年代顧准的思考，主要在社會主
義市場經濟規律等方面，而鍾叔河先生五十年代就思考了在社會主義
制度下的各種問題——雖然他的思考沒有顧准來得深刻，但他畢竟
比顧准要早十多年就思考了，比整體民族八十年代的反思幾乎早了
三十年。

在接受筆者採訪時，鍾叔河先生還説，要是自己生活在正常的社會
裏，他是會做些事情的。我想也應該是這樣。如果他沿著五十年代的路
子思考下去，並讓其有相應的環境和條件，也許今日中國就多了一位思
想界的探索者，而少了一位出版家。

因思想而罹難，是那個時代的罪惡。1957年鍾叔河先生被劃為「大
右派」，1970年至1979年又因「現行反革命罪」在監獄裏待了十年。在
社會底層裏，他當過車夫、鉗工、木工、劃線工、繪圖員等。苦難鑄造了
他的靈魂，思考點燃了他的智慧。他説，他贊同史學家陳寅恪的觀點：知

識份子應有獨立之人格、自由之思想。
他把中華書局1985年出版的《走向世
界》借我閱讀時說：「我覺得自己的性
格有一點點像郭嵩燾。我寫的〈論郭嵩
燾〉，你可讀讀。」

郭嵩燾何許人也？郭氏為湘陰人
氏，十九歲中秀才，二十九歲中進士，點
翰林，官至禮部侍郎、駐外大臣。先行者
總是孤獨的。郭氏於英法公使任上被撤
回，著有《使西紀程》，被譽為真正意義
上的「睜眼看世界的第一人」。郭氏早
年參加過湘軍的戰事，但很快就洗手不
幹了，認為那不是自己的事。郭氏好議
政、喜批評，接受了非傳統的思想，有
一股異端的氣味，於是為當時的主流文
化所不容。由郭氏的這些性格特點，想
到鍾叔河〈一九五七年的四十八條〉，
確實使人有相同的感覺。鍾先生現在正
做著兩個研究課題，一是明清士大夫對
西洋事務的認識，二是關於周作人的研
究。我想，他的見解肯定是獨到的。

鍾叔河先生的主要史論著作有《走
向世界》、《從東方到西方》、《中國
本身擁有力量》、《書前書後》等。讀
他的著作，使我們不得不驚訝於他對

這是五十多年前熱愛文學的五個小夥子
合影。「我們」二字出自鍾叔河（右
二）之手（鍾叔河提供）

2001年10月在鍾叔河先生家中合影。從
左至右為向繼東、鍾叔河、丁東、謝
泳、朱正

1840年以後的中國認識之深刻。在近代中國文化匯入世界文化進程的大背景中，他從思想史、文化史層面分析傳統士大夫到現代知識份子的艱難轉型及其內在動因，其見地顯示了他治學的機智。他在〈關於曾國藩家書〉中說：

> 傳統的封建文化不能導向民主和科學，中國之現代化無須熟讀《離騷》，是我四十年來一貫的觀點。但是我同時又認為，為了快步走向明天，必須深刻地認識昨天，清醒地面對今天。

今天，正是中國現代化遭遇陣痛的時刻，我們要如何把握和設計未來呢？這是每個有良知的知識份子所必須回答的。

（1998年6月）

李慎之現象

李慎之老走了。

　　我曾在一篇紀念他的小文裏寫下這麼一段話：

> 在這個春雨淫淫的夜晚，我的悲憫的心無法平靜。我一邊讀著李老的信札，一邊想著李老這一代人的命運——他們早年是堅定地投身於暴力革命的知識份子，經過二十世紀下半葉的磨難和洗禮，他們分化了，有的成了僵死的教條派，還事事搬出老一套唬弄人；有的成了修正派，竭盡全力新釋聖典，從而證明並非全盤皆錯，前途依然光明。而李老呢，以其思想巨人的睿智，清醒地看到了革命的後果，剝去「皇帝的新衣」，最終選擇了自由主義。對李老這一代人來說，走出這一步是何等的不容易，但李老走出來了！

在大陸沒有「准生證」（所謂書號）的
幾本書

很快的，我又猶豫了，因為在網上看到
笑蜀兄的文章，説他很佩服李老的勇
氣——明明知道會失敗，但依然義無反
顧。笑蜀是褒揚李老的。

笑蜀的文章還説：

> 我越來越相信，自由主義於中
> 華民族的氣質並不相合。這樣
> 一個生存空間極其擁擠而破碎
> 的民族，這樣一個要麼治人，
> 要麼治於人而從不知自治為何
> 物的民族，這樣一個要麼鐵桶般
> 窒息，要麼四分五裂、一盤散沙
> 的民族，自由主義的那種優雅、
> 閒適，那種陽光、高貴，那種散
> 見於每一根毛髮的紳士氣度，顯
> 得多麼的不合時宜。自由主義在
> 中國無從生根發芽，而徒具美學
> 意義罷了。至少，在可以預見的
> 五百年內是如此。

老實説，讀到這幾句，我很悲觀，想到
了別人經常教導我的「國情論」，由此
還想到我們堅決貶斥的「西化」——我

們要建設政治文明，但絕不照搬西方的那一套，因為西方的經驗不適合我們。但我們自己有什麼呢？除了有幾千年的封建專制以及與此相應的儒文化，我們沒有值得一提的，況且我們選擇的馬克思主義不也是西方的嗎？

笑蜀還說，在中國選擇自由主義就是選擇絕望，選擇失敗，選擇悲劇。真是「不能走那條路」啊！我非學問中人，我的判斷一般是憑直覺和經驗，對於學理層次的問題反應遲鈍。我心想，那我們究竟該選擇什麼呢？

昨天，有作者朋友向我供職的媒體投稿，推介林賢治先生的新著《魯迅的最後十年》。文章大致瀏覽了一下，覺得這是一本不可不讀的書。晚上我給林賢治兄打電話，林兄說剛拿到樣書，下週一就寄給我。然後，我們說到李慎之先生的去世。我問：「你會寫一篇文章嗎？」林兄說他已寫了一篇六千多字的文章，並說在寫之前又讀了李老的全部文章。電話裏我們談李老的時間，足足有十多分鐘。林兄說，李老是個西方思想的宣傳家。這點我完全贊同。在「西

2002年李慎之（左）與李銳在一起（原載《懷念李慎之》）

1993年李慎之（右）與吳祖光在一起（原載《懷念李慎之》）

化」弄得聲名狼藉的上世紀 十年代，李老是較早（不說最早吧）提出「全球化」概念的人（且這一概念已為主流意識形態所接納）。最近一期《南風窗》雜誌中袁偉時先生的文章，也說李老是個「具有全球眼光的人」。林兄還說，李老反對新儒家，但是他也沒有跳出新儒家的圈子，尤其是不能贊同李老的「告別革命論」，因為革命也屬於人權的一種啊！林兄的大文我還沒有看到，林在電話裏對我說，李老的反思，基本上也是體制內的。如果說他走出來了，也僅僅是倒在「門檻」下，是剛跨出門檻的娜拉。

　　林賢治兄是我一直敬重的非學院派民間思想家，他的話令我深思。放下電話，我一直在想：林兄是否在苛求李老呢？像李老這樣的人，在中共八十多年的歷史上，恐怕只有兩位，一位是顧准，另一位就是他。他們之所以走出來了，是因為他們都經歷了磨難。顧准兩次被打為右派，直至文革遭遇滅頂之災，妻離子散。假若顧准一帆風順，也許他就不會「從理想主義走向經驗主義」。李慎之恐怕也一樣，假若他沒有當過右派，沒有淪入社會底層二十年，直至後來被免除中國社科院副院長的職務，恐怕也沒有走得這麼遠，這麼捨得「豁出去」。我們不能太苛求他。我倒覺得，如果硬要對李老有所「非議」的話，那就是：他明明放棄了年輕時追求的「英特納雄耐爾」，為何不光冕堂皇的要求退出有那樣追求的組織呢？總而言之，李慎之和顧准的「個案」，在中國思想史甚至整個中國歷史上是不可小視的，肯定會有新的視角。當代人看當代人，遮蔽的東西太多了，況且歷史也是需要沉澱的。

（2003年6月）

華國鋒時代：一封信和一個人之死

「歷史不會重演，但錯誤是會重演的」
（陳獨秀語）。但願這篇小文能喚醒人
們對歷史的記憶。

——題記

近幾年來，我對故去的現當代人物發生了
興趣，且不管是有名或無名的，革命或不革命
的，只要我覺得有思考的價值和意義。

前不久，我讀了一篇〈能否為張志新拍一
部電影〉（載《湘聲報》2001年8月10日三版），頗
有所感。一方面，覺得張志新已被追認為烈士
了，拍片反映烈士生平，無可非議；至今未有
藝術家去拍，當然是個遺憾。另一方面，我又
覺得張志新等人（包括遇羅克、林昭、李九蓮等）
還算幸運，冤死幾年後，時局一變，平反了，
有的追封「烈士」稱號，有的說是「無罪錯
殺」，且媒體都有不同程度的報導，林昭和遇
羅克還出版了紀念專輯。但必須承認的是，還
有不少像張志新等一樣冤死的人，至今未為人
知，其中武文俊就是一個。

武文俊——一粒孤獨的種子

這是一張唯一能找到的有武文俊的照片。圖為武文俊與妻子及兩個兒女合影（武文俊遺孀提供）

説起來，我與武文俊同鄉，同是湘西漵浦人。那時，武文俊在該縣低莊公社楊和坪大隊小學當公辦教師，而我則在與低莊相鄰的雙井公社寶塔小學當民辦教師。我們彼此並不相識，只是這個案子破獲後，我才知道有個叫「武文俊」的人（破案時，每人上交一個筆記本，還要另寫一張紙的字，弄得風聲鶴唳，人人自危，心怕筆跡錯對到自己頭上會説不清）。1977年1月9日上午，武文俊因「現行反革命罪」被槍殺在縣城對河的沙坑裏，時年四十歲。所謂「現行反革命罪」，就因為他給當時的國務院總理華國鋒寫了一封匿名信。關於匿名信的內容，當時只聽説它「反黨、反社會主義、反毛澤東思想」，提出了「重新建黨、建國、建軍的十大綱領」。

恢復高考後，我離開了湘西，但與文字結緣，每每讀到關於張志新、關於遇羅克、關於林昭和李九蓮的文字時，總覺得應該為武文俊寫點什麼。

武文俊蒙冤二十五年後，我又踏上那塊土地，武文俊的妻子劉滿英流著淚對我説：「他本來最膽小怕事的，也不管閒事的，教書回來，要麼幫著做點家

務，要麼就在木樓上讀他的書。那次，
他也是鬼迷住了……。」與武文俊一起
任教楊和平小學的同村人武思月說：
「武文俊是個好人。他善良，從不與人
爭吵，做事都考慮再三。還有，他膽子
小，出點事就嚇死了。他還比較孤僻，
有書呆子氣，書讀得多，社會上的事也
想得多，但平時開會討論什麼，大家七
嘴八舌，他卻不吭聲。到出事時，我們
都不相信那信會是他寫的。」

武文俊的「匿名信」是1976年4月
12日開始醞釀起草，4月18日至22日寫
成的。4月24日從漵浦縣城投郵。三個月
後，即7月25日夜，武文俊被捕。經過
一百六十七天的審理，武文俊就被槍殺
了。1977年1月4日，漵浦縣人民法院下
達死刑判決書：

毛澤東之後，華國鋒接棒。圖為1976年
10月打倒「四人幫」（即王洪文、張春
橋、江青、姚文元）後華國鋒首次在天
安門城樓露臉。

武文俊招來殺身之禍的「反革命罪證」

> 武犯自1958年參加教師工作後，
> 資產階級思想極為嚴重，經常發
> 洩不滿言論，曾受到學區重點批
> 判，但仍不思悔改，發展到仇
> 視我黨和社會主義制度，思想
> 極為反動。挖空心思、絞盡腦
> 汁，書寫了一封三千餘字的反革

命匿名信，1976年4月24日投寄「國務院總理親收」。利用古今中外最惡毒的語言，極其惡毒地攻擊我們偉大的領袖和導師毛主席，攻擊我們當之無愧的英明領袖華主席，攻擊社會主義制度，妄圖復辟資本主義。反革命氣焰極其囂張，罪行嚴重，民憤極大。本院為了保衛毛主席的無產階級革命戰線，保衛以華國鋒主席為首的黨中央，保衛揭批「四人幫」的偉大鬥爭深入發展，保衛無產階級專政，保衛「農業學大寨」和「工業學大慶」，堅決打擊現行反革命份子的破壞活動。特依法（沒有說根據某款某條，引者注）判處武犯文俊死刑，立即執行。

判決書最後稱「如不服判決，可在接到判決書之日起三天內向本院提出上訴」。但據查案卷記錄，武文俊沒有上訴，倒是他的親人於三年後開始上訴，要求復查此案。1982年5月18日，懷化地區中級人民法院終審裁定：武文俊屬「有罪錯殺」。鑑於其家庭生活困難，特給予其家屬生活補助費八百元——這就是事件的結局了。

武文俊在那封賠上性命的「匿名信」中到底寫了些什麼呢？現引錄如下：

十化宗主閣下：

上次來函，想必一定收到，此事宜早圖之，愈快愈好，遲則有變，反害自身，則禍必臨頭耳！須知，熊精特性，最善蠱惑人心，籠絡人心，軟化人心，熊乃丁火所化，即是最堅硬的金屬，亦能被軟化，他迎人則抓住不放，笑不休，笑後則吃人。它所寵信的人，也可說是最倒楣的人。曾有熊精的故事，說人熊感受宇宙陰陽之氣，變化成精，能托胎於人，又能借屍

還魂，世人不識。它宣揚專替人民辦好事，騙得多人信服，好認人作親屬朋友，但一旦真正與它親密接觸，就會被它吃掉。它自謂窮通宇宙哲理，有通天之術，可以引導人民進入「天堂」，騙得五湖四海人們的信任。於是它把舌頭伸出，變成了一座「天橋」，指揮人們上「天橋」，進入「天堂」，於是人們受騙，沒有認清本質，不識真偽，人們絡繹不絕竟不辭勞苦地披星戴月地忍饑挨餓地上「天橋」，豈知有去無歸。原來「天堂」是個死胡同，都進入了熊精的咽喉，被吞吃。眼看人民就會遭受滅族之禍。幸好，天帝知道了此事，即降賢士於人間。賢士拔劍斬精，才拯救了人們。

〔引者按〕武文俊在獄中交待說：稱呼「十化」，即「华」字分拆，指華國鋒；「宗主」，武說是指奴隸社會的頭人；「上次來函」係虛構，意在增加破案難度；「熊精」二字共二十八畫，影射的是毛澤東；「熊精的故事」是根據民間「蟒蛇精的故事」改編的。「賢士拔劍斬精」，是指1976年4月5日在「天安門廣場鬧事的反革命份子」，「精」即「熊精」。

歷史到了現代，熊精又借屍還魂了，它不斷地把寵信的人做為梯子，踏著梯子使它可以不斷上升。做梯子者，自然是被踐踏者。最初還以為是榮幸，認為地位提高了，其實是個夢中犧牲者。曹操好夢中殺人，實際操刀不在夢中，被殺者在夢中也。還是那句老俗話，良禽擇木而棲，賢臣擇主而事，得寵應當思辱，居安應當慮危，上台之時，須考慮下台之日。現在既做了它足下之梯，那就不能不認真對付，無能無為，會被踏碎，有偏有倚，亦會踏扁，須知熊精變化多端，要人倒地，鬼神莫測，若稍有不慎，就

武文俊妻子（左抱孩子者）與姉妹們合影與上世紀六十年代末（武文俊遺孀提供）

會遭險。它打著「為人民服務」旗號，掛著「為人民造福」的牌子，騙取了五湖四海的人信任之後，因而也就有了殺人之權，置人於死地，只要一句話。經常思考著殺人之術，治人之道，整人之法，竭力煽動鼓勵人們之間鬥爭，說是階級鬥爭，使人們自己打自己，自己消滅自己，這就是它經常宣揚的「鬥爭哲學」，也是它全部學說的宗旨。所謂革命，按照它的打算，先革有產者之命，後革無產者之命，一時運用這股力量，打倒一方，一時運用那股力量打倒另一方，以逐步達到消滅人民之目的，確實沒有哪一股政治力量能夠與它共事始終。不主張公理、正道，唯我獨尊，至高無上，毀滅人類文明、自由、民主幸福，實行野蠻、殘暴、滅絕人性的社會奴隸主義制度，它是真正的拉歷史倒車，使中國由封建社會進入到萬惡的社會奴隸主義制度（林說它是社會封建主義，這種說法不當）。

〔引者按〕文革後，中央撥亂反正，立即修正了「以階級鬥爭為綱」的方針，實行了「以經濟建設為中心」的治國方略。

下面只簡舉數例，證明它不如封建社會進步，而是倒退到奴隸社會去了。

一、 經濟不如封建社會富裕，外面光華，內部空虛，國家和人民都很貧困。就拿農民的勞動和收入來說，現在農民一年三百六十天，天天勞動，起早摸黑，比封建社會給地主做長工辛苦得多，可是收入很少，只能維持半飽的生活，吃自己的飯，每個勞動日的工資不到一升大米，與奴隸生活水平差不多。以前給地主打長工，一日三餐飯是吃地主家的，有時還有點酒肉葷菜，每月工資兩擔稻穀，一年就有二十四擔稻穀餘著，折合市斤就有兩千多斤。打零工是每日工資三到五升大米，一天三餐飯還是吃主人家的。插田打禾時的零工工資，每天可達一斗五升左右的稻穀，三餐飯是吃主人的。手工業每天工資有五到八升大米，一日三餐吃主人的。其他行業人員的工資就更不用說了，要比農民高得多。封建社會人們的勞動量又沒有現在這麼大，勞動時間沒有這麼多，種植面積也不及現在的一半。「楊立貝、白毛女、祥林嫂」畢竟還是加了浪漫色彩的創作小說，不是真人真事。當然不能否認以前的封建社會沒有弱點。但是現在不許寫陰暗面，若允許寫的話，又何止千萬個比祥林嫂、白毛女更慘的人呢？這證明現代社會不如封建社會，是奴隸社會。

二、 關於婦女的「解放」，若說婦女現在得到了「解放」，不如說是用繩子把婦女穿了鼻栓。看農村婦女，除了負擔家

務勞動外，又還要參加田間勞動，婦女的勞動量、勞動時間超過了男人，變成了女奴隸。以前說婦女整天繞著鍋灶轉，沒有得到解放，現在才是「解放」了，勞累得要死。又說老人和兒童「解放」了，不看別的地方，就看大寨的老年和兒童就知道，一個個都被整彎了腰。當然，要人民勞動並不錯，不過，所付出的勞力和所得的收入，對比一下，不及封建社會，與奴隸社會差不多。

三、人民沒有政治地位，連買個東西也要講情面，講人熟。沒有政治權力，沒有言論自由。特別是學術界，不能發揮才能，都被認為是毒草，要進行批判，於是沒有人敢寫書了，只有熊精的邪說獨盛，盈櫃滿架。這種奴隸主義社會，阻礙了人們的思想進步和學術的發展。

四、一切人的行動都不自由。就是當官的也不見得比老百姓自由多少，都被當做奴隸一樣管得死死的。利用奴隸管奴隸，這是一種巧妙的奴隸制度，人們都成了奴隸。在封建社會人們的行動還比較自由。

五、職業不自由，不能由自己選擇職業。人身不自由，處處有約束，連勞動生產都不自由（反對生產自由種植，反對勞力自由支配），生活不自由，生存不自由，生育不自由（要把生有兩、三個以上小孩的二、三十歲的男女青年，強迫實行閹割結紮生殖器）。它沒有後代，痛恨人民有後代，要減少人口，實行截（絕）代減種之法，完全把人民當作牲畜，侮辱殘害，明殺人，暗殺人，數目之多，無可統計。

六、徭役賦稅之多，史無前例。徵收公糧，按單位畝積計算，比封建社會所交公糧多十幾倍到二十倍；按總斤額計算，

比封建社會多四十倍左右。與農民以前給地主交的租穀差不多（每畝田土交稻穀200斤左右）。「收租院」是演的現實，不是演的歷史。各種稅收繁多，什麼都要交稅，真是熊精「萬稅」，人們常常喊「萬稅，萬萬稅」！還有其他派購、統購、徭役、義務工、積累工等等，人民總負擔量，超過封建社會若干倍，農民貧困，又不許搞點副業收入，說是資本主義道路，要退賠，要批判，真是連吃鹽的錢也沒有。農村忙碌不休而生活苦，城市蕭條而頹廢，工人生活水平亦不高。

七、 專門吹噓成績，鼓吹這種社會奴隸主義制度的「優越性」，從不承認自己的缺點錯誤，59年到61年那一階段更苦，確實餓死不少人。可是把錯誤加到別人頭上，說是蘇修掐我們的脖子，要我們還債，又說是劉少奇路線搞的，又說是下面幹部的「五風」，又說是天老爺不下雨，就是不承認自己有錯。報刊廣播，都是講的「大好形勢，而且越來越好」，從來沒有講過半點缺點錯誤，使人們看透了這種虛偽的實質，因而產生反感，都不相信。它否認了一切學術思想，獨尊熊精的思想和個人的主義，完全違背了人民的意志願望。

以上只是隨便略舉數例，說明熊精的倒行逆施，由封建社會復辟倒退到奴隸主義制度，至於社會上的其他（利弊、舞弊）弊病，不勝枚舉，現在全國絕大多數人民有所覺悟，民心背向，只是怒不能言。人民跟著它，遭受了多少劫難，多少苦難。現在熊精的天下快要滿了，有童謠云：「王不像王尾巴

長，四成幸運被水淹，十田交了八丘糧，熊精二十八筆（必亡。」

　　閣下若有智勇，成全大事，除卻大害，拯救人民，拯救中國，定天下不難，我們當助一臂之力。否則，若苟且拖延，受它籠套，必為所害。前車是鑒，不可重蹈覆轍。

〔引者按〕以下是武文俊所謂「重新建黨、建國、建軍的十大綱領」，其實有十一條，「三」為原文重複。

　　若能成全大事，下面附有建國條例商討：

一、中國進入資本主義不是復辟倒退，而是封建社會發展的必然規律。熊精的所謂「社會主義」實際上是社會奴隸主義，才是真正的復辟倒退。

二、煽動鼓勵人民之間鬥爭，說是階段鬥爭，其目的是為了鞏固它的奴隸主義制度。

三、國家應為社會契約產物，國家機構設中央、省（市）、縣、鄉、裏等級，國家應民主產生，為全國大多數人服務（為勤勞、正直、善良的老百姓服務），國家機關的負責人員，應由人民逐級普選產生，真正代表人民利益，並且每四年一改選，連選可以連任，但最多只能連任三屆（即十二年）。

四、國家政策由人民討論制訂，逐級彙總上報中央，最後頒佈確定。

五、建立一定軍隊，防禦外敵侵略，建立少量地方治安，解

決民事糾紛和刑事犯罪。軍人來源由基層人民選送，服
役期三年。願繼續服役者，根據情況加級加薪。

六、提倡言論、學術、出版自由，人民可以登報批評政府，
提出建議，獎勵科技和對國家有貢獻的人才。

七、發展工農業生產。

八、財產問題，凡國有企業、工廠等仍為國家所有，集體財
產仍為集體所有，給予獎勵，不願集體化者，由人民討
論，財產平均分配（但不予獎勵），不許以強凌弱，侵犯
他人財產和利益。

九、對原來幹部、除少數確有作惡利（作）弊者外，其餘一
律不予追究。

十、國家徵收的賦稅，根據國家實際需要，稍有餘地地來決
定人民的負擔（盡量精簡機構、減輕負擔）。

十一、大赦天下，釋放囚犯。

建國宗旨：創民主，除獨裁，立自由，滅殘暴，興文明，破
野蠻，建幸福，濟貧窮，天下必群起而服之，定無反心。

知內者草

今天看來，武文俊的信，對那個時代確實是反動的。至於「反動」
的正確與否，1978年以來的中國改革本身已經做了回答。當然，武文俊
也有失之偏頗、甚至以偏概全和洩私憤之處，但難道他應當就此付出生命
的代價嗎？

判決書說武文俊「惡毒攻擊我們偉大的領袖和導師毛主席」、「攻
擊社會主義制度，妄圖復辟資本主義」，這已是無須狡辯的。但說他「攻

武文俊最後一所任教的楊和坪小學名存實亡了，祠堂換成了破敗的洋房子

楊和坪小學的老師（左一）和學生誰都不知道，曾有個叫武文俊的人在這裏教過書（攝於2004年9月）

擊我們當之無愧的英明領袖華主席」，無論怎樣，也看不出這層意思。我倒覺得，武文俊在為「英明領袖華主席」設身處地著想，提請他注意「前車是鑒，不可重蹈覆轍」、「上台之時，須考慮下台之日」。同時還要華注意不要做「夢中的犧牲者」，因「曹操好夢中殺人，實際操刀不在夢中，被殺者在夢中也」……。此情此意，實乃「謀士」之狀，又怎能説是攻擊呢？相反的，武文俊就是在華國鋒上台後被「從重從快」鎮壓的。

人死不能復生。武文俊冤死二十五年了，至今無人寫過關於他的文字。也許，他太平凡了，他只是一介小學教員而已。是的，他自1958年芷江師範畢業後幾乎一直是個小學教員（1970年至1973年曾在溆浦四中當過中學教員），並且是個不太聽話的小學教員，1959年他要求調動工作，發牢騷、講怪話，説「教師不能像板凳那樣，放在那裏就不能動」，不能調動就認為是「不自由」，因此，在學區挨過批判，寫過檢討。1972年為了申請福利補助，他把自己家裏寫得很苦，「表現為不滿現實」，又受到批

判。但也正是他，在虛幻的「大好形勢」下，看到了別人沒有看到的問題，說出了別人沒有說、或者不敢說的真話——儘管他是匿名說的，但被捕後，他坦承了所有的事實。

在那個黑白顛倒的年代，殉難者的名單可以開出長長的一列，遇羅克的死是為了讓「出身不好的人」有同樣的「平等參加革命」的權利；張志新的死是為「被打倒的走資派鳴冤叫屈」；李九蓮的死是因為「懷疑文革、為劉少奇鳴冤」；林昭則是為了反對「現代迷信」……。可以這樣說，他們的死，都是灑向共產主義祭旗上的血，而武文俊似乎不在他們的價值體系之內。我想，那時如允許個人思考的話，武文俊是看出「革命」後果的人，他也許會像顧准那樣走向「經驗主義」的。

在獄中審訊時，問他寫信的目的是什麼。他說：「長期以來的階級鬥爭抓得過死了。」並說寫信「給中央領導，如果領導對結社、民主、自由等問題能考慮一下更好，能否改革一下。」而那時的時代語是「無產階級專政下的繼續革命」，他卻希望「改革一下」，當然與那個時代就格格不入了。

同事武思月說武文俊「有書呆子氣」，我是相信的。不然，他不會一進監獄就被「坦白從寬、抗拒從嚴」的教悔感化了，並在「交待書」中一再詛咒自己「沒良心」。他這樣做，是想「從寬」，能活下去——既為自己，也為了孩子們。也許他想到，假如自己死了，受苦的就是孩子

因思想而獲罪的犧牲者如顧准、張志新、林昭、遇羅克、李九蓮、王申酉……

們，因為「其父係現行反革命份子、被我鎮壓」的帽子，會讓他們永世抬不起頭來。1976年7月30日上午，在第三次庭審中，審訊者問他「打算怎麼辦」，他說：「老老實實交待自己的罪惡，徹底改造自己的資產階級思想。如果黨允許我再活下去的話，就是給了我第二次生命。因為我的罪惡是死而有餘，槍斃都還太輕了。我如能活下去的話，一定重新做人」。他還說，「我家四個孩子……還小，我愛人思想也很進步，她們都是革命的」。同年11月9日最後一次提審，問他「還有什麼話要說」，他說：「我請求政府給我一條生路。」但是，「無產階級專政」的鐵拳是毫不留情的。

武文俊永遠在這個世界消失了。今天他之所以進入我的視野，是因為與自己的興趣有關。或許，我還會寫些關於他的文字，為武文俊，也為離我們還不太遠的那一段歷史。

（2002年冬）

2001年10月，作者與武文俊兒子、武文俊妻子合影（從右至左）

無頭無尾的三個故事
——採訪顧自立手記

顧自立，一個地地道道的男性名字，其實她是一位舞蹈家，現任湖南省舞蹈家協會副主席。我去採訪時，她抱來十幾本大相冊說：「這裏基本上記錄了我的一生。」

生活帶給她許多不幸，但她把厄運當作動力。顧自立，1944年生，1961年畢業於湖南省藝術學校舞蹈專業，本名劉允文。國民黨第三十六集團軍總司令劉戡是她的伯父，父親劉育咸任軍中文職，也是上校軍銜，1950年去台灣，1983年在台北去世。為了活著，母親改嫁，她也跟著母親姓顧。她從藝校畢業後，先是在省歌舞團當演員，後調常德師範執教。1968年，以「裏通外國」和「現行反革命」罪被判刑八年（其實只不過是父親透由香港給她寄點錢而已），1973年無罪釋放。1973年至1979年流落社會最低層，先是挖防空洞，後來做了裁縫女。

二十一歲時，她和一位A先生結婚。「文革」中A先生也因「現行反革命罪」被判刑，後

91

來也無罪釋放。因彼此性格不合，分道揚鑣。她當時才三十出頭，鶴立雞群，為她操心的人不少，但沒有一個稱心。1980年，她開出重新結婚的五個條件：一、不是「右派」就是「反革命」；二、工資要比A先生高；三、學歷在大學本科以上；四、個頭必須比她高，一米七五以上，年齡大小無所謂；五、沒有小孩，結過八次婚她也不怕。當時有位叫丁江的先生在常德師專任教，他1948年畢業於北大歷史系，1957年被打成右派，個頭高大，籍貫北方。有人說丁江先生的條件完全符合，她還沒有見到丁，聽了介紹後就說：「好，這就成了！」

顧自立女士回憶說：「我是個樂觀主義者，把我抓去宣判那天，我還在牢房學著江姐的樣，繫上紅圍巾，短頭髮梳了又梳。牢友們說：今天你可要寫首詩回來哪！可惜我不會，但回來我順口就說：我恨這牌子（現行反革命的牌子）太小／我恨這人群太少／我高高地站在審判台上／面對自己的命運／我放聲大笑……弄得大家都樂了。

判刑後，我被押解到羅霄山脈下的洣江茶廠。這是一個勞改農場，在這裏

1970年代末的顧自立

我認識了潘漢年、朱正、鍾叔河諸先生。我是採茶的快手，他們完成不了任務，我就幫他們。我現在很忙，要是有空了，我會寫寫洣江茶廠那段生活的……。」

她的敘述像流水，一連說了三個女人的故事。

第一個故事

一個沒有名字、文藝圈子少見的、絕對漂亮的女人。1950年湘西剿匪時抓了她。她至死不說一句話，後來押解到自治州政府。解放初期吊打壞人是常事，但她任你打得死去活來，仍是不吭聲。再後來，押解到長沙綢廠勞動改造。她幹活，能讀書看報，就是不說話。「文革」中押解到洣江茶廠勞改，仍是金口不開。顧自立想盡辦法接觸她，親近她，但也只是碰面友好地點點頭罷了。顧自立說：「我見到她時，她已二十一年不說話了。說是啞巴嘛，那絕對不是。有人懷疑她是受過國民黨間諜專業訓練的。」我問：「後來呢？」顧自立說：「直到1973年我離開洣江茶廠，她還沒有開口說話。」我問：「現在她還活著嗎？」，顧說不知道。前些年顧曾打聽她的消息，但仍下落不明。顧說她肯定不是啞巴，為什麼不說話，至今一直是個解不開的謎。

第二個故事

顧自立說：

我碰到一個難忘的人叫鍾德玉。鍾來洣江茶廠勞改時，我是女勞改犯中的小組長。那天鍾來了，我首先看了她的基本情

況表：六十一歲，妓女出身，長沙市基督教會常務理事，填寫「反動詩詞」和「反動歌曲」，現行反革命，二十年徒刑。犯人進勞改農場，一般是先休息一天，第二天就開始勞動。鍾來監獄那天下午，我到隊部開會去了，回來大家對我說，今天上午送來的那個犯人，下午她脫光衣服在院子裏走來走去。我很納悶，難道是精神病？第二天，我安排了她的勞動，可不等我轉過身來，她一下又脫光了衣服。問她這是為什麼，她雙眼死死瞪住我，始終不言不語。

這樣一而再，再而三，隊員們以為是侮辱了她們，於是見她脫光衣服就打，用荊棘條打，一粒粒刺紮進皮肉裏，拔又拔不出。我又可憐她，去親近她，為她拔刺，但她還是要脫衣服。我們沒法，只得向勞改幹部彙報，後來農場為她特製了褲子和布褲帶，死死地繫在背後，並加了鐵鈎鎖。這樣，沒有剪刀一般是扯不開的，但我們不注意時她還是掙脫了。慢慢地，我們感情親近了，她說了自己的身世。她原是長沙的頭牌妓女，沒有結過婚，詩詞歌賦，無所不通。據說，那時一位大文化名人曾來長沙，希望她賞臉。她卻說：「桃花洞口雲鎖天，勸君從此莫問津。」她婉拒了。唐詩宋詞，她教了我很多，《長恨歌》那麼長，她無一句錯漏。說實話，我的古典文學就是她給我的啟蒙教育。我問她何以裸身，她說：「現在什麼廉恥都沒有了，我還要這塊遮羞布幹什麼？」她原來是以裸身來表示抗議。

我離開茶廠那年，鍾德玉死了，死於非命——勞改農場武警與幹部之間鬧矛盾，動了衝鋒槍，一排子彈掃來，她中了兩彈。她曾跟我說，她家住在長沙市下黎家坡三十三號。我回到長沙，

第一件事就是想把她的死訊告訴她的親友，然而基建拆遷，面貌全非，我沒有找到她所說的門牌號碼……。

鍾德玉死了，自然不存在平反了。顧自立說，那時她在鍾的身上似乎悟到了一點什麼，感到了一種做人的力量。

第三個故事

大約是1972年，淶江茶廠發生了一起重大事件，震動了湖南的勞改農場，且事件的主演者就是我。那時衡陽鐵路中學一個叫吳再蘭的三十多歲的女教師，大學中文系畢業，丈夫是鐵路工程師。不知怎地，她把「毛主席萬萬歲」寫成了「毛主席刀刀歲」，判刑二十年。吳再蘭是典型的知識份子女性，羸弱不堪的樣子，採茶總要人家幫上一把。那天，吳再蘭採茶時想方便了，見三方沒人，就蹲下身去。這時在她背後十幾米外站崗的哨兵見了（其實也只能感覺到她在方便），衝上前來就打，說吳再蘭侮辱了他。哨兵用槍托先是一推，吳再蘭應聲倒地，然後揚起槍托猛打。這時，吳再蘭那淒厲的哭喊聲像是在撕我身上的肉，我不顧一切地衝了上去，嘴裏大喊：「不許打人！」一把抓住了槍，哨兵把槍用力一抽，我雙手頓時鮮血直流（說著，顧自立把手上的傷痕亮給我看）。

勞改農場紀律規定，犯人必須離哨兵五米遠，五米之內可隨時開槍。這還得了，不僅是五米之內，而且還是要搶哨兵的槍了。因為我大喊大叫，勞改幹部來了。要是沒有那個善良的勞改幹部的到來，也許我早就不在這裏了。他為了保護我，他

叫人趕緊拿來六十斤重的腳鐐手銬，把我銬上帶走了。這件事震動了洣江勞改農場，至今在那裏待過的人見到我就止不住談起此事。後來，我因此加判了十五年徒刑，但滑稽的是加刑不久，我就無罪獲得自由了，因為「文革」結束了。

顧自立女士談鋒犀利。她把她丈夫那一代經歷過磨難的中國知識份子分為四種類型：一是適應改革開放，以只爭朝夕的精神，做出了成就和貢獻，如以王蒙、張賢亮、叢維熙為代表的一批人；二是面對新環境，不能調適自己，思維觀念形成定勢，看今天這也不順眼，那也不合意。深層次來看，這是幾十年所接受的東西，變成了枷鎖，自己也心甘情願戴著，甚至懷戀過去；三是自暴自棄，牢騷滿腹，怨天尤人，既垮了身體又傷了精神，往往抓起電話又忘了應撥的號碼；四是磨平了稜角，認了命，像綿羊一樣，唯唯諾諾，樹葉掉下來也怕砸爛腦殼。我曾寫過「關於幾位知識份子的命運及其思想軌跡採訪」的文章，對她的「四分法」，我基本上是贊同的。

顧自立最後說：「有人把當代人的痛苦、彷徨和迷惘歸於世紀末的情結。今天的社會，競爭和淘汰，欺騙和傾軋並存，不管你承不承認，事實就是這樣。你看不慣可以，但時代的前進是不以任何人的意志轉移的，你只能適應社會，社會不會來適應你。你要做強者，就必須與命運抗爭。現在辦什麼事都難，走正道事難辦，走斜道不能辦的事也能辦。但我不隱瞞，我『非正規軍作戰』能力很強，好像還沒有事情難倒過我。」她不喜歡「拼命去努力，但不要指望一定能成功」之類的話。她說，她欣賞：「黑夜裏，我用黑色的眼睛尋找光明！」這十幾年，她先後出版了《交誼舞的基本步伐》、《中老年迪斯可》、《國際標準舞教材》等多種。她還主持湖南省文聯山花藝術學校，為北京舞蹈學院等專業學

校輸送了大批人才。學校不要上面撥一
分錢，每年還上繳省文聯一萬多元。她
說，錢不是萬能的，但沒有錢是萬萬不
能的……。

　　採訪結束了，我感到顧自立女士不
再是幾年前每天在省電視台黃金時間教
「國標舞」的那位舞蹈家，而是一位真
正的生活的強者。

（1998年冬）

顧自立與丈夫丁江在一起

劫後餘生

——關於幾位知識份子的命運及其思想軌跡的採訪

當我把筆觸伸向在五十年代備受磨難的那一代知識份子的時候，我的心裏彷彿充塞著一種東西，讓我思索。記得周艾從先生說過這樣的話：中國知識份子對理想的探索和追求，對理想的執著，其承受磨難的強度和韌性都是驚人的。1979年後，一批又一批知識份子從監獄、從「牛棚」、從流放地回來，他們的第一句話便是「把失去的時間奪回來」；問他們最迫切的願望是什麼，「讓我繼續工作！」這種「背負閘門」的奉獻精神是「天人可鑒」的。或許這和中國幾千年的文化傳統精神有關，但這個「傳統」至今沒有人能說得透徹，比如精華與糟粕，比如因襲的重負與可貴的基因等。再來就是我們苦難深重的國土，以及多少代人飽受外敵侵淩的屈辱，賦予了中國知識份子一種神聖的、沉重而蒼涼的使命感。連日來，我採訪了一批這樣的知識份子，並想把他們一個個寫出

來。也許我的筆很笨拙，他們讀到關於自己的文字時，心裏不是滋味，但我是真誠的。

也許並非套中人

> 馮放：「五十年代越左越好，我是『右派』；現在『右派』翻身，我又成了左派……」

我是採訪另一篇報導時認識馮放先生的。我說將寫一篇關於知識份子命運的報導，他說：「這不好寫，因為要把不同命運、不同遭遇、不同思想狀況的人搞在一起，難寫。」

馮放先生係湖北隨州人，原名潘麒祥，1938年參加革命，時年十四歲。1947年夏，他投奔東北解放區，曾在冀察熱遼聯合大學魯迅藝術文學院學習和工作，後南下湖南。1950年參加籌建湖南省文聯，1951年參加籌創《湖南文藝》雜誌，1955年被打成「胡風份子」。

馮放先生《論現實主義》小冊子中有這麼一段：

> 現在我又要談到胡風。余生也晚，與胡風並無一面之緣，我最早是在魯迅作品中知道他的……。曾因他吃過苦，但這與他本人無關，因為胡風並不知道馮放「何許人也」……。

1955年把他與「胡風案」串起來，其實不過是他與湖北詩人伍禾、曾卓關係好，伍、曾被劃為「胡風份子」時，他也被連累了。1957年，又涉嫌「右派」，隨後遭遇勞動改造。

1965年1月，是馮放先生人生中最悲慘的時刻，因為有人指控他1941年出賣了中共地下黨支部書記，疑為叛徒，被開除公職。那時，他的妻子在湖南省文化廳工作。一天，文化廳機關黨委書記臉色陰沉地找她談話：「馮放可能是叛徒。我為你好才說，你要與他劃清界線呀……」下班回家，妻子噙著眼淚呆呆地坐著，一聲不吭。馮放見此，知道一切都不可挽回了。他說：「為了你和孩子的前途，我們明天去離婚吧！」妻子聽到「離婚」二字，一串眼淚終於滾了下來，說：「我是那種人嗎？」最後，他倆研究了對策，決定假離婚。當時，馮放先生正患著風溼性癱瘓病。第二天，他拄著拐棍和妻子一起走上了長沙市北區法庭，遞交了離婚報告。

馮放與妻子郭鳳文（原載《馮放文集》，1999年12月自印本）

馮放先生說，他永遠忘不了長沙市北區法庭那位年輕的法官（儘管他不知那位法官叫什麼名字）。法官拿著「報告」看了他一眼，惻隱之心頓起，非常嚴厲地批評他的妻子說：「你看他病成這個樣子，你要離婚，不是把他往死裏推嗎？」這時馮放先生說：「不，不，是文化廳那邊的領導要她與我劃清界線，

馮放自己花錢印刷的幾本書，書名都是自己題寫的

是我自己要求離婚的⋯⋯。」法官聽了之後說：「那你把報告放在這裏，等過了春節，我去文化廳講講。」

　　1965年2月1日，是農曆除夕，儘管那時提倡過革命化春節，但依然聽到長沙城裏此起彼落的鞭炮聲，而馮放先生孤寂地登上了開往湖北的列車。臨別時，妻子眼裏含著淚水，久久地望著他。汽笛「嗚──」地一聲響起，妻子終於放聲大哭。他把頭伸出窗外，強忍著眼淚說：「娘兒們多保重吧。我一定會回來的！」半年後，他真的回到長沙與妻兒團聚了。但不久之後，「文革」又開始了，他們一家自然不能倖免，於1968年全家下放到湘南江華瑤族自治縣。這一去，直到1980年才重返長沙。

　　談到妻子，馮放先生有說不盡的感激，說：「妻子是我的救命恩人，她整整養了我十五年啊！」在江華的十一年裏，馮放先生在家做家務，挑水做飯，就靠妻子的工資養家餬口。他說，就在那個偏僻閉塞的地方，他一連寫了兩部書稿，一部叫《中國現代文學思想史論稿》，六十萬字；一部叫《魯迅的思想與藝術》（上卷）三十萬字。他說，在這一段時間裏，他系統地讀了馬、恩、列、斯、毛的著作，使自己的思想產生了質的變化。1995年2月，他在擬出版的〈《馮放選集》序言〉中寫道：

　　　　⋯⋯我1938年（十四歲）參加中國共產黨，1941年在《陣中日
　　　　報》文藝副刊《台兒莊》上發表署名「姚慧子」的詩，從此
　　　　「誤入」文化界。經過民族、民主革命的抗日戰爭和解放戰爭
　　　　的考驗，過渡到了社會主義革命和建設時代；但是從思想性質
　　　　上說，還沒有脫離資產階級民主主義的範疇。1974年寫完的
　　　　《中國現代文學思想史論稿》是一條分水嶺，到1975年寫作
　　　　《魯迅的思想與藝術》上卷，可以說我已堅定地邁向了無產階
　　　　級與馬克思主義的道路⋯⋯。

1979年平反，1980年馮放先生調回湖南省文聯後，主持創辦省文聯內刊《文藝通訊》。此後，他又陸續寫了《論現實主義》、《文藝批評中的美學標準問題》、《十一屆三中全會的歷史意義及其對意識形態工作的要求》等六個小冊子。

馮放先生洋洋灑灑近二百萬字的文藝理論著作手稿我無緣讀到，但我讀過他1983年在文化藝術出版社出版的《論現實主義》小冊子，還細讀了他近來寫的〈《馮放選集》序言〉、〈《論文學》序言〉、〈《魯迅的思想與藝術》序言〉等三萬多字的序文，對於他的文藝思想，應該說知道一個大概了。他對我坦言：他不趕時髦，他是一個真誠的馬克思主義者，他的文學理論都是以階級分析的方法闡明觀點的。

我們這一代人是在「階級鬥爭」的環境下長大的，聽到這個詞心裏就有點那個，況且，他的文藝觀點基本上是來自原蘇聯五十年代、甚至三、四十年代的文藝批評觀。我怕自己孤陋寡聞，就此請教了湖南師大中文系舒其惠教授，問其當今高校文藝理論是怎麼教的。舒教授說，原來的文藝理論是從社會學角度闡述的，如階級分析法，現在多從文化學角度去闡述。馮放先生卻不以為然。

他說：「我在寫每一篇文章的時候，都是認真的，都是因為不能已於言而發；沒有裝腔作勢、故意做作的東西。」是的，我承認他的真誠，並為他的真誠所感動，但我心裏總有另一種說不清的滋味。馮放先生絕不是單一的孤立現象，而是代表著經歷過磨難的那一代知識份子中的一部分人。我理解他、同情他、尊重他說話的權利。馮放先生的理論架構是傳統的，但論述流暢自然，並不像時下某些「大著」全靠剪刀加漿糊、靠大帽子和新名詞來支撐。因此我們絕不可簡單而粗暴地用「僵化」二字來全部概括。

馮放先生今年七十一歲高齡了，但言詞間依然感到他壯懷激烈。他說：「我是在四十一歲時，走投無路才讀馬、恩、列、斯的。在二十五年磨難中，我失去了很多，也得到很多。我已承認自己是個馬克思主義者，儘管現在有人認為共產主義早晚要垮台的，我卻不這樣看，我相信共產主義早晚是要實現的。我們文藝工作者都是啦啦隊，如果政權改變了顏色，還有個人命運可談嗎？蘇聯的情況，前車可鑒。它的解體是從意識形態開始的，不是戈巴契夫一個人搞垮的，而是經過了很長的時間，一步一步走向了瓦解……。

　　五十年代越左越好，我卻是『右派』；改革開放後，『右派』翻身，我又成了『左派』。我宣傳馬克思主義，我的言論至今還沒有違背中央精神，但被人斥為『思想僵化』和『保守』。我回到省文聯後，主持過一個內刊，但很快就被思想更解放的替代了。我痛苦，我這一輩子太不走運了……。」

　　這時，面對馮放先生，我想起了馬克思主義關於「異化」的理論，想起了「無產階級必須首先解放自己」的艱鉅性。生活是千變萬化的，真理也是發展的，我們為什麼不能更新自己的觀念，反而心甘情願地戴上沉重的十字架跋涉呢？

　　最後我問他：「將來你的著作會出版嗎？」他說：「一定會的。我的著作出版有兩種情況，一是國家經濟發展了，由國家補貼出版；二是周圍的朋友發了，贊助我出版。所以，我現在要力爭長壽，活到著作出版那一天。」

　　我想，馮放先生的著作能夠出版，無論從哪個角度看，都是一份歷史的見證。

播下龍種以後

周艾從:「馬克思曾引用海涅的話說,他播下的是龍種,收穫的是跳蚤。這是不是馬克思的悲觀呢?」

周艾從先生是個老報人。

他寫了篇《李冰封散文隨筆初集》讀後隨筆,題為〈思索〉,刊於《東方文化》1995年第1期。被《新華文摘》轉載時我讀到了,並記住了「周艾從」這個名字。

聽說周艾從先生是都市裏的「現代隱士」,平常少與外界接觸。他嗜讀文史,常在字裏行間讀出見解,於是常見到他隨筆之類的文字。我試探著約他採訪,他竟答應了。

於是,我推開了他的家門。

以下就是稍經整理的他的談話——

我這一輩子搞新聞,沒有什麼驚天動地的業績,也沒有做過什麼顯赫的官。1950年調入湖南日報社,1957年當了右派。1979年平反回來,因為兒子要頂職,1980年就退休了,所以現在什麼職稱都不是。

一個人受了點傷,但不能老舔著自己的傷口。對劃右,我沒有什麼大的抵觸情緒,倒有一點阿Q心理,因為這一劃,自己就和丁玲、馮雪峰這些老前輩排在一起了。現在想來,我好在劃了右派,少說了許多違心的話,少寫了許多無用的文字。我是一個倖存者,不是因為保住了一條命,而是少做了壞事,要說那時不

做壞事，我沒有那個水平。特別是「文革」中，憑我的理性，要我站在正確的立場上也是不可能的。

右派是一個複雜的群體。所謂右派，就是當時思想超前了一點點，這是其中的一部分；有的人當時本來是左派，由於打擊面擴大就劃進來了。右派裏有大批人才，但不是每個右派都是人才。一般的劃了右派，都是老老實實的，仍然相信黨，去改造，去爭取脫胎換骨。那時，我仍然虔誠地喊著「毛主席萬歲」，從沒有懷疑過黨的路線、方針、政策。

我那時供職的湖南日報有一百多名編輯記者，右派就劃了五十多個，在全國新聞系統中劃右派比例是最高的。在隨後二十多年的風雨中，這些人有的被加上罪名槍斃了，有的不堪凌辱自殺了，有的貧病交加早逝了。報社編委劉鳳翔就是被槍斃的。劉鳳翔農民家庭出身，思想敏銳，文章也漂亮，劃右後在株洲砂輪廠勞改。當時省公安廳一個叫雷特超的人因案在此廠勞改，「文革」中謠傳他和劉鳳翔陰謀組織「中國勞動黨」（其實完全是捕風捉影、無中生有）。公安突擊審訊雷，要雷「坦白從寬」，雷就胡亂供出了劉是同黨，不久就判了刑。後來，中央一位大人物來湖南，聽了這個案子的彙報，說判輕了。結果重判，劉和雷都被判了死刑。悲劇就是將美撕給人看。從劉和雷的悲劇中，我們看到了什麼呢？後來劉當然徹底平反了，在報社裏開了追悼大會，黨籍也恢復了，可是生命能恢復嗎？

那時的右派到現在，有的更理智了，能站在更高的高度，看到問題的本質；有的麻木了，幾乎成了糊塗蟲；有的則以為「撥亂反正」就是回到他原來的「那個過去」。我在那二十多年裏，比較系統地接觸了馬克思主義，馬恩選集我精讀了。過

去總是說：「階級鬥爭是推動社會向前發展的動力。」按此說，中國歷史上農民戰爭最多，那麼中國社會就相當進步了。近年來，理論界已闡明了這個問題：生產力是社會進步的原動力，農民戰爭是破壞生產力的。我認為資本主義能生存到現在，就是因為它吸收了許多合理的社會主義思想。過去我們總喜歡走極端，說「凡是敵人擁護的我們就反對，凡是敵人反對的我們就擁護」。照此，資本主義提倡科學，我們反對科學行麼？有人說了，馬克思主義是真理，但並沒有窮盡真理。我贊同，馬克思主義作為一門學說，在當時無疑是科學的、進步的，但任何科學成果都是階段性的。把馬克思主義當作宗教，問題不在馬克思本人。馬克思曾引用海涅的話說：「我播下的是龍種，收穫的是跳蚤。」如果馬克思活到現在，他肯定會不買這個帳。馬克思還在世的時候，就有許多研究他的學派，標榜自己是馬克思主義。馬克思自己站出來說：「總而言之，我不是馬克思主義。」現在全世界有幾十個學派，都打著馬克思的旗號。我想，正確對待它的途徑就是研究它，而不是拿它當棍子去整人，今天打倒這個，明天又打倒那個。過去我們寫文章總是「毛主席教導我們說」，意思是毛主席說了，你還有什麼可說的？國際共產主義運動搞到今天這個樣子，根本原因就是離開了民主和科學。

我對前途是不悲觀的，因為我們的國情不是二十年以前了。人們對民主和科學的渴求也不像六、七年以前那樣了，由一味地熱情吸收轉入了冷靜地思考和反思，更多地注入了理性。比如，你在書店裏發現一本好書而又沒帶錢，待第二天趕來時書被買走了，這就說明大家都在找好書讀。《讀書》是一本檔次很高的雜誌，儘管定價一再提高，訂數卻由幾千份增加

到幾萬份。長沙報刊零售店裏《讀書》雜誌一到，幾天就賣完了。去年，貴州人民出版社出了本《顧准文集》。顧准是中國科學院研究員，1957年和1965年兩度被劃為右派，1974年底就去世了。他的「文集」首印五千冊，很快搶售一空。他在生命的最後幾年裏寫成的《希臘城邦制度》和《從理想主義到經驗主義》，依然是今天的中國知識份子不可不讀的書。

經過那二十年，如果說我進步了，但是遲緩的。我現在竭力跟上時代，當然說不上走到知識份子前列了。現在全民發牢騷，每個人都有牢騷。我們應該採取理性的態度去思考問題，為什麼會這樣？這就不是一般人能做到的。

我是老年了，還說許多雄心壯志的話，要寫什麼什麼書，這不可能了。我只希望對自己還有所要求，如果沒有要求，那就是木偶人了。我現在出門少，因此我要任兒們多來坐，因為從青年人身上可學到許多東西。青年人的不足是片面，但片面裏恰巧有閃光的東西，因為他們比我們敏銳。老年人最怕的是坐在家裏憑經驗苦思冥想寫自己的東西，這些東西往往是有害無益的。

我正視現實。對我們宣傳說要「老有所為」，我現在卻努力做到「有所不為」。貪污腐敗我不沾邊，昏話、假話、吹牛捧場的話我不說。假如說，某位官員是個亂七八糟的，我不說、不接近、不理睬，這樣不至於開除我的黨籍吧？我現在讀書、思索，都不是想成為大學問家、大思想家，因為這是不可能的。我只是竭力讓青年人見到我時不要說「這是個老怪物」。

殘雪是一位國內外知名的女作家。殘雪的母親送我一本殘雪的小說集《輝煌的日子》。我去殘雪家，殘雪很靦腆的樣子

（也許是一種代溝，或是叫心靈隔膜吧），不健談。我對她說：我不反對你這種寫法，但是我讀不懂這是真的。老年人最忌反對別人什麼……。

　　總而言之，我相信，明天一定會比今天好。

　　周艾從先生説，他這輩子採訪過很多人，被人採訪卻是第一次。一個上午的採訪中，他雖然也談了些個人經歷，但「線索」不明朗，告辭時我心裏盤算著來第二次。不料1995年10月21日採訪後，我外出一個星期返回長沙，得知他於10月27日住進了醫院。他在家裏上廁所時重重摔了一跤，顱內出血，作了腦手術。住院半月有餘，尚不醒人事。他的經歷，我透過他的家人和同事、好友，總算得知一個大概。

　　周艾從，常德市人，1922年生，解放前在長沙加入中國共產黨，做過《實踐晚報》總編輯，常德市地下黨工委書記。1949年他當過一年常德市教育局長，1950年調來長沙《大眾日報》（該報後併入《湖南日報》）。他曾任《湖南日報》副刊編輯、農村組長、文教組長、編委，1955年肅反被批鬥，1956年被開除黨籍。後來幾十年，劃右，平反，回報社，退休。因他曾當過編委，退休後享有副廳級的待遇。

　　副廳級當屬「高幹」了，但他官做得清廉，家裏除了書，可算平民階層了。那天在他的書房裏，他談興很濃。好像他有點氣管炎，但又見他不斷地抽著雪茄煙。我告辭去採訪與他住在同一個大院的河洛汀先生，他卻執意送我下電梯，直至河家樓下，他才離去。他留給我的總體印象：沒有老年的孤寂，有的是無法卸去的憂患意識和對明天的渴望。

　　本文發稿時，我又打了電話詢問他的病情。他女兒説：「稍有好轉，但不穩定，有時還說胡話。」他的頭腦是清醒的，這次受傷的偏偏是腦部。但願周老早日康復。

歷史的暗角

> 丁江說：「沒有袁世凱的兩面派手法，清王朝就不會亡——至少不會那麼快就亡了……。」

認識丁江先生是在幾年前的一次文史會議上，休息時聽他聊歷史，大有茅塞頓開之感。我約他採訪，他提著他編的、中國文史出版社出版的五大本書來到我的辦公室，說：「這是我退休後幾年裏幹的。」這五本書是國民黨抗戰叢書，即《晉綏抗戰》、《中原抗戰》、《湖南四大會戰》、《閩浙贛抗戰》、《粵桂黔滇抗戰》；並說還有一本《國民黨將領對邊區根據地圍剿親歷記》正在印刷中。

丁江先生原名王忠仁，原籍瀋陽，家庭出身資本家。父親王治安自大學經濟系畢業後，一直在國民黨中央銀行當職員，1948年跟隨國民黨去香港，1950年9月從香港回來後被視為「特嫌」，直至1975年去世。

丁江先生是學歷史的，開口不離歷史。他說自己和孔子同年同月同日生，

丁江近影

丁江（右一）在湖南省政協文史辦工作時

不過比孔子小了二千四百七十八歲；1991年12月23日退休，比戈巴契夫在克里姆林宮喝雞尾酒辭職早兩天。他的小學、中學是跟隨父親讀完的。1946年，他考入北大歷史系，從師向達等著名教授。1948年，他參加了中國共產黨外圍組織（即中國進步青年同盟），投身革命，接著離開了大學，到林彪的四野政治部任職。1950年轉入中南軍區空軍政治部。1955年肅反，因為家庭出身和父親去香港等問題遭批鬥。1957年被劃為右派，罪名是對肅反不滿；次年送來湖南株洲勞動教養。從此，他與湖南結緣，先是修鐵路，後來在工廠、農場、建築工地勞動二十一年。

他說：「有的劃了右派，後來就摘帽了；我是個頑固不化的右派，帽子一直戴到1979年。」他平反後，先後在常德師專、衡陽師專、省文化廳工作，1984年調來省政協，擔任《湖南文史》副主編直至退休。

丁江先生說，很多偉人，他是在那二十一年中認識的。他很喜歡厚黑教主李宗吾的《厚黑學》，可惜他沒能寫出「續厚黑學」。他背叛了自己的家庭，投身紅色革命，但革命浪潮總是讓他背上「黑鍋」——儘管他的心靈是純潔的，但那時誰不看外殼標記呢？他同樣有著勃發的青春，但直到五十三歲時才結婚。還算上帝憐憫他，最後讓小他十七歲的舞蹈家與他結合，使他晚年得到一方溫馨的天地，使他能在晚年請纓主持那個「龐大工程」，編了那麼多文史書，為歷史留下了一筆財富。

談到歷史和歷史學，丁江先生說：「一位偉人說過，歷史是人民群眾寫的，我卻一直懷疑。改革開放後，政治學、經濟學、文化學的覺醒比歷史學要早，直到今天，歷史學還是很沉悶的，還不能掙脫幾十年的思維定勢。至今還有些搞歷史研究的，不是從史料出發，而是先找觀點，然後以論代史，或以論帶史，甚至顛倒歷史，以宣傳鼓動代替歷史。」

范文瀾是具深遠影響的史學家。他的《中國近代史》就搞了影射史學，透過寫曾國藩影射蔣介石。陳伯達的「三個小冊子」（即《人民公

敵蔣介石》、《竊國大盜袁世凱》、《中國四大家族》），不是歷史，只是鼓動小冊子。陳伯達雖然早已臭了，但影響還在。去年在廣州的一個歷史研討會上形成了一個比較一致的共識，認為蔣介石做了三件事：北伐、抗日、剿共，今天看來，頭兩件事是應該肯定的。丁江先生的觀點是：歷史應該把事件的真相全面告訴後代，以昭示未來。我們宣傳「平型關大捷」時就存在片面的問題。本來「平型關大捷」只是「平型關戰役」中的一個伏擊戰，整個戰役打了一個多月，國民黨有八個軍參加了這次戰役。這次我編的《晉綏抗戰》就有這方面的詳細史料。

關於朝鮮戰爭，他說，近兩年世界傳媒已有大量報導，說這場戰爭是金日成發動的。最近史學家沈志華寫的《朝鮮戰爭揭秘》一書，就很詳細地寫了這場戰爭。金日成發動戰爭之初，進行得很順利，後來隨著美軍在仁川登陸，金日成僅剩下六千餘人，於是急電毛澤東，要求派兵，蘇聯也捲入了。如此，一個小國把幾個大國拉下水，打了一場

1980年代初，丁江夫婦（後排站立者）與父母合影

勞民傷財的戰爭。可是我們的歷史何時才能真實地寫上這麼一段？

　　談到對袁世凱的評價，丁江先生認為：沒有袁世凱的兩面派手法，清王朝就不會亡——至少不會那麼快就亡了。當時辛亥革命在武昌搞起來，沒有頭兒，革命軍就把當時的新軍協統黎元洪從床底下拖出來，要他當頭兒。黎不幹，就用槍逼著他幹了。袁世凱奉清廷命令，已攻占了漢口、漢陽，就是不攻占武昌，並與武昌起義軍達成協定：我不打你，將來成功，總統讓給我；另一方面，他對清廷說，現在民軍力量很大，打不了，你只有退位。當時袁世凱是北洋軍的頭子，如果他學曾國藩，民軍就完了。因此在某種程度上說，清王朝的垮台，他也是有功勞的。儘管他的動機不好，但效果是好的。當然，清亡了，他復辟當了皇帝，這又是另一回事了……。

1994年10月龔治生與鄉賢蕭伯俊、油畫家舒均歡合影（左起）

　　丁江先生毫不諱言，品評二十世紀的歷史人物，往往一針見血。二十世紀的兩次世界大戰、原子彈爆炸、國際共運等重大事件，他都有自己的視角。但當下的話語空間有限，我只得暫且把它略去。

欲濟蒼生猶未晚

> 龔治生：「我們這一代知識份子，在有生之年註定是粗茶淡飯，但我甘之如飴。」

龔治生先生是國家計委《中國投資與建設》雜誌的一位資深編輯。

四年前的初夏，為徵編《湘西會戰》的文史資料，我在北京拜會過這位湘籍學人。他留給我的印象是熱情而健談。他告訴我說，他最近加入了中國共產黨。我問他何以退休了還入黨，他說：「這是我的信念。」

記得他當時正在通讀新版「毛著」。我也很坦誠，帶著我們這一代人的激情和思考，與他由「毛著」談到了更廣闊的問題。我未敢苟同他的觀點。兩個小時的拜會，幾乎演成一場未經約會的辯論；但他並不因為我是晚輩而計較，真有點「學術平等」爭鳴的寬宏。這次採訪，是透過長途電話和一封問答式信函進行的。我感到，他還是他，我卻平和多了。

龔治生先生，1925年生於湘西一個工商業兼地主的家庭裏。他說，父親幾乎沒有什麼可說的，是個沒落的秀才，倒是叔父值得一提，是「馬日事變」後的死難烈士。他不幸得很，九歲時右膝跌傷，後演變為結核性關節炎，強直不能彎曲，以至終身殘疾。但他沒有放棄學業，1944年考入湖南大學經濟系。1948年春，當他把畢業論文小心翼翼的交給大名鼎鼎的論文導師羅仲言（即羅章龍）後，不久就拿到了畢業證書。1949年10月，他赴京供職政務院中央財政經濟委員會編譯室。後來，他又調建築工程出版社任編輯組長。

他大學時學的是經濟，且又酷愛文學，曾想做一名文學編輯，但命運偏偏安排他當了工程學編輯。他曾試探著要求專業對口，但那時「服從組織」是不容商量的。1955年反胡風運動，他說「胡風問題是文藝思

想問題」，於是成為肅反重點對象，直到1956年秋天才做出「不是反革命份子」的結論。1957年「大鳴大放」，他説自己曾被列為「肅反重點」，是單位領導主觀主義、官僚主義和宗派主義的具體表現，因此被劃為「右派」，於1958年3月被開除公職，下放到北京朝陽區豆角莊農場種菜。1966年9月，他終於被下放原籍，回到湘西的那座小縣城，開始了十三年的流放生活。

他是背著「右派份子」的牌子來到湘西的。那時不准他讀書，但馬列的書還是可以讀，於是「馬恩選集」、「反杜林論」等就是在那時候讀的。儘管那時報紙幾乎每天都是「形勢一片大好」，但他企望在字裏行間讀到未知的東西。大隊治保主任曾想剝奪他讀報的權利，找他訓話，批他、鬥他，但幾天後他又出現在閱報室裏……。

龔治生先生對二十年社會底層生活的評判是：底層的勞動人民比誰都更接近真理。有天，他勞動時突然昏倒在地上，是兩位貧下中農青年忙借來竹轎，把他送進醫院，救了他一命。當武鬥在那個偏僻的縣城全面展開時，他和另一位被下放原籍的某報總編輯正在菜園子裏改造。面對一片混亂，那位總編憂心如焚：「天下大亂，我們的問題何時才能解決唷！」他説：「將來我們肯定會回原單位解決！」果然言中，1979年2月，他又回到國家建委城鄉經濟研究所。他説他並不是「事後諸葛亮」，也不是説當時自己水平有多高，他是從中國幾千年的歷史經驗——「物極必反」來推斷的，這也符合毛澤東的著名論斷「天下大亂達到天下大治」……。

龔治生先生説，他是從愛國主義走向馬克思主義的。青少年時代的「抗日救亡」，深深地培育了他的愛國主義情操。大學時代，他開始接觸馬克思主義，讀到郭大力、王亞南譯的《資本論》及其他關於資本主義的著作，最後他堅定了馬克思主義的立場。他1950年第一次申請加入中國共產黨，儘管四十多年裏歷經磨難，但他始終沒有放棄自己的最高追求。

1991年他六十七歲時，終於成了一名中共黨員。他激動地說：「解放後，我那位做過國民黨省參議員的大哥曾對我說，你想加入中共很難。現在我終於是一名中共黨員了！」當時，他為這個賦詩，為那個填詞：「皓首崇明德，不負少年志」、「遲暮還慶盛世來，欲濟蒼生猶未晚」……。

我被他的那份真誠感動了。感動之餘，我又想起一次出差的經歷——一位退休不久的老幹，他原是某縣副縣級幹部。談起近年來社會上的不正之風，他感慨良多的說：「我是五十年代過來的幹部。那時下鄉，聽說你是共產黨員，人家肅然起敬；六十年代聽說你是共產黨員，也還馬馬虎虎，七十年代聽說你是黨員，人家就另眼相看了。到八十年代就不好說了，九十年代更難說。新聞媒體不是披露過農民寫了『防火防盜防幹部下鄉』這樣的對聯嗎？我對黨員的『含金量』並不懷疑，但剛剛披露的『三十二億元集資』的大騙局確實發人深省，一個普通的繞線女工鄧斌和幾個娘們為何有如此能量？」

據《南方週末》報導，此案牽涉黨員幹部五十五人，其中有無錫市副市長、無錫市檢察長，有北京市委副廳級幹部及王寶森的「鐵哥兒們」、直到王寶森，有首鋼副總經理助理等。引起人們猜測的是，這些權貴的後面是否還站著一位大老爺？提到「王寶森案」，龔治生先生說：王寶森的罪惡和陳希同的錯誤，是五千多萬黨員中的極少數。仔細想想，也不足為奇，幾千萬人是多大的群體啊。他說他贊同陳雲同志說的「執政黨的黨風問題，是有關黨的生死存亡的問題……對嚴重的經濟犯罪份子，我主張要嚴辦幾個，判刑幾個，以至殺幾個罪大惡極的，雷厲風行，抓住不放，並且登報，否則黨風無法整頓。」電話裏，他引述陳雲的話後，還準確地說出了在《陳雲文選》第245頁至246頁上。

我們談到對陳雲「並且登報」的理解。他說，破案了就曝光（他的理解當然不錯）。其實，這樣並不能起到預防犯罪的作用，相反的，時下某

些法制案例的報導，在很大的程度上起了教唆犯罪的作用。如果允許輿論監督——當然這裏又有一個「輿論導向」問題——儘管有人對「輿論導向」一語的提法提出過異議，卻只是咬文嚼字的知識份子的微弱聲音。但我認為執政黨要解決腐敗的問題，必須給輿論以真正監督的權力。西方一位思想家說過，絕對的權力必然導致絕對的腐敗，沒有監督的權力也必然腐敗。兩年前出了個「十億元的大騙局」，現在又暴出一個「三十二億元的大騙局」，如果不從根本上消除產生騙局的根源和機制，說不定還會生出五十億、一百億的大騙局。「三十二億元大騙局」中的罪犯談根法在法庭上三番五次說：「我用錢買他的權，他用權換我的錢。」此語太令人反思和警醒了……。

　　我決定寫他，龔治生先生說，要寫就要寫一個真實的他。儘管他經歷了人世的滄桑，我們的黨經歷了種種挫折，但他始終沒有失去對黨、對祖國前途的信念。他說，馬列和毛著他已通讀不止一遍了。人類歷史上的思想家，都沒有達到馬克思的高度，沒有馬克思主義思想體系的完整和深邃。馬克思主義傳到世界各地，經過列寧到毛澤東（這裏他沒有提史達林），以至於今天我們黨的一切方針政策，都是馬克思主義的發展。馬克思、恩格斯一百五十多年前創立的主義，現在已是億萬人行動的指南，將來必然為全人類所遵從（也許這就是信念的力量）！他還談到民主和科學，從「五四運動」以來，七十多年裏經常有人提。中國走什麼樣的道路現在已經解決了：社會主義好。他說我們提倡向發達國家學習先進科技、先進的管理方法，但不是發達國家什麼都是好的，甚至愛滋病也豔如桃李。資產階級的生活方式、唯利是圖的價值觀念，應該拒絕和批判……。聽著龔治生先生的敘述，就像聽著幾十年一貫制的傳統教科書，就像聽著莊嚴的政治報告。我讀過朱學勤先生的《是社會批判，還是政治參與？》，述及中國知識份子「參與」往往變成了「參政」的悲劇，因而失去了自己的獨

立人格，張聞天便是如此。我無意說龔治生先生失去了什麼——因為他從來就沒「參與」過，一輩子只是個與文字打交道的人，我倒是佩服他無半點裝腔作勢，他很真誠。

他在回答我的採訪信中，抄了一段西南聯大力學教授舒仲周先生信中的一段話給我：

> ……我對於當今國事的看法，很簡單：雖然貪污、腐化、違法亂紀、爾虞我詐的醜惡現象到處可見，觸目驚心，但是我仍然要現在的路線，要現在的中央。我們這一代知識份子，在有生之年註定是粗茶淡飯，但我甘之如飴，因為國家在興旺，民族在崛起。今年是抗戰勝利五十周年，我特別興奮，如果我們還在那個極左猖獗的時代過這個紀念日的話，除了頹喪之外還能有什麼呢？……。

龔治生先生說：「這也是我的心態。」

假若命運能夠選擇

> 曾昭柱：「民主和專制是兩個對立的東西，但民主只能建立在社會進步和經濟發展之上。」

真正的知識份子總是悲劇命運的承擔者。胡風如此，梁漱溟如此，顧准也如此。曾昭柱固然不能與這些人相提並論，況且他的悲劇似乎並不完美，因為後面拖了一個閃光的尾巴。當我造訪他家歸來時，我覺得那個閃光的尾巴其實是那麼蒼白，讓我想起了顧准先生一手握筆寫著《希

臘城邦制度》，一手拿著冷饅頭啃的景
況……。

曾昭柱先生送我一本油墨溢香的新
書，書名《會同縣史稿》，沒有書號，
沒有達官貴人的題字，唯有真誠和良知
同在。他在此書「撰寫說明」中寫道：

> ……過去，人民深受封建主義的
> 毒害。現在，甚至將來，人民還
> 要受封建主義殘餘思想的影響。
> 故反封建主義殘餘思想，是縣內
> 今後的鬥爭任務……。

1990年代的曾昭柱

我說自己就是衝著這句話來採訪他的。
他淡淡笑了。

曾昭柱先生，醴陵人，1925年生，
家庭出身地主，抗日時隨父親逃難到芷
江讀初中，高中是在洪江讀完的。1945
年，他考入南京國立政治大學，1949年
7月畢業，應新晃縣立中學校長周常沛
之聘做了教導主任。土改中周校長被判
刑充軍大西北，他又兼任了校長，時年
二十六歲。1955年，他從新晃調至會同
縣一中，1958年劃右後下放到縣城郊區
農場勞動改造，一去就是二十多年。

他回憶說，土改後，他讀了許多宣傳蘇聯改造舊知識份子的書，從蘇聯的政策裏，他覺得自己不適合在領導崗位上，於是一個又一個報告要求辭職。1953年3月終於獲准辭職。他之所以被劃為右派，就因為一位學生畢業時他題寫了一句魯迅的話：「路是人走出來的。」當時的校黨支部書記是位南下幹部，他咄咄逼人地問道：「曾昭柱，你要走一條什麼樣的路？」

命運是不可抗拒的。幾天後，他被下放農場勞動改造。1962年，他三十七歲時，「階級鬥爭」的弦又繃緊了，場長關切地找到他：「曾老師，你也該結婚了。不結婚，人家說你是對社會不滿……。」這下他才急了。場長說：「給你介紹一個工人行嗎？」他半天不吭聲，心想：「工人階級是國家的領導階級，而自己是右派，能成嗎？」後來在幾個熱心人的撮合下，一個小他四歲的大姑娘——一個地主的女兒與他結婚了。

按曾昭柱先生自己的話說，1978年後是他的「黃金時代」。我在採訪時也感到，在會同縣文化知識界乃至政界，他確實博得一片敬詞。他1988年從會同一中退休後，曾做過新編縣誌顧問，當了兩屆縣政協副主席。會同縣政協鍾准先生說：「曾老師很有個性。我想把他的《會同縣史稿》當作一輯文史資料印出，不要他花一分錢，他卻不同意。他的這本「史稿」從頭至尾沒有他人插過手。印書困難，縣委侯書記批給他八千元無息貸款……。」

我曾參與過地方誌的編纂，深知其工程龐大而艱辛，一部乾巴巴的縣誌往往窮數十人三至五年之勞，而他僅憑一己之力，自費去北京、南京等地收集資料五年，兩年撰寫出二十七萬字的《會同縣史稿》。初讀印象，體例完善，內容系統而完整。據說，這是新中國後的第一部縣史稿。我為他祝賀，同時也為這位縣委書記的義舉而感歎，要是沒有書記「御筆」一揮，也許此書還是一部手稿。書印了一千冊，擬用一百本贈送，餘者九元一本，即使全部賣完也僅八千餘元。我去他家時，書還躺在牆角，

問他能賣完嗎？他很樂觀又很自信。他的學生曾策劃「推銷」，他卻說：「我絕不搞攤派推銷。」他對我說，縣委書記是他的學生，幾天前在會同一中五十周年校慶會上帶頭發動為他捐款，他當即站起來反對說：對社會做點貢獻是應該的。已經捐來的四百元，他將轉送給一所山村小學。

我聽了，心裏說：「你為社會付出了這麼多，為什麼不要求社會回報呢？」

由此，我想起不久前讀到的遼寧省「愛國擁軍好媽媽胡玉萍」的報導，中央電視台也報導過「好媽媽」──其實她七十三歲了，應稱「好奶奶」。她是一個普通的農婦，幾十年省吃儉用，拿積蓄交黨費，累計為社會捐款捐物達十一萬餘元，而自己家徒四壁，連黑白電視機也沒有。記得在中央電視台「新聞三十分」裏，「好媽媽」兩鬢斑白，或背著簍走在雪地裏，或用乾柴般的雙手攪拌著豬潲，幾乎如祥林嫂般羸弱乾瘦，而我們的子弟兵卻站在一旁看她「擁軍」勞作。說實話，看過後我心裏很不是味道，難道僅僅用「中國文化」幾個字就可以概括這位「好媽媽」嗎？不知我的同行──記者朋友們拍下這些鏡頭時，心裏又是什麼滋味。曾昭柱先生和「愛國擁軍好媽媽」的奉獻是自覺的。但我們在這「自覺」背後能看到或想到一點什麼，我認為就是一種良知的醒悟。

曾昭柱先生談自己的人生，感歎唏噓不已。他說自己對共產黨的認識，是從1949年10月新晃縣解放開始的。此前他在學生時代，幾乎對共產黨一無所知，只聽說過「共產共妻」、「洪水猛獸」之類的宣傳，當他見到共產黨紀律嚴明的軍隊時，他從心裏認同了共產黨，特別是土改中親眼目睹的一件事，至今令他忘記不得。那天，湘西地委（那時新晃縣屬湘西行署管轄）劉政委（其實是劉書記）來視察工作，正逢縣委楊書記自己掏錢請了兩桌酒席。楊書記是廣東人，大學畢業，夫妻結婚多年未敢要孩子，全國解放了，生了孩子。中年得子，同事們要祝賀，他想請大家吃餐

飯也是人之常情。但地委劉政委知道了，第二天硬要楊書記在大會上作檢討。那時我想，共產黨真是不同國民黨啊，因此思想很快轉變了。他説直至今日，他是真心擁護共產黨，信仰共產主義的。

談到今天的改革，曾昭柱先生説：他是學歷史的，他長於從歷史的暗角和背影裏看問題。他擁護鄧小平的改革開放政策，並且自己就是在鄧小平的改革思想下才得以解放的。他説時代走到二十世紀七十年代，要是沒有偉人，歷史也會前進的，因為英雄都是歷史創造的。現在，人們生活水平確實提高了，但不能説是在某某領導下人們的生活水平就提高了，因為人類文明總是循序漸進的。如果不這樣看，那麼台灣生活水平的提高，又怎樣去理解呢？他還説，民主和專制是兩個對立的東西。民主只能建立在社會進步和經濟發展之上，如果衣食溫飽都成問題，還能奢談什麼民主呢？……

我認為，曾昭柱先生本來是可以做出學問的，但命運將他拋在雪峰山下一個閉塞的小縣城，體現八、九十年代學術思想水平的著作他幾乎都沒讀過，這不能不説是一件憾事。也許可以説，今天他在某些方面是「糊塗」的，但在另一方面又是驚人的清醒。他用歷史的眼光穿越歷史，引發了我心靈的共振，讓我為之寫下這些文字。

屠夫用血洗手

> 彭燕郊：「屠夫用血洗手，詩人只能用眼淚來洗自己的眼睛。」

在展覽著幾乎整個西漢文化精髓的那個大院——湖南省博物館裏，我輕輕叩開一頁普通的木門。彭燕郊先生給我的第一印象是：他曾經是波濤

洶湧的大海，如今已風平浪靜了，像一池清澈深邃的秋水。他的激情彷彿都傾注在詩和學術的王國裏。

　　他是詩人，話題自然從詩談開了。他說自己1939年開始寫詩，寫了五十五年，四十年代出版過《春天——大地的誘惑》、《媽媽，我和我唱的歌》、《戰鬥的江南季節》、《第一次愛》等詩集。八十年代後，又陸續出版了《彭燕郊詩選》、散文詩《高原行腳》、詩論《和亮亮談詩》等。

彭燕郊在家中

　　「屠夫用血洗手，詩人只能用眼淚來洗自己的眼睛。」他看到自己的前輩和同輩作家們，一個個赤膽忠心，但他們幾乎沒有一個能「名利雙收」，然而可貴的是他們矢志不渝，如胡風、馮雪峰、聶紺弩等就是典型的代表。他說自己這一輩子沒有風光過，反倒坐了三次牢，第一次是1947年在國民黨監獄，第二次是反胡風時，第三次是在「文革」中。身陷囹圄，他就在牢裏背詩，用詩的陽光驅散黑暗，給自己以信心和力量。

　　彭燕郊先生在一篇詩論中寫道：「來到這個世界上，詩人所需要的，除了搖籃和墳墓，不過是一個迎戰的盾牌

而已。」他是一個戰士，盾牌上留下了累累傷痕。1938年他十八歲，在福建省莆田縣初級師範讀書時就參加了新四軍，隨後積極投身進步文化活動。1947年，他在全國「反饑餓、反內戰」中被國民黨抓捕入獄，一年後蔣介石下野，李宗仁任代總統時大赦政治犯獲釋；1949年5月潛入香港，後響應中國共產黨號召，赴北平參加第一屆全國文聯大會，會後曾一度主持《光明日報》副刊。1950年6月，他應李達之邀來湖南大學中文系任教。1955年晴天霹靂，他被打成「胡風份子」，關了兩年後被開除公職，流落街頭，自謀職業。他當過翻砂工、油漆工，直到1979年才平反，赴湘潭大學任教。談到關於「胡風份子」的問題時，他說：「我跟胡風先生是純粹的師生關係」，三、四十年代，胡風在他主編的《七月》和《希望》上發了不少詩作，但沒有想到後來為此要付出二十五年的代價。撥亂反正之後，他與胡風先生見面，彼此都感歎唏噓不已。

彭燕郊先生1987年退休後，一直從事創作和學術研究，香港《文匯報》、《大公報》、《華僑日報》等報刊常有他的詩、隨筆、讀書札記等。他還有一項龐大的計畫，正在整理的學術著作有《湖南諺語選》、《湖南歌謠選》、《諺語學》三部，共一百五十萬字，《彭燕郊詩全集》一萬五千餘行，《詩歌概論》三十萬字。問及出版情況，他說暫且不管，先整理好再說。

我們從詩談到時弊。他說，他當年一腔熱血參加革命，面對今天的「王寶森等」，他很憂慮和痛苦。隨著改革的深入，社會公德淪喪，腐敗日益猖獗。難道這是必須付出的代價嗎？舊社會只聽說落草土匪在夜間打搶，在無人煙的小山路上打搶，如今光天化日之下，大都市裏搶劫也時有所聞。從長沙到株洲、到湘潭的公共汽車上，不是多次發生搶劫事件嗎？接著，我們談到最近媒體上披露的一篇報導。沅江市有個虧損七千萬的麻紡廠，半年吃喝八十萬元，廠辦主任買了定價二十六元的掛曆，報銷

時變成了一萬一千二百六十元，連哥兒
們嫖娼的五千元罰款也由廠裏報銷了。
沅江市有個四季紅鎮，兩年吃掉一百萬
元，群眾強烈不滿，抗糧抗稅，公安出
動，警車被推翻在河裏。在半年多時間
裏，群眾自備梭標，身綁炸藥包與市、
鎮兩級政府公然對抗。後來，以鎮黨委
書記梁成中為首的六名腐敗份子被立案
偵察，以退休幹部夏堅為首的群眾，
也有十四人被公安機關收審。彭燕郊先
生說：「你知道此案審理得如何了？我
想，既然鎮幹部貪污腐敗已成事實，那
麼群眾反腐敗又何罪之有？我不知道夏
堅為何許人也，但我猜想，他是一個退
休幹部，至少不會是「刁民」。不管其
動機和背景如何，他的良知是值得稱道
的──雖然他在做法上是不妥的、極端
的，但不走極端，問題恐怕還不會揭
開……。」說著說著，他發出一聲長長
的歎息：「唉──我老了，這些我也管不
著了，只想躲進小樓，做點自己想做的
事情……」

從左至右為鍾叔河、朱正、朱健、彭燕
郊，他們被尊稱為「湖南四老」

　　幾天後，我再次推開那扇木門，彭
燕郊先生說讀過了我寫的關於馮放先生
的那篇小文，並說幾天前馮放先生來過

他家。他説，馮放先生也很痛苦，因為他陷入了一種理念而不能自拔。馮放先生説自己是個馬克思主義者，其實他讀的只是蘇聯的馬克思主義。關於「蘇聯馬克思主義」，學界似有公論，蘇聯搞的其實是列寧主義，到了史達林就只有專制主義了。

彭燕郊先生説，思想應包括世界觀、人生觀、方法論這三種東西。思想者總是痛苦的，正由於痛苦，才會出現閃光。人為什麼要有思想？面對紛繁的現實，你不得不做出自己的評判和思考。事物、時間、空間都在變，思想也應是不斷變化的。他説他的《混沌初開》中有這樣一句話：「漫長的思考結論是絕對」。其實從哲學上講，「絕對」是不存在的。思想是個人意識的產物，要求千篇一律也是錯誤的。思想，不能構成犯罪，但幾十年來，思想者的悲劇實在太多了。

彭燕郊先生1991年在長詩〈漂瓶〉的附記中寫道：

> 多年以前，（馮）雪峰就說過了，我們需要的是思想家型的詩人
> 或詩人型的思想家。這樣我大概都不是……。

其實，在我看來，他正是二者兼而有之。近讀1995年第1期《詩刊》上他的〈對鏡〉，我感到正是他二者兼而有之的代表作。他從「已經破碎了的」鏡子裏看「破碎了的我」，進而宣佈「我不會留戀以前的、我的臉孔」，「我只認得破碎的、現在的、我的臉孔……」從這首短詩中，我讀到了哲學，也讀到了智者與大師的痛苦、彷徨、迷惘和激奮……。

最後，我約他寫點關於胡風、關於馮雪峰的文字，他卻婉拒了。

不再天真

　　李冰封：「中國在以經濟建
設為中心的同時，必須重提民主
和科學，必須徹底反封建。」

1995年，作者訪李冰封後合影

　　電話約他採訪。他說，他是個有爭
議的人物。「爭議」什麼，倒引起了我
的興趣，便急急敲定了採訪時間。

　　按理說，我這個行業裏的人是應
該知道他的。幾年前，李冰封先生主管
過意識形態工作，作過省委宣傳部副部
長兼省出版局局長。遺憾的是，我半路
出家，幹「老記」才是近幾年的事。採
訪前，我只知道他當過湖南省出版局局
長，組織出版過很多好書，那些年曾使
湘版書「洛陽紙貴」。讀書人記得出書
人，這也在情理之中。

　　1928年，李冰封先生出生於福州一
個書香之家。父親是近代中國第一批向
西方學習「堅船利炮」的技術專家，先
入福建馬尾船政學堂，後來在幾所國立
大學任教，曾做過上海交大教授。李冰
封從小受到良好的教育，1946年考入上
海光華大學中文系，1947年7月即北上尋

求光明，先後任冀察熱遼《群眾日報》及《北平解放報》記者。1949年8月南下來湘，歷任《新湖南報》副刊主編、新湖南報編委。

1957年他和許多知識份子命運一樣，被打為右派。1958年，被流放到湘北勞動改造，住在南縣華閣公社一個叫王克仁的獨身老農家裏。他回憶說，白天他去挑堤，老王給隊裏餵豬，晚上他們就睡在一個鋪上。一天深夜，老王突然從被窩裏坐起來問他：「我看你是個好人，怎麼劃了右派？你到底講了些什麼？」他說：「就講了些辦報的事。」老王說：「你莫講吧！」後來過苦日子，農民吃不飽，晚上就去偷蘿蔔。老王看著他一天天浮腫的臉，就設法把隊上用來餵豬的南瓜，切好放在一個藥罐裏煨好，然後閉上門說：「你快來吃吧！」至今說起老王，李冰封先生仍然感歎不已：「那時是老王的南瓜救了我一命啊！」

李冰封先生1960年右派摘帽後，一直在南縣幾所重點中學裏任教。他本想寧靜度日，了此一生；但國無寧日，哪裏有個人的安寧呢？「文革」中，他又自然成了靶子。1969年春天，全家被「橫掃」到一個偏遠的生產隊「監督勞動」，其罪名是「摘帽右派」。他的妻子曾做過《湖南青年報》記者，罪名是「資產階級臭知識份子」。他十三歲的兒子因為是「右派崽子」，被剝奪了讀書的權利。

那時，李冰封先生住的是真正的「牛棚」，要是寫關於「牛棚」之類的文字，他足可以炮製宏篇巨著，但迄今他所發表的關於個人恩怨的文字卻很少。有人說，中國的人文精神在五十年代後的歷次社會政治運動衝擊下早已蕩然無存。他卻不同意這種看法，他說，中國知識份子的韌性和對理想的追求，無論在順境、逆境中，還是在進退寵辱之間，始終表現出一種頑強的中國人文精神，一種道義的使命感始終縈繞於懷。

1979年至1989年8月，李冰封先生先後出任湖南人民出版社副社長、湖南教育出版社社長、湖南省出版局局長。他說：一個出版工作者，如果

不能與文化人交朋友，就算不上一個合格的出版工作者。他領導湖南出版界那幾年，形成「洛陽紙貴瀟湘書」的局面，靠的就是一種「文化親情感」的營造，使大批著名學人把自己的書稿送來湖南，如冰心、于光遠、李銳、卞之琳、蕭乾、朱光潛、張天翼、聶紺弩、孫犁、楊絳、吳階平、錢學森等兩、三百位文化名人都在湖南出過書。當然，不能把成績都歸於李冰封先生一人，就像不能把失誤都推給他一樣，但他愛書、識書、懂書，以及對人文思想、學術流派的研究，對作者的理解、溝通與善待，一直為全國文化界、思想界所稱道。

李冰封先生談起當時的出版盛況說：黨的十三大提出了社會主義初級階段理論。「初級階段理論」又是什麼？這需要從政治、經濟、法律、文化、科技等社會各個方面的實際狀況出發，加以構思和論證，於是決定推出「社會主義初級階段理論探索叢書」。這套叢書擬出六十本，第一輯十本，作者有曾彥修、于光遠、龔育之、吳江、廖蓋隆、王元化等學人。記得在北京召開叢書組稿會時，中央部級幹部就有四十多人參加了。當然，以後的五十本因故未能出版，對他來說，至今仍是一個遺憾。

他送我一本《李冰封散文隨筆初集》和一本他翻譯的小說《大衛‧科波菲爾》。採訪前，儘管我在《羊城晚報》、《新民晚報》、《新華文摘》等報刊上讀過關於「初集」的評介文章，但他給我的印象仍然是一位出版家，所以也沒有刻意找來他的書拜讀。日前讀完「初集」，我覺得李冰封先生還是一位散文家。他無論記事記遊、寫景寫人，格調質樸流暢，文化積累深厚而又無賣弄之嫌。余秋雨先生固然是當今散文大家，但讀得多了，有時難免感到沉悶和模式化，而李冰封先生走筆總是那麼自然，那麼隨和，仗義執言，引人深思。如他的〈背犁〉、〈想起了梁宗岱先生〉、〈從菊豆想到日瓦戈〉等篇章，都是很耐讀的。

話題聊到退休後的生活，他說除了應付約稿外，就是讀書。我建議他寫回憶錄，他說：「有精力，一定會寫。面對自己的人生，不寫，內心總有一種負罪感。」我說可將此資訊告訴讀者，他卻不贊成，怕萬一不能兌現自己的諾言……。

　　兩個小時的採訪，我們的話題海闊天空，有政治的、經濟的、文化的，氣氛融洽而投合。從李銳剛出版的《廬山會議實錄》談到當年的「大躍進」，冰封先生說，中國的事情就這麼怪！一位偉人在聽了山東壽張畝產過三萬斤的彙報後就批示說：「人有多大的膽，地有多高的產。」當時推廣河南長葛深耕經驗，挖地一、兩丈深。南縣有個農民不信，有人報告上去，結果那人被打得半死。我想，今天的中國，在以經濟建設為中心的同時，必須重提民主和科學，必須徹底反封建，否則，我們還將付出代價。他說，回想當年在國統區讀到《論聯合政府》時，我們被毛澤東的承諾激動不已，好像「一個民主、自由、獨立、富強、統一的新中國」呼之欲出了。但後來的事實證明：我們那時太天真了。

　　出版工作應積累文化、啟迪民智、倡導民主和科學。對當前的出版狀況，李冰封先生深為憂慮。現在好書出不來，色情、武打和封建迷信的書籍充斥市場。造成這種狀況的原因固然是多方面的，但出版隊伍素質不高、編輯個人經濟承包，我想是最主要的原因，於是只顧個人撈錢，什麼科學、道德、文化都不要了。因此真正有價值的學術著作出不來，而毫無價值可言的書，一印就是幾萬甚至幾十萬冊。如果現在還不引起嚴重關注，歷史老人一定會狠狠地懲罰我們。由此，我想起最近讀到的南翔先生的雜文〈為何崇拜秦始皇〉。文章寫的是某報在一定範圍內向中學生做問卷調查，題為「你最崇拜的十個男人」。十個男人中除毛澤東、魯迅外，秦始皇也榮列「十強」。我想，中學生崇拜秦始皇，無非是他的霸氣、暴力和血腥。這與出版業不無關係，已足以讓我們深思了。

　　幾十年來，李冰封先生始終以一個共產黨人的情懷，思考著我們民族的前途和命運、思考我們黨的前途和命運。記得一位西方哲人說過類似這樣的話：思想者始終與苦難同行。他的遭遇似乎也印證了這一點。

無法直面的人生

　　傅白蘆——他雖然做了不大不小的官，但他仍然是一個文人，一個自認是虔誠的馬克思主義信徒。

傅白蘆在家中

　　在八十年代初，我除了迷戀文學外，還相當注意文史方面的動態，「傅白蘆」三個字就是在讀《歷史研究》雜誌時記住的。採訪後，我才知道傅白蘆先生曾擔任《中國社會科學》雜誌編審、中國社會科學出版社副社長等職。1983年機構改革，他回湘擔任中共湖南省委宣傳部副部長兼《湖南日報》總編輯。

　　赫拉克利特說：「一個人的性格就是他的命運。」傅白蘆先生說，國民黨統治時，只要他稍微無恥一點——不要太多的無恥，不要太多的理想主義，生活就不會那樣顛沛流離。新中國成立後，

他也只需稍稍隨風轉一下，找個靠山，多上門去「積累感情」，命運也絕對不會如此坎坷不幸。1986年他離休了，自籌四千元，自編自印了一套「敝帚叢稿」，油印五大本，洋洋百萬言，這是他五十多年筆墨生涯的足跡。他的書，雖然沒有某些權威人士的「公費書」那麼堂皇漂亮，且看來還有點悲傷的「衣衫襤褸」，但內裏的豐富和深沉，是那些滿紙空話、套話的「公費書」所無法比擬的。在半個多世紀的風風雨雨裏，他有痛苦和歡樂、掙扎與追求，有強烈的社會批判精神和清醒的民族憂患意識。初讀「叢稿」，我分明看到他是那樣固執地拒絕品嘗悲觀主義的苦酒，總是以理想主義來沖淡個人災難的苦澀，並且不只一次地聲稱自己是一個死不悔改的、歷史的樂觀主義者。他雖然做了不大不小的官，但他仍然是一個文人，一個自認是虔誠的馬克思主義信徒……。

　　1924年4月，傅白蘆先生出生在江西萍鄉市一個小商販家庭裏，少年時代接受的經濟學教育便是利用寒暑假賣錢紙和小玩具什麼的，以換取下一個學期的學費。1941年，他因參加學潮，受到記兩次大過、兩次小過的處分，被迫休學一年，進了萍鄉《群報》作見習記者。1943年，他在安源煤礦廢墟上的那所中學畢業，本來拿到了中山大學的錄取通知書，但因為家貧，於是正式幹起了多災多難的新聞生涯，直到1986年初離休。他回憶說，在那逝去的歲月中，他「曾有過對黑暗的憎惡、對暴虐的抗爭、對光明的愛戀、對真理的追求」，辦報足跡踏遍湘、贛、桂、黔等省。1945年，他加入胡愈之、范長江、劉尊棋等發起創建的、當時處於地下狀態的「國際新聞社」，從此由進步青年轉變成一個共產主義的信徒。1945年10月至1949年10月，他在長沙十多家報刊當過編輯、主筆、副總編、總編等職。那時的工作和生活是相當困難的，但他心中始終充滿陽光和希望。1949年8月，長沙解放後，他先後出任《大眾晚報》、《大

眾報》總編輯，《新湖南報》研究室主任、總編室主任、編委、秘書長等職，直到1957年7月那個嚴酷的時刻到來。

艾青詩曰：「為什麼我的眼中常含著淚水，因為我對這土地愛得深沉。」傅白蘆先生說：「沒有愛和憎，就沒有人間。也許正由於錯在憎愛分明，才釀成悲劇人生……。」聽著他的講述，我彷彿走進了他那人生的小胡同。1956年，他捲入「如何辦好報紙」的爭論，寫了〈最要緊的是獨立思考〉、〈沒有意見的人〉等文章，批評了思想上的懶漢和「老爺說的准沒錯」、「老子說了算」等社會現象，1957年被打成《新湖南報》「反黨右派集團」的重要成員，流落長沙街頭二十二年。他這一輩子，要說風光，1957年倒真的「風光了」一回。《新湖南報》發了數萬言的批判文章，新華社也發了長達五千字的通稿，《人民日報》等各大報紙紛紛刊載。

前不久，台灣師範大學一位來湘訪友的著名音樂教授對他說：「那時你被打為右派，連台灣報紙都登了！」

傅白蘆先生是個老報人，談到新聞改革，他說：「我很喜歡《湘聲報》報頭邊兒那幾個字：「永遠與民眾共憂樂」。好啊，但是也很難啊！」

接著他深有感觸地說，他一輩子搞新聞，而他又最不想談這個問題。八十年代中期，華中理工大學聘他作新聞系的兼職教授和研究生導師。一次講課後，有學生問他新聞改革怎麼改。他用老人家的話說：「慢慢來，不要著急。」因為新聞改革和民主政治建設必須同步，中國還在搞經濟改革，政治改革還來不及提上議事日程，想超越，是不切實際的。新聞工作有其自身的規律。目前高校的新聞課，從理論到實踐是嚴重脫節的，馬克思主義的新聞學，難以規範新聞工作者的行為。馬克思說過，報刊「生活在人民當中，它真誠地和人民共患難，同甘苦，齊愛憎。它把它

在希望與憂慮之中從生活那裏傾聽來的東西，公開地報導出來」。然而，新聞工作者中又有多少人能夠這樣做？他說：「記得1983年，我去《湖南日報》任總編輯時，已是快六十的人了。但依然很天真，心想，這下我可以好好幹一場了。去報社半年多，我可以說自己還沒有進入角色，只是做了些調查摸底的工作。那時正在機構改革，我改發了一篇社論：〈阻力在哪裏？〉，結果有人高興，有人不高興了。我常想，社會其他方面遇到打擊迫害，可以透過輿論的力量進行抗爭，而新聞界自身遭遇打擊時，卻很少有仗義執言的力量拍案而起。」

憲法賦予我們言論出版自由和新聞自由的權利，但是很悲哀，中國的法律一部又一部頒佈實施，唯獨不見新聞出版法出台。在中國這樣的傳統背景下，沒有法律，是「無法無天」，「老子說了算」，所謂的「輿論監督」，純粹只是一句美麗的童話。所以傅白蘆先生連連感歎說，要他做總編輯是一場歷史的誤會。那個難忘的日子是1983年4月5日，中共中央組織部打電話給中國社會科學院，通知他去中組部報到。他說「我思想不通，組織服從」。他在崗位上實際只幹了七個多月，就心力交瘁了，之後在馬王堆省療養院一住就是十八個月。他倔強、堅毅，但也缺少大度。他因「一件小事」執意堅辭總編輯一職，這是他的許多老朋友也不能理解的——也許正由於不能理解，他，還是他。

恩格斯說：「沒有哪一次巨大的歷史災難不是以歷史的進步作為補償的。」我們經過了「反右」，經過了「三面紅旗」，經過了血與淚的十年「文革」，中國社會確實獲得了歷史的進步。我想，現在要是有人再來一場「造神運動」，那註定是要失敗的。傅白蘆先生說，他雖是新聞工作者，但對歷史很感興趣（他正在研究《明史》），當年他投考中山大學就是歷史系。縱觀古今中外，歷史上不少偉大人物，他們確實影響或改變了歷史，但歷史也捉弄了他們，他們都無法逃脫歷史的諷刺……

中國當前進行的這場改革,將近走過了二十年。我説,步履太艱難了,根源恐怕就是缺少改革的堅定性和徹底性。傅白蘆先生贊同地説:「從來的改革,總是需要對歷史和現實中的消極因素的批判、揚棄或否定,這才能推動歷史前進。中國現代化建設呼喚科學和民主,要真正做到講求科學精神,就必須先有民主,才不致扼殺科學,干擾現代化的進程⋯⋯。」

從理論到實踐,科學和民主確實是一個複雜的命題,也許二者本來就無法逃脱「二律背反」的法則。我們常説「決策民主化、科學化,民主法制化」、「社會主義制度下的人民,享有充分的民主權利」、「人民是國家的主人」,但實踐上又如何呢?《國際歌》裏唱道:「從來就沒有什麼救世主,也不靠神仙皇帝⋯⋯。」可中國人一日無君惶惶然,唱著這熟悉的樂曲,仍然相信頭上有一顆閃爍的「大救星」;明明是跪在封建專制的腳下,卻仍然載歌載

晚年的傅白蘆夫婦

傅白蘆晚年的幾本書

舞，山呼「皇上萬歲萬萬歲」。難道是人們的靈魂都麻木了嗎？難道這就是「中國文化」的魔力嗎？

　　蘇格拉底說，政府就像一頭牛，知識份子就像拼命撕咬這頭牛的牛虻。中國的知識份子，普遍上看確實缺乏一種社會批判意識，一旦「參與」就變成了「參政」，失去了作為知識份子的自我，成了新的「長官」。否則，個人悲劇無法逃避。明代的海瑞就曾說：「一仕於人，則制於人。制於人則不得以自由。制於人而望於人者，惟祿焉。」海瑞那時能如此說，實際上就開始了知識份子朦朧的覺醒，想擺脫那種「制於人」的關係。但在那麼龐大的封建專制機器面前，要吃飯，又不出家做和尚，就必然「由士而仕」了。有人把知識份子比作「毛」，這「毛」與「皮」的關係，確實是值得好好研究的大問題。傅白蘆先生說，自己是個平平常常的知識份子，與那些大知識份子比，自愧弗如。但這並不影響他對人生與社會、歷史與現狀的思考——儘管這種思考不會有終極的答案，也許越思考越痛苦，陷入一種無奈的、孤獨的境地。

　　由知識份子的孤獨，我想到魯迅和毛澤東晚年的孤獨。毛澤東曾說，他的心是和魯迅相通的。從這一點上看，毛澤東似乎失去了「惜秦皇漢武……只識彎弓射大雕」的政治巨頭氣勢，又回歸到作為一個中國傳統的知識份子一員的痛苦境地。最近我讀王曉明先生的《魯迅傳》，似乎又喝了一杯清醒劑，讓我反思自己，反思我寫過的這些人，反思包圍著我的卑瑣、狹隘、懦弱、霸悍和無恥。魯迅先生曾被尊為「最最最」的革命先鋒，但他也無法直面自己的人生，希望人們遺忘他的文字。他說，假若有誰還以他為是，他就會覺得悲哀。王曉明在《魯迅傳》中寫道：如今魯迅先生逝世近六十年了，他生活的這塊土地上，還有人與他共鳴，以他為是。他如地下有知，又會作何感想呢？地球已經跨入二十世紀末，世界上各個地區的人類生活，都發生巨大的變化，新的危機取代舊的危機，新的

藍圖取代舊的藍圖。可是依然有人——絕不僅僅是個別人對魯迅這樣一位半個世紀之前的「絕望的抗戰」者發生強烈的興趣,甚至以他為同道和先驅,這又是怎樣可悲憫的事情!傅白蘆先生說自己正在寫兩本書,其中一本是擬寫三十萬字的《魯迅與歷史科學》,我不知他將會如何面對魯迅。有一點似乎可以肯定,他會強調歷史總是向前進步的。但是,這種進步又是何等的艱難而遲緩!

「漫漫人生路,上下求索,心中渴望真誠的生活。誰能告訴我,是對還是錯⋯⋯」傅白蘆先生說,他很喜歡電視連續劇《渴望》裏的這首主題歌。他的這種共鳴,又是何等地表現了他們這一代知識份子對人生的悲愴和無奈!

後 記

我本想把這個連載繼續寫下去,但因各種原因,只好寫到這裏打止了。我所寫的這些知識份子在晚年都趕上了改革開放,平反後都走向了新的生活。但面對新生活,他們因為個人經歷遭遇和成長環境不同,所以他們的思想狀況也各不相同,有的激奮,有的迷惘,有的如魚得水,有的無所適從。我覺得,表現在他們身上的陣痛,也許正是這個社會轉型的陣痛。採寫此文,對我來說,是一種嘗試,也是一次靈魂的遊歷,因為我想竭力走進他們的心靈。需要交待的是,本文斷斷續續連載時,我曾收到許多讀者來信,有激勵和鞭策,但更多的是這一代不幸的知識份子都將我視為知己,向我訴說自己的遭遇和心靈,至今想來,令我感動莫名。我還採訪過朱正先生、胡遐之先生、向麓先生、賴漢屏先生等諸位,這篇文章雖然結束了,但我將另找角度寫他們。

(採訪成稿於1995年秋)

第二輯

歷史的真相

失去的機會

——讀《馬歇爾使華》

《馬歇爾使華》又名《馬歇爾出使中國報告書》，係「中華民國史料叢稿」之一種，1979年7月由中華書局出版。

馬歇爾原係美國陸軍參謀長、五星上將，曾出任美國國務卿。1945年12月，他作為美國總統特使來華，1947年1月被召回國。《馬歇爾使華》是以第一人稱寫的，即以馬歇爾本人的語氣寫成的（其實大部分是當時的美國駐華使館人員所寫）。應該説，本書敘述是詳盡的，對每一次會談，會談者的對話、國共雙方的建議和反建議，每一事件的經過等等，都有詳細的記載。如果要研究國共第三次會作失敗的歷史，《馬歇爾使華》也許是一本不可不讀的書。

抗戰勝利後，國共透過「重慶談判」，簽署了「雙十協定」，雙方都同意「以和平、民主、團結、統一為基礎」，「堅決避免內戰，建設獨立、自由和富強的新中國」，並認同了「蔣主席所倡導之政治民主、軍隊國家化及黨派平等合法」的主張。「協定」雖然簽了，內

1945年，毛澤東曾與蔣介石在重慶舉杯

調停國共內戰的美國五星上將馬歇爾

戰卻一直不斷。1945年12月15日，馬歇爾取代赫爾利啟程來華時，杜魯門總統寫信給他說：「我特別希望你竭力說服中國政府召開包括各主要政黨代表的國民會議，以實現中國的統一，同時實現停止敵對行動，尤其是在華北停止敵對行動。」馬歇爾說，總統提示，中國各政黨當然包括中國共產黨。1945年12月27日，蘇美英三國外長在莫斯科會議發表「關於中國問題的協議」，也宣稱：「必須在國民政府之下建立一個團結而民主的中國，必須由民主份子廣泛參加國民政府的所有一切部門，而且必須停止內戰」。在這種國內、國際的背景之下，馬歇爾竭盡全力斡旋，終於使中國的局勢出現了轉機：1946年1月10日，國共雙方簽署了停戰協定，持續近四個月的國共武裝衝突暫告結束；1月31日，政治協商會議閉幕，國共又通過了《和平建國綱領》；2月25日，國共之間最為棘手的整軍協定也得以簽署。

從當時的媒體報導來看，《和平建國綱領》簽署後，全國各界一片歡欣，以為中國真正的和平來了，憲政中國上路了。

「綱領」總則說:「遵奉三民主義為建國之最高指導原則」;「全國力量……團結一致,建設統一自由民主之新中國」。同時確認「『政治民主化』、『軍隊國家化』及黨派平等合法」,主張「以政治的方法解決政治糾紛」。在人民權利、政治、軍事、外交、經濟、財政、教育及文化等九條分述中,雙方主張「確保人民享有身體、思想、宗教、信仰、言論、出版、集會、結社、居住、遷徙、通訊之自由」,「確保司法權之統一與獨立,不受政治干涉」、「積極進行地方自治,實行自下而上之普選,迅速普遍成立省、縣(市)參議會,並實行縣長民選」、「軍隊屬於國家,軍人責任在於衛國愛民……實行軍黨分立,軍民分治。」「關於軍事問題協議」進一步申明:

> 禁止一切黨派在軍隊內有公開或秘密的黨團活動……凡軍隊中已有黨籍之現役軍人,於其在職期間不得參加其駐地之黨務活動。任何黨派及個人不得利用軍隊為政爭之工具……嚴禁軍隊干預政治。(《中共黨史參考資料》第六輯,人民出版社,1979年11月版,頁70-76)。

在讀《馬歇爾使華》時,我還讀了《毛澤東文集》中1945年至1947年的全部文稿,以及同時期的其他中共黨史資料。我的感覺是,當時共產黨是真正希望中國和平建國、接受走憲政民主之路的。蔣介石在馬歇爾的「調處」下,也勉強接受了共產黨提出的這些協定。但由於國民黨黨內的頑固派極力反對,並在政協會議剛剛閉幕後的國民黨中央常務委員會議上,大哭大鬧,說政協決定「不利於國民黨,是國民黨的失敗」。國民黨高級幕僚唐縱在日記中也說:

凡是為黨說話者，可得到鼓掌。邵力子報告與中共談判經過與政治協商會議召集情形，方覺慧對中共談判表示憤慨，而責簽字者負責……。（《在蔣介石身邊八年——侍從室高級幕僚唐縱日記》，群眾出版社，1991年8月版，頁567）

唐縱在日記中還說：

如不能與中共在力量上爭雄，余主張仍以政治解決為宜，但黨內無人贊同此議……。（同上，550頁）

蔣介石也表示：

我對憲草也不滿意，但事已至此，無法推翻原案，只有故且通過，將來再說。（見梁漱溟，〈我參加國共和談的經過〉，轉引自《中國共產黨七十年》，中共黨史出版社，1991年8月版，頁222）

於是，政協決議成了一紙空文，內戰隨之爆發。

《馬歇爾使華》是1976年在美國公開出版的。出版時，萊曼‧P‧范斯萊克作序說：「這個報告總的來說，對國民黨的批評要比對共產黨的為多。」讀完這個「報告」的人，大概也不難有這個印象：馬歇爾從「五人會議」到「三人小組」，雖說不上「不偏不倚」，但基本上還算是「光明正大」的。1946年5月24日，《新華日報》發表〈延安人士同情馬歇爾總部聲明〉時也說：

中共將與保持堅定而公正態度，以謀制止衝突的美國人員繼續密切合作。（《國共談判文獻資料選輯》，江蘇人民出版社，1984年4月二版，頁195）

今觀內戰至所以爆發，就是因為國共兩黨互不信任。萊曼在分析國共兩黨情況時也說：

> 對國民黨來說，共產黨是反對合法的、法定的和得到承認的全國性政府的反叛者；他們有一定的權力，但無據此提出合法要求的權利。另一方面，共產黨認為他們是完全獨立自主的政權，統轄著大片土地和眾多的人口，戰爭成績和他們統治地區人民的支援，已使他們的政權合法化了。雙方都把最後的信心寄託在他們的軍事力量上。

結果，企圖堅持一黨專制的國民黨崩潰了。

重讀半個多世紀前的這個「報告」，不禁感慨繫之。當時國共談判是中國走向現代化的一次絕佳機會，但由於國民黨蔣介石的頑固，企圖以武力解決問題，使中國又失去了一次憲政機會。假如那時國共兩黨按照已經達成的協議去做，那麼中國的歷史也許是另一種情形了。

（2002年）

歷史是不能欺騙的

——讀楊第甫的兩本書

楊第甫先生退休後出了兩本書，一本是回憶錄《吹盡狂沙》，1991年由中國文史出版社出版，全書三十萬字，記其所見所聞、所歷所思。儘管書中帶有一些個人恩怨和意氣，但那忠誠和掙扎，那血和淚，那生和死，是真切的。另一本是1998年7月由香港華光報業有限公司出版的詩詞選集《世紀回眸》，輯其七十年詩詞一百二十餘首，輔以注文，可視作《吹盡狂沙》的補充。這兩本書雖然不是歷史，但在「當代人不能寫當代史」和「宜粗不宜細」的語境下，這兩本書的確是難能可貴的。

楊第甫先生1933年在上海求學時，就接受了馬克思主義啟蒙教育，參加過震驚中外的「一二九」學生運動。1937年10月，他奔赴延安，投身革命。顧准說：

> 革命取得勝利的途徑找到了，勝利了，可是娜拉走後怎樣？（《顧准文集》，頁372）

一位偉人説：「共產黨的哲學就是鬥爭的哲學。」於是，解放頭三十年，楊第甫幾乎成了「運動員」，先是批他的「地方主義」，1959年劃他為「右傾機會主義份子」，「文革」打他為「三反份子」（即反黨、反社會主義、反毛澤東思想），送入五七幹校勞動改造，直到1973年為止。

赫拉克利特説，性格決定命運。王首道1982年序楊第甫詩詞《心潮集》時説：「楊第甫同志具有中國典型的知識份子的美德，謙遜文雅，淳樸善良，耿直剛正，嫉惡如仇……」我讀這兩本書，也有這種感覺。五十年代，楊第甫就是一個黨的高級官員，但骨子裏他又是一個知識份子。是官員，就必須遵守遊戲規則，放棄自我；而作為一個知識份子，他又想竭力堅持一點自我和知識份子應有的良知。於是，他常常在「官員」和「知識份子」之間躊躇。共產黨的紀律是個人服從組織，下級服從上級，全黨服從中央。他決心做到，但具體行事，他又是「秉性難移」。1946年11月，他在吉林省安圖縣主政，當時省

委為了防止敵人進攻,命令他炸毀安圖境內的大小橋樑。他卻說,冬天來了,河已結冰,炸與不炸一樣。於是他拒絕執行命令。當時的張學思,是東北行政委員會副主席兼遼寧省政府主席,張由哈爾濱去遼寧,路經安圖,需五十輛大車一用。他卻說,安圖僅有大小車十八輛,且每天有十五輛用於軍需民用,不能動。好在當時東北的上級還算開明,不然他就難逃「穿小鞋」的厄運了。

歷史是不能欺騙的。1949年後,楊第甫先生一直在湖南工作。他對省委書記黃克誠、周小舟等是有好感的,但他對張平化和華國鋒是有看法的。他在《吹盡狂沙》中一點也不迴避,他寫道:

> 他(指張平化,引者注)自1959年在盧山會議後任中共湖南省委第一書記六年之久,工作上犯有不少錯誤,如「反右傾」擴大化,1960年繼續「大躍進」等,使湖南遭到比兄弟省市嚴重得多的災難……。

楊第甫在書中還說,關於「公社食堂」問題,他在省委第一百七十五次常委會上提出了不同意見,張平化卻說:「食堂是人民公社的命脈,誰反對食堂就是反對人民公社,反對三面紅旗,也就是反對毛主席。」後來,楊第甫的這次發言居然成了他「右傾機會主義」的一條罪證。對華國鋒,楊第甫是比較熟悉的,他離開湘潭縣時是華國鋒接任縣委書記,後來華國鋒調離省委統戰部,又是他接任統戰部長。「文革」中,華國鋒「看準了唐忠富、胡勇(後來此二人都被判了刑,引者注)為首的『工聯』將是中央文革小組肯定的『左派』,於是他成為『工聯』一派的主要代表,並由此得到結合,成為……後來『革命

委員會」的主要負責人。幾年之後，他就成了省委一把手，進而調到中央，成了黨和國家領導人，但還一直兼任省委第一書記……實際上是湖南文化大革命的主要領導者……從清理階級隊伍到各地革委會成立、到批林批孔、反擊右傾翻案風等等，無一不是在他的主持或首肯下進行的……」（《吹盡狂沙》，頁167-168）

關於華國鋒「兩個凡是」的錯誤，人們知之已詳，但他主持湖南工作時的一些過失，人們未必知道。我看到書中那些人事的糾葛和鬥爭，真懷疑那些被稱作「歷史」的讀本了。湖湘文化是深厚的，但這幾十年有些什麼可引以為豪呢？李銳先生有過一句話的總結，他在序《李冰封散文隨筆初集》中說：「我的家鄉源遠流長『左』不休」。這真是一語中的啊！懺悔和反思是需要勇氣的。但這些年來，我們沒有看到張平化的反思，發跡於湖南的華國鋒也保持沉默。倒是周惠沒忘記湖南，出版了一本口述自傳《天道——周惠與廬山會議》（此書經權延赤等記錄整理出版）。但遺憾的是，周惠反思歷史，卻沒有反思自我。對此，汪澍白教授曾提出了批評，說「周惠這本口述自傳的致命弱點，恰恰是過多的自我吹噓，而缺乏最起碼的撫躬責己」。（《同舟共進》1997年第12期，頁33）廬山會議後，「周惠以猛虎下山的姿態回湖南大抓右傾」（汪澍白語），株連兩萬多幹部落馬，而《天道》卻說此事發生在周惠下台之後。諸如此類，只能說是欺騙歷史。

楊第甫先生回憶1959年劃為「右傾份子」時寫道：

儘管我知道，不認錯就會吃許多苦頭，但我總認為不能違背事實、違背真理。當時，接替我工作的新任統戰部長要我在結論上簽字，我不肯。第二天他又找我說，省委領導說如果不簽

字，要考慮開除我的黨籍問題，
迫使我簽了字，但同時我又寫了
十二條意見對結論進行反駁。當
時省紀委書記對我說：「你這是
什麼搞法呢？又簽字接受，又寫
了十幾條反駁。」我說：「簽字
是服從組織，我的申辯是實事求
是，請組織考慮。」（《吹盡狂
沙》，頁141）

2002年5月，楊第甫留下生前最後一張
照片（原載《周年祭》）

讀到這裏，我心裏不禁湧上一陣酸楚，
想當年楊第甫先生又是多麼的無奈啊！
他要求「組織考慮」，但結果還是撤了
他黨內外的一切職務，遣送到洞庭湖勞
動改造去了。

「我不下地獄誰下地獄」——當年
楊第甫先生也許就是這種境界。「文
革」鬥他這個「三反份子」時，他卻
想，文革「是毛主席親自發動的」，他
「願意當一隻麻雀，讓群眾解剖」。
隨著運動的深入，眼見「一陣陣風雲
變幻，一個個登台表演」，他開始懷疑
了。當愛妻陳素（時任省總工會副主席、
1938年參加革命）被迫自殺後，當十七歲

的兒子楊小凱被以「現行反革命罪」判刑十年後，他那願供「祭壇」的犧牲精神才「消失了」。我以為，這消失就是覺醒，就是反思的開始。1979年落實政策，讓他出任湖南省政協副主席時，他已六十九歲了。他痛感中國問題之所在，當即給中央寫了一封信，提出兩條建議：一是主張廢除領導幹部職務終身制，二是主張選用領導幹部，不要由個人指定繼承人。他提出的這兩條，經過二十年改革的今天，依然有其強烈的現實意義……。

　　解讀這位八十八歲的老人，當然是解讀一段說不清、道不明的歷史。最近，我曾對楊第甫先生作過幾次訪談，我感到他的生命之舟還在歷史煙雲中穿行。他說，他還要寫一本真正的無需忌諱的書。但願楊老頤養有年，完成此願，為歷史留下新的見證。

（1998年）

從「桃子該由誰摘」說起

我是「文革」前讀完小學的。有一篇叫「桃子該由誰摘」的課文，大概是小學三、四年級時讀過，至今還我背得——

> 抗戰勝利的果實應該屬誰？這是很明白的。比如一棵桃樹，樹上結了桃子，這桃子就是勝利果實。桃子該由誰摘？這要問桃樹是誰栽的、誰挑水澆的。蔣介石蹲在山上一擔水也不挑，現在他卻把手伸得老長老長地要摘桃子。他說，此桃子的所有權屬於我蔣介石，我是地主，你們是農奴，我不准你們摘。我們在報上駁了他。我們說，你沒有挑過水，所以沒有摘桃子的權利。我們解放區的人民天天澆水，最有權利摘的應該是我們。……至於蔣介石呢，他消極抗戰，積極反共，是人民抗戰的絆腳石。現在這塊絆腳石卻要出來壟斷勝利果實，要使抗戰勝利後的中國仍然回到抗

戰前的老樣子，不許有絲毫的改變⋯⋯。

那時，我並不知道這是選自雄文四卷，也不懷疑這文章説的是否屬實，以為盤踞在台灣島上的「蔣匪幫」確實是個大壞蛋。那時寫作文，我總會帶上一句：「我們一定要好好學習，爭取早日解放台灣」云云。等到長大了，我也一點不懷疑，喜歡「桃子該由誰摘」，認為這文章寫得通俗易懂，比喻精闢。那時精神和物質一樣貧乏，《地雷戰》、《地道戰》等是我反覆看不厭的片子，在那窮鄉僻壤的農村裏，晚上走十里、八里去看也不覺得累。

　　近讀《中國抗日戰爭正面戰場作戰記》（江蘇人民出版社，2003年11月），使我又想起小學時讀過的這篇課文，不禁莞爾。這書為何不叫「正面戰場作戰史」而叫「作戰記」呢？大概也是有所避諱，説「史」太周正了吧。書中説：「在這八年浴血奮戰中，正面戰場部隊傷亡三百二十多萬人，敵後戰場八路軍、新四軍等部隊傷亡五十八萬多

人。」又據1994年出版的《血祭太陽旗》得知，在中國斃命的日寇將領共一百二十九人，其中大部分是被擊斃的。在斃命的日本將領中，只有三位是死於跟八路軍的作戰中，包括阿部規秀中將。從以上這些數字來看，也可知誰在「正面戰場」了。1980年代以來，對國民黨正面戰場的抗戰開始作出比較積極的評價。胡繩主編的《中國共產黨的七十年》說：

> 正面戰場無論在戰略上還是在戰役上，都是抗擊日軍進攻的主要戰場。國民黨表現了一定的抗日積極性，國民黨曾先後進行了平津、淞滬、晉北、徐州以及保衛武漢等戰役，並取得台兒莊戰役的勝利，粉碎了日本帝國主義「三個月滅亡中國」的計畫。

「作戰記」緒論說：日本進攻打擊的主要對象是國民政府及其軍隊，它對敵後中國軍隊掃蕩清鄉作戰，不僅規模遠不及正面戰場對國民政府軍隊的進攻，而且目的僅限於鞏固占領地。日本知道，要解決「中日事變」，主要是與國民政府軍隊作戰。日本妄圖以武力進攻，逼蔣投降。戰爭初期，逼使國民政府由南京而武漢而重慶撤退，戰略相持階段多次戰役進攻，尋殲國民政府的軍隊主力；太平洋戰爭爆發後，又從緬滇進攻，東西夾擊，使國民政府軍腹背受敵，後還曾妄圖實施進攻四川計畫，這都是妄圖消滅或壓迫國民政府軍投降。但國民政府並未屈服，堅持抗戰到底。從戰爭的開始和結束來看，代表中國對日宣戰、受降的也是國民政府。國民政府雖然部署部分軍隊留置敵後作戰，但主要是在正面戰場作戰，直至戰爭結束。國民政府的正面戰場，在中國抗日戰爭中始終處於主體地位，這應是歷史事實。因此，貶損正面戰場的地位和戰績，也就必然貶損整個中國抗日戰爭。

史學界對國民黨處理抗日與反共的關係認識也在逐步變化。有學者分析説：蔣介石「主觀上希望實行抗日、反共兩個第一」，而「實行的還是抗日第一，反共第二」。對於消極抗戰、避戰、躲進峨眉山觀戰、坐山觀虎鬥之類的論斷，自然是站不住腳的。就學術研究而言，1980年代以來，抗日戰爭的正面戰場研究著作也不斷問世，如反映抗日戰爭正面戰場的史料性書籍就有：《抗日戰爭正面戰場》、《抗日戰爭時期國民黨戰場史料選編》、《抗日戰爭時期國民黨軍機密作戰日記》、《盧溝橋事變和平津抗戰資料選編》、《八一三抗日史料選編》、《武漢抗戰史料選編》以及《原國民黨將領抗日戰爭親歷記》、《七七事變》、《八一三淞滬抗戰》、《南京保衛戰》等等。在這些史料出版的同時，《抗日戰爭史》、《中華民族的抗日戰爭》、《中日戰爭史》、《日軍侵華戰爭》、《中國抗日戰爭史》、《中華民族抗日戰爭史》等著作也陸續問世，歷史的真實面貌正在彰顯。説「蔣介石躲在峨眉山上⋯⋯袖手旁觀、坐待勝利」顯然是不符合歷史真實的。

　　我們的教科書中説，國民黨在抗戰中發動了三次「反共高潮」，這也是事實。國民黨看到自己的老對手在抗戰中滾雪球般壯大發展，當然不得不提防。而共產黨為了生存，必須有自己的生存智慧。「抗日統一戰線」是可以説得響亮亮的，但「保存實力」是必須的——尤其是經過「皖南事變」的教訓之後。毛澤東一向認為，抗日是持久的，日本是終將被打敗的，共產黨最終面對的將是自己的夙敵——蔣介石的國民黨。因此，信奉「槍桿子裏面出政權」的毛澤東，當然會打自己的主意，這也是可以理解的。這從1942年至1945年，共產國際駐延安聯絡員兼塔斯社記者彼得・弗拉基米洛夫的《延安日記》中也可以看出來。彼得在1942年6月7日的日記裡説：

八路軍不是主動開展軍事行動來制止日本侵略者的入侵，而只限於有氣無力的打局部的防禦戰。只要敵人發動進攻，八路軍就退到山裏，避開衝突。（《延安日記》，東方出版社，2004年3月版，頁26，以下只注明頁）

同年7月22日，他又記道：

我走過特區幾百公里的地方，到處看不見軍隊。他們解釋說，是完全隱蔽起來了。實際上沒有一個人在搞戰鬥訓練。在軍隊裏也像在特區各地一樣，唯一的工作就是開會。在夏季，增加一點貯存農產品的勞動。（頁42）

那時蘇聯擔心日本從符拉迪沃斯托克突襲，很希望八路軍牽制日本，可八路軍執行「我們不去碰人家，人家也不來碰我們」的策略，「縮減八路軍正規部隊的作戰規模」，「不惜任何代價保存八路軍的實力」。（頁69-70）這當然是帶有一些偏見的話，但我們再來看看李銳

蔣介石夫婦與美國史迪威將軍

1938年寫作《論持久戰》時的毛澤東

先生的《廬山會議實錄》，就不得不承認這些基本的事實。彭德懷打了「百團大戰」，中共黨史對此評價說：百團大戰「後患無窮」——理由是「過早地暴露了共產黨的實力，招致後來不必要的損失」，彭德懷因此受到了黨內的批評。這些在中共黨史中是有記載的。1959年批判彭德懷時，再次算其舊帳，說「百團大戰」是幫了敵人的忙。毛還說：

> 一些同志認為日本占地越少越好，後來才統一認識：讓日本多占地，才愛國。否則變成愛蔣介石的國了。（《廬山會議實錄》，河南人民出版社，1998年7月版，頁182）

再後來，中日恢復邦交正常化，毛接見日本客人時，還說要感謝他們，說沒有他們的侵略，就沒有今天的我們——當然不排除這話裏有幾分幽默成分，但與他當年寫那篇雄文時的心境截然不同了。

如今，歷史翻開了新的一頁，當年的對手——國共兩黨又走到一起來了，「度盡劫波兄弟在，相逢一笑泯恩仇」。我們如果把眼光放遠一點，看看當年的人和事，我認為，毛澤東和蔣介石都是典型的民族主義者，都是抵禦外侮的傑出民族英雄！遺憾的是，雖然大陸的抗日戰爭研究開始變得比較客觀，甚至有學者提出重寫抗戰史，但台灣的有關著作，絕大多數對抗日戰爭總體格局的敘述皆不符史實。如吳相湘的《第二次中日戰爭史》，全書只提國民黨、國民政府和蔣介石的行動及其文件，對共產黨的抗戰，則除了否定和批判外，不著隻字。這也是對歷史不負責任的。也許，歷史真的永遠只是片面的，無法客觀，「成王敗寇」是否是不變的法則？嗚乎。

（2005年）

正視歷史需要良知和勇氣

——讀《延安日記》

《延安日記》的作者彼得‧弗拉基米洛夫是蘇聯人。1942年至1945年，彼得以共產國際駐延安聯絡員兼塔斯社記者的身分來到延安。他以日記形式，根據自己的觀點，記述了延安的政治、經濟與文化等各方面的問題。全書以抗日戰爭時期中共與蘇共的關係為背景，記述了中共的整風運動、中共的第七次全國代表大會；對中共與當時駐延安的美國軍事觀察組織的接觸，以及中共與國民黨的關係等問題，均有評述。我覺得，此書是一部研究中共黨史難得的參考文本，雖然其中不乏偏頗的地方，如說當時延安的反蘇情緒，彼得就完全是站在蘇共老子黨的立場上觀察問題的。

據說，此書中文版由東方出版社初版於上世紀八十年代，但我讀的是該社2004年3月再版的黑皮本。書中對延安的鴉片生產，有較多的記述。我一開始對此感到很驚訝，後來仔細

一想，又覺得平常起來，因為在革命環境之下，什麼事都是可能會發生的。

為了寫這篇小文章，我又查閱了國民政府禁毒方面的史料。總的來說，國民政府在禁毒方面是有成效的。1917年後，國內動盪，各地軍閥為增強實力，以鴉片煙稅為財源，競相開放煙禁，清末民初的禁煙成果付諸東流。這有歷史學家顧頡剛1931年旅行河北、河南、陝西、山東四省後的見聞為證——

延安日記和謝覺哉日記

我們久居都市，已度現代化生活，而內地民眾則還過著紀元前二十世紀的生活，除了一把切菜刀是鐵器時代的東西之外，其他差不多全是石器時代的。要是僅僅這樣的渾樸，那還保持著古人的健康，要改造也不難，無如鴉片、白麵的流行，普遍得像水銀瀉地一樣。我到一個小縣城裏，只有兩百家鋪子，煙館倒占了四十家，其數量遠超過米店。許多農村裏，可以買不到一張紙、一支筆，但鴉片、白麵是不會沒有的。那時穿中山裝的是何等表

示前進，我親見一位穿中山裝的朋友接連在煙捲上抽著白麵，悠然自得。但白麵癮的急劇增進，以致家破身亡的慘劇是大家說得出的，聽說實在窮得沒有辦法時可以把自身出賣給制毒的人，因為他死後可以從骨頭裏取出白麵的成分來，再行製造。當白麵癮發時，發瘋如狂，盡在地上滾，在那時，房子也捨得拆，連老娘的衣服也要剝去變賣了。我一路看見的人，「三分不像人，七分倒像鬼」的不計其數。……許多農村裏，別的藥沒有，606和914總是有的；西醫可以沒有，打針的人總是有的。亡國，我們住在都市里的人早已有此恐懼了，因為帝國主義的侵略已經成了國民的常識。滅種，城市裏人還沒有這感覺，而我在親歷華北農村之後就清楚地看出來了。我帶了一顆沉重的心回到北平，然而北平卻是酒綠燈紅，金迷紙醉，上下都在頹廢酣嬉之中。一經對比，使我忍不住流下淚來。我對朋友說：「你們不要高興了，中國人快滅種了！」人家聽了，只覺得我言之過重；就是相信了我的話，也只有作同情的一歎，說：「這有什麼辦法呢？」（高增德、丁東編《世紀學人自述》第一卷，北京十月文藝出版社，2000年1月版，頁10-11）

國民政府也看到了煙毒的嚴重性，於1935年4月以國民政府軍事委員會的名義向全國發佈禁煙通令，並公佈《禁毒實施辦法》和《禁煙實施辦法》。禁種方面，規定了絕對禁種、分期禁種、分年減種，直到絕對禁種。禁吸方面，以1935年最後登記截止人數為準，按煙民年齡依次勒戒，分為五期，以一年為一期，每年煙民為數至少遞減五分之一，至1940年底完全戒絕。《禁毒實施辦法》規定，吸用烈性毒品及施打嗎啡針者，限於1935年內自行投戒，如查獲未經投戒者，拘送戒毒所勒戒；

1936年內如仍有未經投戒而私吸者，除勒戒外，並處五年以上有期徒刑；自1937年起，凡有吸用毒品及施打嗎啡針者，一律處以死刑或無期徒刑。此外，凡製造、運輸販賣烈性毒品者，依法處以死刑，從犯按情節輕重，處五年以上、十二年以下有期徒刑或無期徒刑。公職人員對於製造、運輸、販賣烈性毒品有幫助者，概處死刑。還規定，凡製造、販賣烈性毒品者，無論主犯還是從犯，一律處死刑……。由此可見，國民政府的禁煙禁毒措施空前嚴厲。但遺憾的是，歷史沒有給國民政府機會，抗日戰爭全面爆發，雖未廢止禁毒令，但政府常力不從心，禁而不絕。

我讀《延安日記》，又想到顧頡剛的感慨，心裏很不是滋味。我想弄清楚延安的鴉片生產，是否在國內其他文獻裏有所披露，於是以電郵諮詢對這方面頗有研究的學者單世聯先生，單先生很快回覆說：《謝覺哉日記》下卷734頁有記載，《賈拓夫傳》77頁也有說及。賈傳沒找著，《謝覺哉日記》倒很快找到了。1945年1月5日謝覺哉寫道：

> ……仁政觀點不夠，容易發生毛病。同一事物，有仁政觀點的人說，是不得已而為之——毛說我黨犯過兩次錯誤，一是長征時亂拿人民的東西（不拿不得活），二是某種物（不種度不過難關）——缺乏仁政觀點的人，則認為這是直接有利的辦法，甚至發展到某貨內銷。

這裏的「某種物」、「不種度不過難關」，指的當是鴉片。

我們常說是「歷史唯物主義者」，而一旦直面歷史又往往顯得十分怯弱。《謝覺哉日記》這麼記了，有人還辯護說，這裏根本不是指鴉片；但彼得在《延安日記》裏所記的恐怕就無法再辯了。彼得當時見到的是什麼呢？他說：

到處都在做非法的鴉片交易。例如，在柴陵，遠在後方的步兵
第120師師部，撥出一間房子來加工原料，製成鴉片後就從這裏
運往市場。（《延安日記》，頁103，以下只注明頁碼）
政治局已任命任弼時為「鴉片問題專員」……政治局討論了經
濟困難的問題，找出了一個相當別出心裁的辦法。政治局批
准，加強發展「公營的鴉片生產與貿易」。同時決定，作為緊
急措施，要在一年內為中央政府所轄各省的市場（叫做對外市
場）至少提供一百二十萬兩鴉片。鴉片的……種植與加工，大部
分將由部隊來管。賀龍的120步兵師所在地，是主要提供鴉片的
地區（這個師已長期做這項生意）。（頁166）

彼得和任弼時談話結束時，任說：

毛澤東同志認為，種植、加工和出售鴉片不是件太好的事情。
可是，毛澤東同志說，在目前形勢下，鴉片是要起打先鋒的、
革命的作用，忽視這點就錯了，政治局一致支持中共中央主席
的看法。（頁167）

任弼時並「要蘇聯記者理解這個決定」。
尤任曾問及毛澤東：

特區的農民往往由於非法買賣鴉片受到懲辦，而現在甚至是共
產黨領導的軍隊與機關也在公開地生產鴉片——這到底是怎麼
一回事？（頁46）

毛澤東沒有吭聲。鄧發代毛澤東回答說：「從前特區只是把鹽和鹼運往國統區。我們一掛掛大車滿載著鹽出去，帶回來的錢袋卻是癟的，而且還只有一個錢袋！現在我們送出去一袋鴉片，就能夠帶回滿滿的一車錢。我們就用這些錢向國民黨買武器，回頭再用這些武器來收拾他們！」……

（頁46）

彼得還在日記中說，中共還「發佈了一項大量進行鴉片交易的命令」，但不見命令原文，筆者倒在「北京社會經濟科學研究所」網站搜得《淮太西縣煙土稅徵收與管理暫行辦法》。這個「辦法」是民國三十四年七月頒佈的，有七條十七款。第一條就開宗明義說：「為了加強對敵經濟鬥爭，減輕人民負擔，管制煙土出口，爭取必需品的收入，特根據冀魯豫邊區政府稅收原則暨本縣實際情況制定本辦法」。然後規定具體辦法，「於本縣中心集市設立煙土總行，統一管理煙土行之經營與稅收事宜」，交易稅率是15%。凡「低報煙土價格因

1941年3月，八路軍三五九旅在南泥灣開展了著名的大生產運動。也有人說，他們同時在生產鴉片。

而漏稅者，查獲後，除補稅納款外，處以應繳稅款二倍之罰金」；凡「購買煙土人，於購買後，實行走私漏稅者，查獲後除補稅外，另處相當於納稅額二倍之罰金」。「買賣煙土之商民必須將稅款向總行或合法營業之行戶進行交納，方准出口」。這裏的「出口」，當是指向國統區出口。還需交代一句，這裏的「淮太西縣」，在中國地圖上是找不著的，它係河南之淮陽、太康、西華三縣之一部劃編而成，隸屬於冀魯豫邊區第六專區。2005年5月18日，筆者採訪李普老，問他「淮太西縣」是不是有這樣的「煙土稅辦法」，他說沒聽說過，延安種鴉片的事他倒是聽說過。李普1930年代參加革命，大部分時間都在國統區，沒有去過延安，但在延安很長時間的李銳等老友都跟他說起過此事。

解放區種鴉片的事，當時的《西安晚報》也曾有報導，說「栽種以晉北及陝北各縣為最普遍」、「初時尚避開交通大道，伴作種棉之宣傳」，後來竟「隨處播種」。

> 在輿論的催促下，國民政府對邊區之種植與運銷鴉片，自不能不採取措施，乃於1943年4月，準備派內政部陝豫甘寧綏煙毒檢查團赴陝北實地調查，先由陝西省政府於4月9日電知十八集團軍後方留守處主任蕭勁光。

蕭卻拒絕檢查，說「查邊區煙毒，早經禁絕」、「實無派人前來之必要」。這樣，「檢查團」當然不能成行，但從謝覺哉1943年6月6日的日記中可知，延安確實存在著鴉片的問題。謝當天的日記第一句就說：「擬給各分區各縣（市）政府禁絕吃煙指示」。以下是指示全文，茲照錄如下——

吃鴉片，這一舊社會遺下的瘡疤，我們已經治好很多了，但查還有少數未戒絕的癮民。必須再下一把勁，免得「死灰復燃」。除禁種禁運另有禁令外，特給以關於禁止吃食的指示：

一、各鄉（市）政府接到此指示一個月內，把境內煙民，分別癮的大小，年齡大小，禁絕期限，徹底清查一次。一般規定：三十歲以下的限三個月戒絕；四十歲以下限五個月戒絕；六十歲以下的限十月戒絕。衰老有病的，可酌量延長，但至多不得超過一年半。

　　　　登記時要把煙民找來，當面說定戒絕期和逐步戒絕的方法。鄉（市）政府應隨時檢查或委託行政村（或關坊）主任、自然村長（或街巷長）檢查。不可於登記後就聽其自流。

　　　　煙民隱匿不肯報的、逾期未戒的、戒後又復吃的，查出後送司法機關罰辦。

二、要和生產與教育工作聯繫起來。煙民多是不事生產及行為墮落的人（大部是二流子），要用說服與強迫的方法，使其捲入生產大潮，即使其生產勞動很小。同時要他知道自己是社會一份子，至少不應為社會上看不起，以激發他戒煙的決心。今年的改造二流子參加生產運動中，不少有煙癮的二流子戒絕了，有的也趕上做好人。可見用積極方法策動戒煙是很有效的。

三、要造成群眾運動。不只是勸煙民說吃大煙怎麼不好，而且要在村民大會上，市民大會上做勸戒運動。一村一市

有抽大煙的人，是不美滿的。使煙民不能不愧悔。且要發動兒童、婦女勸戒煙，兒童能勸服其家大人戒煙的，是模範兒童；婆姨（引者注：即老婆，陝北方言）能勸服其丈夫戒煙的，是模範婆姨。如果丈夫頑固，鄉村政府可允許在其丈夫未戒絕大煙的時期，婆姨有管理其家經濟的全權。

四、登記煙民後各級政府及各地衛生機關應幫助煙民找戒煙丸藥，按癮發給，如期戒斷。必要時可設立戒煙所，集煙民在一處禁戒。戒煙丸藥及住戒煙所，貧者可不收費。戒煙藥品，除特許者外，不得在市面出售。

五、要徹底做到禁絕種、禁絕賣。

六、各級政府應將辦理戒煙事宜——煙民多少、戒的情形隨時逐級向上報告。今年總結工作時，戒煙工作是各級政府考核成績之一。（《謝覺哉日記》，頁485-486）

從這則「禁吃鴉片令」也可看出，如果不種鴉片，財政本來困難、老百姓本來很苦的解放區何來鴉片？從上引用之謝覺哉語「甚至發展到某貨內銷」，也可印證解放區的煙民吃的鴉片就來自解放區的「內銷」。

《延安日記》還說到：1944年，中共為了得到美國的支持，積極邀請美國使團來延安訪問。美國人為在中國找到出路，他們答應來了，可蔣介石堅決不同意，後來羅斯福總統對蔣幾乎是下了最後通牒，方才同意。4月28日這天，彼得的日記寫道：

外國記者即將來訪。毛看到機會來了，想藉此同反法西斯同盟的主要資本主義國家建立正式關係。他推想，記者們會造

興論，而政界人士就會著手認真辦事。不料，中共領導在這件事情上遇到困難了。……大片土地都種上了罌粟，這是件十分令人不愉快的、丟臉的事情。……怎麼能掩蓋得了呢？……著名的359旅被派往該旅駐地通往延安及其冬季營地的道路兩旁，去剷除罌粟。第一旅也同樣在幹這個差事。（頁243）

1943年春節，毛澤東與延安秧歌隊員在一起。

這白紙黑字，完全憑空杜撰幾乎是不可能的——況且，這種對付辦法，迄今已成為一種「檢查文化」了，這裏不贅述。

毛澤東說過：「革命不是請客吃飯，不是做文章、不是繪畫繡花、不能那樣雅致，那樣從容不迫、那樣文質彬彬、那樣溫良恭儉讓。革命是暴動，是一個階級推翻另一個階級的暴烈的行動。」

既然如此，也可以說，革命就是用非常手段去達到目的——這「非常」，就是不擇手段吧。國民黨是革命黨，它不擇手段地得到了政權；共產黨也是革

命黨，它也可以不擇手段地實現黨的利益和目標。當時，國民黨要封鎖，共產黨要生存；鴉片「要起打先鋒的、革命的作用」，這是完全可以理解的。而今距延安時代近七十年了，正視這段歷史我倒覺得尤其重要。不能正視歷史，就不能開創未來。

歷史學家們，尤其是中共黨史專家們，你們該做些什麼呢？不用贅言，只需拿出良知和勇氣，就像袁偉時先生說的那樣：「說真話，說自己的話。」因為真話絕對是有益無害的。

（2005年）

秉筆直書難

近讀向明著《改革開放中的任仲夷》（廣東教育出版社，2000年4月版），獲益匪淺。任仲夷屬「思想型的領導人」，寫任仲夷在改革開放中的言與行，引用其大量講話和文章，這是寫當代政要思想評傳的一次有益嘗試。面對這部大書，我首先感到它是厚重的。讀完後，讓我久久回味二十世紀下半葉這段不尋常的歷史。

當然，我這樣說，也並非此書「無懈可擊」。事實上，「人無完人」，任何事物恐怕也是這樣，很難盡善盡美。在本書〈尾聲〉中，作者引用了任仲夷審讀後寫給自己的信。信中說：

> 「尾聲」全是表揚我的，把我說成了一個完人了，還是「人無完人」好。……你們所接觸的人，都是對我說好話的人。如果去訪問一下對我有意見的同

志，他們肯定能提出不少關於我
的錯誤和缺點。

接著，任仲夷還寫道：

> 我是個不愛整人的人，但在政治
> 運動中也犯過「左」的錯誤，
> 整過人。1959年反右傾機會主
> 義時，我任哈爾濱市委第一書
> 記，哈爾濱也曾打出個「反黨集
> 團」，直到「文革」後期才平
> 反。雖然那是市委集體決定的，
> 但作為第一書記，我是應當負有
> 首要責任的。……希望你接受我
> 的建議，在這一部分加上關於我
> 的缺點和錯誤的內容。這樣才能
> 使人信服。

晚年任仲夷

任仲夷這段話是誠懇的，是勇於
反思且承擔錯誤和責任的。他還說自己
「感到非常內疚」。近年來，我對中共
黨史頗有興趣，讀到這裏，真想知道哈爾
濱當年打出的那個「反黨集團」，和其他
地方打出的「反黨集團」有什麼同。

1982年，任仲夷陪同鄧小平在廣州考察

正好見作者在引用任仲夷信時特別用括弧注明了，説這一事件在本書「對於政治運動的感觸與自省」一節中，有較詳細的記述。於是，我翻到書的這一節：

> 在1959年發起的反右傾機會主義鬥爭中，我也是一個忠實的執行者。……哈爾濱市委，也像許多地方一樣，搞出一個所謂的「反黨集團」。這是一次在市委擴大會議上，由於過火地、錯誤地批判「右傾機會主義」，根據錯誤的認定，並經省委同意的。我作為市委第一書記，對於受到冤屈的同志，負有重要的責任。1962年初……七千人大會後，我一回到哈爾濱就抓緊平反工作。在市委召開的平反大會上，我公開進行了檢討，並向受冤屈的同志賠禮道歉。對其中有代表性的幾個人，我還親自到他們家中去賠禮道歉。

> 只是對於那個錯誤的「反黨集團」，因為比較複雜，沒有隨著「一風吹」及早平反，後因「文化大革命」，又拖了幾年，是我至今感到遺憾的事。

任仲夷這裏説的，與上面信中説的相差無幾。哈爾濱那個「反黨集團」究竟打出多少人？這些人叫什麼名字？有哪些反黨罪行？這些人及其家人以後的命運如何？「過火地、錯誤地批判」是否有點像李鋭寫的「廬山會議實錄」那樣？……等等，都一概不得其詳。

也許此書的作者太敬重任仲夷老了，不忍觸動他歷史的痛處；也許作者太恪守「宜粗不宜細」的原則了，以致使那些原本血肉豐富的細節被「粗」略去了。或許，還有別的原因，但不管怎麼説，這是讓人遺憾的。由此我又想到，我們讀現當代歷史讀物時，也有同樣的感覺，明明是打

思想的風景

錯五十五萬右派的運動，寫到皇皇大著中，只是概而言之說「反右派鬥爭嚴重擴大化」了，而不見其具體的記述。古人修史修誌，說要「秉筆直書」。今人修史修誌，同樣聲言「秉筆直書」，但真正做起來談何容易啊！

文章寫到這裏，本該結束了。但恐背上對任仲夷老不敬的「惡名」，特在此聲明：任仲夷老是中國屈指可數的、幾個值得敬重的老人之一，我是尊敬他的。中國的改革開放史，在某種意義上說，其實就是一部思想解放史，而任仲夷始終是站在思想解放最前列的。1977年3月，他調任遼寧省委第一書記，以極大的勇氣為張志新烈士平反昭雪；1980年他調任廣東，使廣東成為改革開放的前沿陣地。1985年退下後，他仍然竭盡所能，倡導思想解放。因此，1997年他退下十二年後，仍當選為中共十五大正式代表。近幾年裏，他公開發表了〈推動政治改革、加強民主建設〉、〈與時俱進必須解放思想〉等重要文章。兩年前，在需要有人說話的時候，任仲夷又發表〈再談堅持四項基本原則〉一文。他在文中說：

1966年9月，中共哈爾濱市委第一書記任仲夷被戴上高帽子批鬥

四項基本原則最早是鄧小平同志在1979年3月提出來的,至今已有二十一年了。在這二十一年裏,中國的情況發生了很大的變化。實踐的發展,必然引起人們在認識、觀念、理論上的變化。對四項基本原則不能用靜止的、僵化的觀點來看待,它們的內涵並不是一成不變的,而是隨著實踐情況的變化而變化,在實踐中不斷發展和豐富。應當根據今天改革開放的新形勢,賦予它們新的時代內容,作出新的解釋和說明,注入新的意義。如果不能對這些原則賦予新的內涵,那就是僵化的。而以僵化的思想去機械地、教條式地堅持原則,反而不是真正行之有效地堅持原則,而是放棄原則了。

任仲夷的話說得多好啊!大家讀了,都敬佩任仲夷敢說真話。我想,假如這本書由他自己寫,也許會少一些遺憾了。

(2002年)

《老街的生命》是湘籍實力派作家林家品的一部長篇小説，它以完全紀實的手法，再現了當年日軍入侵湖南新寧白沙鎮的屠殺罪行。小説是應美國新澤西州抗日戰爭史實維護會主辦的「2005國際亞洲太平洋戰爭文學徵文」而創作的。該「史實維護會」為紀念反法西斯戰爭暨抗日戰爭勝利六十周年，主辦了這次大賽。林家品的小説一舉奪魁，並引起海內外華文媒體的關注。

林家品在《老街的生命》扉頁上寫道：

這是一部小説，但書中的主要人物和事件，都是真實的。只是事件發生的某些鄉下地點，因小説結構的需要，做了一些調整。那些慘死在日本兵手裏的生命，用他們生前的話來説，是「既沒撩日本人，也沒惹日本人」，幾乎沒有被屠殺的起因，但他們就是被集體屠殺了──而集體屠殺的手段，比納粹德國

屠殺猶太人有過之而無不及。這些被屠殺的鄉民生活在偏僻山區，死了也就死了，沒有人再去提起。不但連墓碑都找不到一塊，就連新修的家譜中，也最多只是一句：歿於某年某月。

這不僅僅是白沙鎮人的失憶，也是中國人的集體失憶！長期以來，因為自己也因為人們對戰爭死難者的漠視，就是林家品創作《老街的生命》的直接動機。

1944年9月，日本侵略軍自長沙、邵陽打到新寧縣白沙鎮。白沙是林家品的故鄉，他母親親眼看到，就在他家那個叫「盛興齋」鋪子後面的菜園子裏，七個正在摘辣椒的婦女被兩個日本兵用刺刀捅死在籬笆旁，其中一個孕婦還被日本兵用刺刀劃破肚皮，將血淋淋的胎兒挑在刺刀上。林家品的母親背著他二哥逃難，躲進一個破廟時，被一個日本兵用刺刀逼住要「花姑娘」，母子倆險些喪命。一個往新寧開來的、整團的中國軍隊進入在老街附近埋伏達六天六夜之久的日軍伏擊圈，全部被殺害。日軍不但一個俘虜都不放過，就連事先進入伏擊圈內被控制的老百姓也全部殺掉。白沙鎮老街前那條日夜流淌的扶夷江，被死屍堵塞得水流不通……所有這些真實的事件，都是林家品母親和他大哥的親眼所見、親身所歷。林家品每年都要回故鄉一次，站在扶夷江邊，他似乎看到了那滿江橫屍的慘景。如今在一處被開發為旅遊洞景的地方，更使他渾身戰慄，因為那洞中當年躲藏的幾個村子的老百姓，全部被日軍用毒煙薰死了，計有兩千八百五十人……。

讀過林家品的這部小說，我想起褚孝泉先生發表在《隨筆》（2005年第6期）雜誌上的一篇文章：〈寫成歷史的罪責〉。褚先生在文章中說，日本人為什麼至今不承認在中國進行的大屠殺，就是因為我們沒有像猶太人那樣，把納粹德國的戰爭屠殺罪寫成歷史。

回顧歷史是很有意義的。二戰結束時，納粹對猶太人的屠殺並沒有引起特別的注意，紐倫堡法庭的審判也只是清算納粹德國發動侵略戰爭的罪行，並沒有把屠殺猶太人作為種族滅絕來定罪。然而，這一切在1961年都變了。經過十多年的追蹤，以色列特工在阿根廷綁架了潛逃的前納粹中校艾赫曼，並把他押回了以色列。隨後，在耶路撒冷進行了一場轟動世界的審判。在那次審判過程中，都按照西方的司法程序，嚴謹而細緻，大量的證人以親身的經歷作見證，把種族滅絕的恐怖歷史點點滴滴地復原出來了，審判中證人們所做的長達兩千兩百頁的證詞，改變了世人對那場戰爭的瞭解。於是，才有後來德國勃蘭特總理在華沙那著名的一跪。

什麼時候日本首相不再參拜靖國神社，也能有德國總理在華沙那樣的一跪呢？這就要看我們的歷史學家怎樣努力了。戰爭結束六十多年了，人證、物證漸少，但關鍵是我們要一點一點地去做，如果還指望什麼「洋人日記」當救命稻草，那真是我們這個民族莫大的悲哀了。

作家林家品

《老街的生命》中的白沙老街滄桑依舊

據統計，西方至今已經發表的、關於屠殺猶太人的史學專著有幾千部，發表的論文數量竟達十餘萬篇，涉及的語言有一百多種。而我們有多少呢？儘管當年的國民政府成立了「行政院抗戰損失調查委員會」，統計出全國軍民傷亡總數為兩千兩百二十六萬多人（未包括台灣與東北三省），直接經濟損失近一千億美元；但該「委員會」工作只開展到1947年，因國共內戰又起，調查工作就停止了。1949年以來，我們所謂的歷史研究學術刊物，幾乎都是關於奴隸制和封建制的分期問題、關於中國資本主義的萌芽問題、關於農民起義的性質問題等等長篇大論，而很少有關於日軍屠殺中國平民的專題文章。1949年後，歷史著作出版也不算少，卻沒有紮實的、具有專業水準的、對日軍罪行的實證研究。褚孝泉先生說：今天，對那些否認南京大屠殺的人，我們是不是也有一份來歷清楚、無可辯駁的犧牲者名單呢？我們應該是能有的，只是在還可以做這樣的調查時，在證人和證據都在時，似乎沒人對此感興趣。……都知道日本鬼子燒殺搶掠無惡不作，還有什麼要多說的呢？現在到了和日本的右翼較量時，我們的歷史學給我們準備的證詞令人沮喪的單薄，結果我們對日軍的指控落到了被人稱為「感情回憶」的地步。

歷史是勝利者寫成的。中國是二次大戰的勝利者，可是我們沒有寫好這部歷史。要討回歷史的公正，讓抗日戰爭中千百萬死難者能安息，最有效的恐怕首先是做好信史實錄的工作。

林家品不是歷史學家，但他以文學的形式這麼做著，寫出《老街的生命》這樣的力作（其藝術成就不在此文討論之列）。然而，《老街的生命》畢竟不是歷史，也不能代替歷史，即便是寫成《辛德勒名單》那樣的經典之作，也還是文學。林家品的意義就在於：他打破了我們貧乏的抗日文學創作模式，一反過去那種「英雄頌歌」的傳統手法。寫的不是我們的勝利，也沒有所謂的英雄人物，有的是兩千八百多名見面就是「您老人家

好」的、淳樸的中國人死在日寇屠刀下的慘狀，直接把這場戰爭對中國人的血腥屠殺展現於世了！在《地道戰》、《地雷戰》等經典的抗日文學裏，敵人總是笨拙的、愚蠢的、被嘲弄的，而在林家品的作品裏，敵人卻是狡詐而又兇殘的。這部《老街的生命》，也是林家品作為一位小説家，對歷史的一種責任擔當而創作的。

抗戰結束六十多年了，把日寇的戰爭屠殺罪寫成歷史，是我們大家的責任，尤其是歷史學家的責任。

（2005年11月）

歷史的真相

幾年前，朱正先生說要寫一部「二十世紀史」。不熟悉朱正的，以為他只是說說；注意閱讀朱正的人，一定知道他的《一九五七年的夏季》——這部全景式寫反右派運動的大著，就被學術界譽為「信史」，是二十世紀史的重要部分。他的單篇短文，無論談人談事，或談史談書，都很有見地，讓人深思。最近花城出版社推出一套「思想者叢書」，其中就有他的《辮子、小腳及其它》。書中許多篇章，都可視作二十世紀史的片斷。如〈一百年前的思考〉、〈回頭看袁世凱〉、〈唐縱日記中所見的一次沒有實行的改革〉、〈兩個朋友〉、〈姚文元的刀筆〉、〈關於排隊購物的說辭〉等等，都表達了作者一貫的嚴謹思考。

朱正曾說過，要研究中國近現代史，就不得不研究中日和中俄關係史。這裏就談談中俄關係吧。沙俄本是歐洲國家，但它逐漸向

東擴張，到十八世紀中期已和中國東
北、西北和北部接壤，不斷尋機蠶食中
國。據1969年「珍寶島戰爭」後中國
公佈的資料，沙俄通過《中俄璦琿條
約》、《中俄北京條約》、《中俄伊犁
條約》等一系列不平等條約，竟割去了
中國一百五十多萬平方公里的領土。十
月革命後，布爾什維克執政。1919年
7月25日，俄國蘇維埃政府發表第一個
對華宣言，宣佈廢除沙俄同中國簽訂的
一切不平等條約，廢除俄國在中國的特
權；次年又發表第二個對華宣言，宣佈
「放棄侵占所得之中國領土及中國境內
之俄國租界，並將俄皇政府及俄國資產
階級掠自中國者，皆無報酬的永久歸還
中國」。可是，1919至1999年，八十
年了，是否真的「廢除」、「歸還」了
呢？事實大家已經知道，但我們還在
自己欺騙自己，從學校歷史教科書到
學者專家的近現代史專著，都沿用了
「廢除」說。朱正先生的〈解讀一篇宣
言〉，就以無可爭辯的史實，論證了
「廢除」一說的虛偽性和欺騙性。

　　對華宣言是在什麼背景下產生的？
現在的中學世界歷史課本是這樣說的：

1922年的列寧和史達林

「蘇維埃政權面臨著極其嚴重的困難，敵人從四面八方猛撲過來，侵占了蘇俄四分之三的國土。」1950年莫斯科中文版《聯共（布）黨史簡明教程》也承認：

> 當時……麵包供給不夠，肉類供給不夠，工人忍饑挨餓。莫斯科和彼得格拉城中的工人，每兩天只能領到八分之一磅的麵包，甚至還有完全不能發給麵包的日子。

1918年2月18日，面對危局，列寧致電德國，主張訂立和約，德不予理會。直到2月22日，德國才同意簽訂和約。「2月23日，中央決議接受德軍司令部所提出的條件並訂立和約」。這時「拉脫維亞、愛沙尼亞——更不用說波蘭——割給了德國；烏克蘭脫離蘇維埃共和國而變成德國的藩屬國（依賴國）。蘇維埃共和國按所訂條約應向德國繳付賠款」。這就是當年蘇俄布爾什維克政府發表對華宣言時的處境。

朱正在文中說：

> 那時東西伯利亞一帶並不在蘇維埃政府的有效管轄之下，謝苗諾夫的白衛軍在這裏活動，濱海省和庫頁島被日本占領。

實際上，當時僅有全俄四分之一版圖的蘇維埃政府，把它不曾有的「放棄」和「歸還」我，完全是一種策略和手段。為了擺脫孤立的困境，它一面堂而皇之的「宣言」，做出一種姿態；一面派遣特使推銷革命。如1920年春，吳廷康（中文名）來中國勸陳獨秀、李漢俊

組建中國共產黨；1922年越飛來談中俄建交，後來又是卡拉漢。朱正說：「很清楚，廢除中俄舊約有一個前提條件，就是「中國政府能在國際事務方面同蘇俄合作。」如果願意合作，具體地説，在當時就是單方面宣佈廢除與其他西方國家締結的條約，才能談到廢除中俄舊約的問題……由此看來，與其説是出於對中國的同情，還不如説是要求中國在國際事務中製造事端，以配合蘇俄推動世界革命的政策。（《辮子、小腳及其它》，頁173，以下引用只注明頁數）。」

　　「十月革命一聲炮響，給我們送來了馬克思主義」，這是事實。但我同時認為：十月革命一聲炮響，蘇俄給中國最先的鼓舞還是兩張「空頭支票」（即兩個宣言），這促使了中國知識份子對蘇俄的選擇。1920年4月30日，李大釗撰文稱：「最近俄羅斯勞農政府，聲明把從前羅曼諾夫朝從中華掠奪去的權利一概退還，中華的青年非常感佩他們這樣偉大的精神」；張西曼在《晨報》發表文章說：「俄國國民，原是世界上酷愛自由、真理和主持人道正義的民族……他們慷慨地將從前……在我國所掠奪的種種權利，全數還我」；瞿秋白心嚮往之，親赴俄羅斯，寫就了《赤都心史》那樣的著作……於是，中國一大批先進分子放棄了西方模式，選擇了蘇俄的道路，並且取得了1949年的勝利。由於感激，暫時忘記了「老大哥」的欺騙也許可以理解，但遲至今日，「老大哥」早已撒手人寰，而我們還沒有關於這個「宣言」的正確説法，這就令人遺憾了。史學家胡繩主編的《中國共產黨的七十年》，依然對「宣言」持完全肯定的態度，這對聲稱堅持歷史唯物主義的人無疑是一個嘲弄。

　　當今之世，國際共運雖未劃上句號，但大勢如何，大家都看到了。在中國社會面臨轉型陣痛的時刻，面對那麼多的歷史騙局，一切願意思考的人們是不會放棄思考權利的。朱正在〈怎樣的天火〉中寫道：

我毫不懷疑他（指張西曼，引者注）的愛國心。我深信，他是真正相信了這些，以為這真是科學的真理，真以為照這樣做了就會造福他的祖國和人民。當年相信了這些的，豈止一個張西曼！……魯迅，他應該說是比張西曼更有思想、更有識力的人物，不也是一個普羅米修士嗎？他曾說過：「現在蘇聯的存在和成功，使我確切地相信無階級社會一定要出現。」（《魯迅全集》第六卷，頁18）不但中國哩，魯迅還說：「在現在，英國的蕭，法國的羅蘭，也都成為蘇聯的朋友了。」（同上，第四卷，頁462）為什麼在中國和世界，不少有頭腦、有正義感的知識份子，在一段相當長的時間裏都相信了這些？這顯然是不能用盲從來解釋的。1991年蘇聯解體，宣告了一場歷時七十四年的試驗的終結。現在還剩一個需要回答的問題：這些普羅米修士竊來了怎樣的天火？（頁167-168）

朱正提出的問題，也許現在還不是回答的時候，但是無法迴避的。

〈怎樣的天火〉是朱正讀《張西曼紀念文集》（1995年，中國文史出版社）的一篇雜感。這裏有必要介紹一下張西曼其人——張西曼1896年生於湖南長沙的一個閥閱之家，他的族兄張百熙是清末名臣，曾彈劾過李鴻章，舉薦過康有為，可說是有膽有識。1911年和1918年，張西曼曾兩度赴俄國留學，接受了俄國文化的薰陶，後來更主張「接受蘇俄偉大的十月革命的組織方法和經驗，以促進中國國民革命的成功」。他曾發起組織中蘇文化協會，創辦《中蘇文化》雜誌。他的同鄉老友田漢曾在悼詩中說：「能有幾個人／像他這樣／固執親蘇親共的真理／二十年如一日？」他的老友常任俠也說：「對於政治，他有一貫的對蘇聯人民友好的信念、對列寧崇敬的感情。」1939年9月，蘇聯根據同納粹德國簽訂的密

魯迅也曾被騙過。圖為魯迅與妻兒

蘇聯「八一九」事件中的葉利欽

約，隨德國之後進兵波蘭，他卻說「蘇聯出兵」是「爭取和平的真義」；1941年4月，蘇聯同日本簽訂了嚴重侵犯中國主權和領土完整的《蘇日中立條約》，救國會諸君子發表致史達林的公開信，表示憤慨，而張西曼卻撰文說，此「對援華初衷並無損害」；1945年，抗日戰爭剛剛結束後簽訂的《中蘇友好同盟條約》，是損害中國利益的不平等條約，而張西曼卻以〈中蘇友好同盟條約保證了中國的復興〉為題，撰文支援。朱正先生說，寫作此文，並非刻意指摘張西曼，而意在引發我們的思考，多想幾個為什麼，因為「歷史不會重演，錯誤是會重演的」。難道我們二十世紀遭受的曲折和災難還不夠嗎？

　　羅曼‧羅蘭的《莫斯科日記》為什麼要封存五十年？讀書界有多種說法，但我比較贊同程映虹的觀點：封存的原因並非保護他所寫到的人物（如高爾基等），也並非當時的國際形勢所迫，提出問題的意義不在於要弄個水落石出，而是為了道義的追問和質疑。朱正以〈友好的眼睛　難堪的現實〉為題，也寫了一篇讀書札記，朱正強調它的特殊意義是：

> 在這段（封存）時間裏，世界上發生了多少大事，蘇聯又發生了
> 多少大事！二次世界大戰，赫魯雪夫揭露史達林，戈巴契夫否
> 定了列寧的遺產，葉利欽促成了蘇聯的解體。（頁182）

羅曼・羅蘭沒有想到——「其實應該想到：如果不存在一種克服那些
消極東西的機制，這種結局就是不可避免的」。這本日記「將有助於
研究這一歷史現象」（頁190）。英國自由主義思想家羅素在十月革命
後也曾說過：「在這可詛咒的世界上，唯有列寧和托洛茨基在點燃光
明。」但羅素的預言破產了，多少人美好的「光明夢」也幻滅了。

　　魯迅先生在1932年曾寫過一篇文章，叫〈我們不再受騙了〉，他在
文中為蘇聯做了全面的辯護，這說明，他也受騙了。我想，假如魯迅先生
能活到今天，他會怎樣面對自己這篇文字？他會以怎樣的勇氣反思？張西
曼逝世於1949年7月，他自然不能與我們一道反思。但他那樣一個「固執
親蘇」的人，也許無法面對九十年代的變局，如他生活在俄羅斯，也肯定
會加入遺老的抗議行列。戈巴契夫和葉利欽等人，對俄羅斯民族和二十世
紀是否是罪人，我相信歷史會作出回答。

　　有朋友說，讀朱正的書，始終讓人沉重。我卻補充說，朱正讓人沉
重之後，並不讓人悲觀，而是讓人警醒，讓人洞悉二十世紀歷史的幽微。

　　對即將到來的新世紀，有什麼比探究這段歷史更有意義呢？

（2000年春）

1930年代的蕭洛霍夫

蕭洛霍夫（1905-1984）是蘇聯著名作家，著有《被開墾的處女地》、《一個人的遭遇》等，其代表作是長篇小說《靜靜的頓河》，曾獲諾貝爾文學獎。他還是蘇聯經久不衰的當紅作家，連任過多屆蘇共中央委員，當過蘇聯作協理事會書記，兩次獲得列寧勳章。蕭洛霍夫的家鄉維約申斯克還為他建了半身銅像。關於蕭洛霍夫和史達林的關係，一直是研究者很感興趣的。著名俄羅斯文學專家藍英年先生說，在《靜靜的頓河》中，「蕭洛霍夫對紅軍過火行為的揭露、抨擊很合史達林的心意，對消滅托洛茨基餘黨有利」，所以「史達林救蕭洛霍夫」是「為加強自己的權力」。（《被現實撞碎的生命之舟》，花城出版社，1999年8月一版，頁193）1930年代，蕭洛霍夫怎樣在史達林的「大清洗」中死裏逃生，有藍先生的宏文說了，這裏不贅述。我就說說《作家與領袖》（孫美齡編

191

譯，北京大學出版社，2000年8月一版，以下引文只注明頁碼）一書中，蕭洛霍夫就蘇聯農業集體化和大清洗時期寫給史達林的那些信吧。

我們知道，二十世紀二十年代末、三十年代初，正是蘇聯強制推行農業集體化的時候。由於集體農莊造成的損失，農業歉收，而糧食收集急劇擴大，再加上乾旱等原因，造成了空前的大饑荒。據統計，僅1932-1933年間，就有近七百萬人被餓死。一位當時在烏克蘭工作的官員後來回憶說：

> 1933年的春天，我目睹了人們在饑餓中死去。我看到婦女和孩子們肚子浮腫，皮膚發青，儘管目光已失神無采，但他們還沒咽氣。到處是屍體、屍體，裹著破羊皮的死屍，腳上是骯髒的氈子，在農舍裏的死屍，在正在融化的雪中的死屍⋯⋯。（《克格勃全史》，黑龍江人民出版社，1998年2月，頁137）

當時，烏克蘭國家政治保衛總局（即克格勃）執行的重要任務，就是將饑餓中的烏克蘭同外界隔絕起來，不許往烏克蘭境內運送糧食，烏克蘭人沒有特許也不准離開居住地。基輔的火車站被國家政治保衛總局的武裝分隊把守著，沒有特別通行證的人統統被從火車上趕下來。中國歷史上有「大饑，人相食」的記錄。在那時的烏克蘭，食人也成了平常現象，因為刑法中沒有規定追究食人者責任的條款，所以食人者都被交到國家政治保衛總局關押著⋯⋯。

蕭洛霍夫的家鄉——頓河流域情況也一樣糟糕。從《作家與領袖》中，我讀到蕭洛霍夫1931-1933年寫給史達林的四封信，都是反映其家鄉維約申斯克區及北高加索等區農業集體化問題的。在1931年1月16日的信中，蕭洛霍夫說：

> 北高加索邊疆區一系列區的集體
> 農莊出現了十分危急的情況，因
> 此我認為有必要直接寫信給您。
> （頁40）

牛是中國農民的寶貝，馬可是頓河流域
農民的寶貝。接著，蕭洛霍夫如實報告
説，「紅色燈塔」集體農莊的六十五匹
馬死了十二匹，四十九匹餓得爬不起
來，可用的僅剩四匹；卡沙爾區一個集
體農莊，去年秋天還有一百八十匹馬，
如今只剩下六十匹，死了一百一十三
匹。而他的家鄉維約申斯克區死掉的牛
馬已超過了一千匹。

青年時代的蕭洛霍夫

> 可以毫不誇張地説，是災難性
> 的。這樣管理是不行的！（頁
> 41）

面對如此嚴重的災情，媒體卻不能真實
地報導，蕭洛霍夫幾乎憤怒了，指責
「區報紙謙虛地一言不發」。

　　尤其是1933年4月4日，蕭洛霍夫寫
給史達林一封近兩萬字的長信，如實地

蕭洛霍夫在讀者中

193

反映了發生在家鄉以及整個頓河流域,因強力徵購農民糧食而造成的災難性後果:

> 維約申斯克區及北高加索邊疆區的其他許多地區,沒有完成糧食徵購任務,也沒有儲備籽種。
>
> 集體農莊莊員們和個體農民們由於饑餓現在正瀕臨死亡;成年人和孩子們都浮腫,他們吃人所不能吃的一切東西,從橡樹的樹枝到樹皮以及沼澤地裏各種各樣的草根。(頁46)

這是怎樣造成的?

> 維約申斯克區沒有完成糧食徵購計畫,也沒有儲備籽種,不是因為富農暗中破壞得逞,也不是黨組織不能戰勝他們,而是邊疆區的領導們領導得不好。(頁47)

蕭洛霍夫把矛盾直接指向地方當局。

對地方官員們徵集糧食中的種種暴行,蕭洛霍夫毫不留情地向史達林報告說——

> 奧夫欽尼科夫……拍打著左輪槍的皮套宣佈下列指示:「要不惜任何代價拿到糧食!我們要施加壓力,讓它鮮血飛濺!不怕雞飛狗跳牆,要把糧食拿到手!」

後來,這位區領導「命令沒收全區所有農戶的全部糧食,其中包括勞動預支的百分之十五的糧食」,給集體農莊莊員一律「不留一針一線」。

　　在全區以極大的熱情推行「不怕雞飛狗跳牆」的作法，
「不惜任何代價」徵集糧食……半夜裏把集體農莊莊員一個一
個提到徵糧協動委員會，一開始是審訊，威脅說要動刑，爾後
就真的動起刑來：在手指中間夾上鉛筆，拗傷手指的筋骨，爾
後又在脖子上套上繩子，拖到頓河上，塞到冰窟窿裏。

　　在格拉切夫集體農莊，區委會特派員在審訊時，把集體農
莊女莊員們用繩索套著脖子，吊在天棚上，對勒得半死的人繼
續審訊，然後用皮帶拖向河邊，半路上不斷的用腳踢，讓她們
跪在冰上，繼續審訊。（頁55-56）

　　大部分採取恐怖手段的共產黨員們，在動用鎮壓方法時喪
失了分寸感。

在這封信中，蕭洛霍夫還列舉了地方官員們對集體農莊莊員和個體農
民大規模拷打的種種暴行——有把農民關進倉房或柴棚的；有在夜間
把女莊員運出村外兩、三公里，然後在雪地裏扒光了衣服的；有強令
婦女夜間陪宿的；有讓人坐在燒得滾燙的火坑上拷問的；還有往女莊
員們的腳下和裙子上倒汽油、點著火審問的；還有把一個女莊員扔進
坑裏，埋上半截，審問「糧食藏哪裏去了」的；還有強迫一個體農民
開槍自殺的（這個農民不知槍膛裏沒有子彈）；還有被拖出假槍斃的……
真「像在中世紀一樣，對人進行刑訊拷打」（頁60）。

　　蕭洛霍夫列舉了維約申斯克鎮一組有力的數字：全鎮有農戶一萬
三千八百一十三戶，總人口五萬兩千零六十九人；而被政治保衛局、民
警、村蘇維埃逮捕關押的人數達三千一百二十八人，其中判處死刑者
五十二人，受到人民法庭審查或根據政治保衛局人員命令受審查的有兩

千三百人；開除出集體農莊的農戶一千九百四十七戶，罰款沒收糧食和牲口的三千三百五十戶，趕出家門的一千零九十戶。蕭洛霍夫說，地方官員們「曾經正式地和十分嚴厲地禁止其他農莊莊員讓被趕出家園的人進屋過夜，或者是暖暖身子。被趕出家園的人，只能在柴棚子裏、在地窖裏、在街上和在菜園子裏生活。居民們被事先告知，誰要是收容被驅逐的人家，他自己全家也將被逐出戶外。有的僅僅是因為某個集體農莊莊員被受凍孩子的哭聲所打動，讓被逐的鄰居進屋暖暖身子，他本人就被趕出了家門。這一千零九十家農戶，在攝氏零下二十度的冰天雪地裏，整日整夜地在街上生活。白天像影子一樣，緊靠著自己被上了鎖的房子。夜裏為了躲避寒冷，就在柴棚裏、在用來堆放穀糧的棚子裏，找個藏身之處。但根據邊疆區委會制定的法律，他們也是不能在這裏過夜的！村蘇維埃主席和黨支部書記們派出巡邏隊，巡視柴棚，把從住屋趕出的集體農莊莊員轟到街上來。我看到這樣一幕，那場景我至死也不會忘記：在列別亞什集體農莊的沃洛霍夫村，夜裏冷風怒吼，冰天凍地，連狗都因為怕冷而躲藏起來，被趕出家門的農戶，在偏僻的街道上，燃起火堆，坐在火旁。把孩子用破爛的衣服裹了又裹，放在被火烤化的土地上……」（頁62）讀到這樣的文字，任何一個鐵石心腸的人恐怕都會雙眼發澀。

　　史達林讀了蕭洛霍夫的信，給他發過兩份電報，寫了一封信。信是1933年5月6日寫的。史達林在信中說：

> 正如您所知道的，您的兩封信都收到了……為了審理案件，什基里亞托夫將前往您的處所，前往維約申斯克區，我請您對他給予協助。情況確實如此。

我想，儘管當時蘇聯是實行消息封鎖的——並且封鎖得很成功（連東方的
魯迅先生也被騙了，寫了〈我們不再受騙了〉，為蘇聯做了全面的辯護），但史
達林絕不是讀了蕭洛霍夫的信後才知道這真相的。當時史達林傾全力追
求國家工業化，他是鐵了心讓農民做鋪路石的。於是，他筆鋒一轉說：

> 但這並不是全部，蕭洛霍夫同志。因為您的信給人的印象多少
> 有些片面。對此我想給您寫幾句話……有時我們的工作人員想
> 要摧毀敵人，無意地打到朋友身上，甚至滑到暴虐的境地。但
> 這並不意味著我完全同意您的意見。您看到了一個方面，看得
> 並不壞。但這只是事情的一個方面。為了不在政治上犯錯誤（您
> 的信件不是散文，而是清一色的政治），應該學會看到另外一個方
> 面。而另一個方面恰恰是你們區的（也不只是你們區的）尊敬的
> 莊稼人，在「耍滑頭」（暗中破壞！），他們並不反對讓工人、
> 紅軍沒有糧食吃。這一暗中破壞活動是和平的，從外表上看，
> 無可指責（不流血），但這一事實並不能改變：尊敬的莊稼漢
> 們在實質上是向蘇維埃政權宣佈了「和平的」戰爭。以饑餓宣
> 戰……當然，這一情況無論如何也不能替您所敘述的我們的工
> 作者所犯的種種不法行為來辯護。對這些不法行為負有罪責的
> 人，應當受到應有的懲處。但有一點卻像青天白日一樣清楚，
> 尊敬的莊稼漢們並非是從遠處看可能給人造成這種印象的天真
> 無邪的人……。（頁38-39）

細讀史達林的信，就清楚地意識到史達林儘管承諾要「懲處」「負有
罪責的人」，但他並不同意蕭洛霍夫對農業集體化問題的描述，並批

評蕭洛霍夫的信「是清一色的政治」。至於史達林為何不遷怒於蕭洛霍夫，恐怕欣賞蕭洛霍夫「具有巨大的藝術才華」（史達林語）以及蕭氏本人在國內外的影響也是原因之一。

現在看得很清楚了，史達林的寶座，其實是用千百萬無辜者的血祭奠的。號稱「消滅了富農」的農業集體化後，史達林又在全蘇開展大清洗。在大清洗中被害的，絕不僅止於過去的黨內反對派或同反對派有所牽連的人。當時的史達林等人認為：「一切殘酷都是建立新社會和同反革命鬥爭的需要」。（《克格勃全史》，頁152）因此，對大清洗表示懷疑、不願積極跟著跑的許多幹部，敢於堅持原則、不願人云亦云的許多黨員都遭了殃；而別有用心的和有野心的人，或告密，或誹謗，或趁機報復，剪除比自己強的競爭對手，以致幹出種種罪惡滔天的勾當。今天我們從《克格勃全史》、《史達林秘聞》、《我這代人的見證》以及《古拉格群島》等書中也可略知一二。據統計，僅1935-1940年就有一千七百萬人被捕，其中七百萬人被處決或死在勞改營裏。

蕭洛霍夫的家鄉——頓河流域也不例外，不少人被關進內部監獄，遭受種種折磨。連受到史達林賞識的蕭洛霍夫也被列入逮捕的對象，大肆抓捕蕭氏的親友，刑訊逼供，以獲取有用的材料，證明「蕭洛霍夫是富農作家，是反革命的哥薩克的思想家」。同時，當局還向史達林寫信告「陰狀」，說「蕭洛霍夫至今沒有交出《靜靜的頓河》第四部，也沒有交出《被開墾的處女地》第二部」。他的「《靜靜的頓河》第四部三百頁打字稿中，韃靼村遭破壞，達麗亞和娜塔莉亞死了，三百頁貫穿著破敗的和某種無望的基調，葛利高里‧麥列霍夫的愛國主義激情（反對英國人）和對將軍們的憤怒，在這種灰暗的基調下喪失殆盡，所有這一切造成的印象是叫人難以消受的」。

直截了當的問他，你是否想到，區裏的敵人就在你的周圍活動，你不寫書，有利於這些敵人？現在你不寫，也就是說，敵人在一定程度上達到了自己的目的！蕭洛霍夫臉色變得蒼白……。（頁82-84）

維約申斯克區黨委書記魯哥沃依後來在回憶錄中也這樣說：

內務人民委員部機關和偵查機關，圍繞他（蕭洛霍夫）進行了敵視他的間諜活動。說內務人民委員部用槍口對著被他們逮捕的人，挖掘假材料，證明他，蕭洛霍夫是人民的敵人。

在這危急的關頭，蕭洛霍夫毅然挺身而出，一面為自己辯誣，一面把當局的種種非法行徑向史達林反映。他在1937年6月至1938年5月這一年的時間裏，給史達林寫了六封信，如實反映了發生在身邊的「大清洗」。1938年2月16日，蕭洛霍夫致信史達林說——

維約申斯克區人民委員會徵糧特派員「克拉秀科夫經米列羅沃被送往羅斯托夫，關進內務人民委員部辦事處的內部監獄，1936年11月23日被捕，11月25日開始審訊。第一次審訊連續進行四晝夜。」（頁109）在九十六小時的審訊裏，只讓他吃過兩次飯，可一分鐘也沒讓他睡。偵訊員向他問了些什麼呢？

讓他供出托洛茨基份子斯拉勃欽科，供出柯列什科夫，讓他招供他所從事的反革命活動。從1937年1月起，開始審問關於我、關於魯哥沃依（維約申斯克區黨委書記）和洛加喬夫（維約申斯克區執委會主席）的情況。

在偵訊員的辦公室裏，一審就是連續三晝夜、四晝夜、五晝夜。偵訊員異口同聲地說，魯哥沃依和洛加喬夫已經被逮捕，他們已經招供，偵訊員用槍斃威脅他，折磨他不許睡覺。他們沒有獲得令他們滿意的供詞，於是就在1937年3月17日，將他投入單人特囚室。

他在單人特囚室裏過了二十二個晝夜。精疲力竭的、備受折磨的、勉強站著的他，被架進了偵訊室。又重新連續三晝夜、四晝夜地受審訊。4月25日，偵訊處處長奧西寧大尉提審，他有過一次簡短的談話：「你不開口？不提供證詞？畜牲！你的朋友們都在押，蕭洛霍夫也在押。再不開口，我們就把你折磨死，把你像一堆爛骨頭扔進死屍堆！」

審訊他時又不讓他坐。開始他還能勉強站著，「後來就攤在地上，再怎麼踢他、踹他，他也站不起來……」。當偵訊員確信從克拉秀科夫口中無法得到他們想要的供詞時，就把他送進羅斯托夫監獄。9月，又把他送到米列羅沃監獄。克拉秀科夫「如果不是及時被召喚到莫斯科，他很可能就死在米列羅沃監獄了。」（頁109-111）

維約申斯克區黨委書記「魯哥沃依從被逮捕開始，就被單獨關押。審訊他的是偵訊員康得拉吉耶夫、格裏哥裏耶夫和瑪爾科維奇。折磨犯人的方法是一樣的，只是小有不同。同樣是連續幾晝夜的審訊，讓他坐在一個高高的凳子上，使他雙腳夠不著地，強迫他坐四十六個小時，不准站起來」。還「往他臉上吐唾沫，往臉上扔煙頭」。讓「他不得不睡在水泥地上」，「進單人特囚室」。有一次，一個偵訊員半夜來到牢房裏對他說：

反正你不能永遠不開口！我們強迫你招供！你在我們手裏。黨
中央批准了逮捕你的命令嗎？批准了，也就是說，黨中央知道
你是敵人，而對敵人我們是不會客氣的，你不開口，不供出自
己的同夥，我們就打斷你的雙手。雙手長好了，我們再打斷你
的雙腿。腿再長好了，我們就打斷你的肋骨。讓你尿血、拉
血！你會滿身鮮血地爬到我的腳下，求我恩典，求我讓你死。
那個時候，我們再打死你！然後寫個報告，說你斷氣了，把你
扔進土坑。（頁111-112）

　　維約申斯克區執委會主席「洛加喬夫同樣經受了這一切。侮辱他、
踐踏他的人格，罵他、打他。連續八晝夜審訊，然後又把他放進單人特
囚室七晝夜」。後來，「他從單人特囚室不是被架出來的，而是抬出來
的。他的左腳殘廢了。審訊了四晝夜。在單人牢房躺了三小時，接著又
抬去連續審訊了五晝夜。他不能坐，不停地從椅子上摔下來，他請求沃
洛申偵訊員允許他半躺在地板的條布上，可是沃洛申不准他躺在那裏。
他在地上睡了將近一個小時，又被弄起來，重又拷問了他四晝夜，對他
進行誘供。馬爾科維奇偵訊員對他高聲喊：『你為什麼不談蕭洛霍夫？
他也在我們這裏關押著，死死地關押著，反革命的筆桿子，你還掩護
他！』還打他的嘴巴」。在第四個晝夜裏，洛加喬夫終於簽署了偵訊員為
他編造的、並向他宣讀的東西。洛加喬夫說：

到了這步田地，準確地說，把我弄到了這步田地，即使讓我簽
字說我當過羅馬教皇，我也會簽字，我的想法只有一個：快點
死。（頁109-113）

蕭洛霍夫這六封信，其中1937年6月19日、10月5日、10月7日三封是請求緊急會見史達林的。史達林雖然在1937年9月25日、10月7日兩次會見了他，但在維約申斯克區並沒有停止對蕭洛霍夫的迫害。1938年2月16日，蕭洛霍夫這封一萬多字的長信，我們讀來可以説是「暗無天日」、「觸目驚心」、「毛骨悚然」！史達林讀了，只是隨手寫上「交葉若夫同志」。「葉若夫」何許人也？葉若夫（1895-1940）1935年2月擔任聯共（布）黨監察委員會主席，自1936年9月起接替亞戈達，同時掌管內務人民委員部，成了第一個俄羅斯族克格勃頭目。他上任即開始大清洗，被西方稱之為「葉若夫恐怖時期」。隨著蘇聯檔案的解密，現在已經知道葉若夫就是企圖迫害蕭洛霍夫的人之一，只是礙於史達林和蕭的關係，不好明目張膽地下手。1938年10月31日，史達林在接見維約申斯克人時問當地的內務部人員科甘，是否有人向他佈置了誹謗蕭洛霍夫的任務。科甘回答説，他是從格里哥里耶夫那裏接過這項任務的，並説關於這項任務，他同葉若夫進行過協調，但葉若夫當場連連否認，説他對此一無所知。至此，蕭洛霍夫才算逃過一劫，免死於大清洗中。

　　文章寫到這裏，還應交代一句。關於蕭洛霍夫這個人物，對其作品及其人，在整個蘇聯歷史上的地位及其影響究竟作何評價，好像還沒有定論。如對《被開墾的處女地》，有人説是歌頌蘇聯農業集體化的；有人説它絕非讚歌，而是人類歷史上一次「人禍」的真實記錄。但不管怎麼看，上世紀三十年代，蕭洛霍夫在蘇聯作為一個作家、作為一個有社會良知的角色，我以為是應該肯定的。至於他四十年代以後與權勢媾合，對「持不同政見」作家，如帕斯捷爾納克、索忍尼辛等人的態度，就不是這篇文章要説的了。

（2003年6月）

回到蔡元培

早讀過「盤點二十世紀」之類的文章或專著，讀過也就過去了。近讀《艱難的日出——中國現代教育的二十世紀》，覺得有話要説。此書是楊東平先生主撰的，為文匯出版社「文匯原創叢書」之一種，要是換個名兒，也許可叫「中國百年教育史」。一百年前，我們的前輩提出「科學救國」、「教育救國」，而今我們的口號還是「科教興國」，這令已進入「世界民族之林」的我們多少有幾分尷尬。楊東平先生在該書「引言」中説：「我們今天的所做所為，大多是前輩曾經做過的；我們今天的所思所想，也大多為前人所思想——而且我們的思想和作為未必比前人更好。」此言極誠。

教育的根本目的是什麼？中國如何完成現代教育的轉型？我們的前輩有很好的見解，如蔡元培、陳獨秀、胡適、陶行知、傅斯年、蔣夢麟、梅貽琦、羅家倫等等。教育的終極目標是培養成現代的人，「現代的人」成長起來，

現代教育的轉型也就完成了。可是我們經過一百年，又回到二十世紀初的起點。在這些前輩中，蔡元培是最值得研究的一位。

　　1912年1月1日，孫中山在南京任臨時大總統，中華民國誕生。1月3日，四十六歲的蔡元培出任民國政府第一任教育總長，隨即制訂頒佈了《大學令》等，並發表一系列文章及演講，提出教育「應從受教育者本體上著想」、「以養成共和國民健全之人格」，達到造就「公民」之目的，即以「自由、平等、博愛」為基本價值和理念。1922年3月，蔡元培在《新教育》第四卷第三期發表的〈教育獨立議〉中說──

蔡元培

　　　　教育是幫助被教育的人，給他能發展自己的能力，完成他的人格，於人類文化上能盡一份子的責任；不是把被教育的人，造成一種特別的器具，給抱有他種目的的人去應用的。所以，教育事業當完全交與教育家，保有獨立的資格，毫不受各派政黨和各派教會的影響。

　　教育是要個性與群性平均發達的。政黨是要製造一種特別的群性，抹殺個性。例如，鼓勵人民親善某國，仇視某國；或用甲民族的文化，去同化乙民族。今日的政黨，往往有此等政策，若參入教育，便是大害。教育是求遠效的；政黨的政策是求近功的。中國古書說：「一年之計樹穀；十年之計樹木；百年之計樹人。」可見教育的成效，不是一時能達到的。政黨不能常握政權，往往不出數年，便要更迭。若把教育權也交與政黨，兩黨更迭的時候，教育方針也要跟著改變，教育就沒有成效了。所以，教育事業不可不超然於各黨派以外。

　　教育是進步的：凡有學術，總是後勝於前，因為後人憑著前人的功夫，更加一番努力，自然更進一步。教會是保守的：無論什麼樣尊重科學，一到《聖經》的成語，便絕對不許批評，便是加了一個限制。……所以各國憲法中，都有「信仰自由」一條。若是把教育權交於教會，便恐不能絕對自由。所以，教育事業不可不超然於各派教會以外……。（《大學精神》，楊東平主編，文匯出版社，2003年8月一版，頁90）

　　在學術上，蔡元培主張「仿世界各大學通例，循『思想自由』原則，取相容並包主義」，主張「圓通廣大」，「無論為何種學派，苟其言之成理，持之有故，尚不達自然淘汰之運命者，雖彼此相反，而悉聽其自由發展」。蔡氏的這些思想，都成了知識份子這一百年裏始終執著追求的理想。

　　那時，蔡元培、陶行知、胡適、任鴻雋等知識份子大聲疾呼，反對「黨化教育」，但知識份子畢竟拗不過現實的政治。1927年，國民黨蔣介石在紀念「五四」八周年的大會上終於提出「黨化教育」思想，並要

「以黨治國」、「以黨義治國」。接著，南京政府教育當局制訂《學校實施黨化教育辦法草案》，提出：

> 我們所謂的黨化教育，就是在國民黨指導之下，把教育變成革命化和民眾化，換句話說，我們的教育方針是要建立在國民黨的根本政策之上。（轉引自《艱難的日出》，頁68）

1928年雖廢止了「黨化教育」，但代之以「三民主義教育」。當時的北京大學教授胡適，曾因指責黨義教材為「黨八股」而遭國民黨中宣部訓誡；主張「學術自由」、「教育獨立」者如馬寅初、潘光旦、馬

1918年，蔡元培（前排中）、陳獨秀（前排右二）參加北京大學文科畢業合影

敘倫、許德珩、張申府、任鴻雋等，都遭到不同程度的監視和打擊、迫害。值得欣慰的是，由於那時民主主義、自由主義思想已深入人心，專制思想和行為一直受到知識份子不同方式的抵制和抨擊；不像1949年革命後，幾經肅整，知識份子都一片啞然、集體繳械了。

老實說，中國知識份子成為一個獨立的存在，二十世紀上半葉還是基本上存在的；但二十世紀下半葉，歷次運動的受害者總是知識份子，其群體已蕩然無存，真正有點訓練的人文知識份子出現了斷裂層，直到二十世紀八十年代或者九十年以後，人文知識份子才又重新活躍起來，欲接承二十世紀二、三十年代的批判傳統。近年來，廣西師範大學出版社先後推出的《大學人文讀本》和《大學人文教程》，是代表當今學術思想水準的書，也可算是為久違了的人文精神「招魂」，但與二十世紀上半葉的思想資源相比，與那時的知識份子訓練積累相比，顯然還是低層次上的起步；或者說，對制度建設等話題，可以說是隔靴搔癢──然而，僅這一點點進步，也是經過近二十年的「西學東漸」才有的氣象，所以也是極不容易的。

美國思想家加爾布雷思說：「一個國家的前途，不取決於它的國庫之殷實，不取決於它的城堡之堅固，也不取決於它的公共設施之華麗，而在於它的公民的文明素養，即在於人們所受的教育……。」幾十年來，我們習慣於用大而無當的、虛化的道德教育去培養「接班人」，結果培養出了成克傑、胡長清、李真這樣的數不勝數的貨色；我們一直要孩子「誠實」，告誡他們以「誠信為本」，但去年某省高考的滿分作文居然是虛構的，明明是活著的母親，滿分作文卻說母親死了；我那讀高一的孩子，作文喜歡實話實說，可老師的批註要麼是「立意不高」，要麼是「觀點欠正確」，孩子問我，我們為什麼不能說真話呢？……這些，難道不應引起教育當局以及全社會的深思嗎？鄧小平說過類似這樣的話：我擔心將來出問題，就出在教育上。其實，教育一直是個問題。

楊東平先生此書寫了「教育百年」之後，抓住現代教育轉型的種種「艱難」，理性論述，讀來頗得啟發。大家知道，「教育問題」從來就不是教育本身的問題。我們廢科舉一百年了，現在的應試教育和科舉教育又有何異？

　　我們的困境是深層次的，有來自制度的、理念的等等。如何完成現代轉型？楊東平說，二十世紀「二、三十年代由五四知識份子開創的現代教育運動，奠定了現代教育的基本價值和思想資源」。在那一代開創者中，尤其如蔡元培者，無論是在教育理念上，還是在教育實踐方面，都是傑出的。所以我覺得，教育要走出困境，回到蔡元培也許是當下緊迫而現實的話題了。

（2003年12月）

讀一種帶血的文本

朱正先生說，他怕讀血寫的書。我比他脆弱，連淚寫的書也怕讀了。郭靜秋老用淚寫成《流放者之歌》，自印四百本，分送親朋好友。我這個晚生，也被列為好友贈之，蓋因我們有鄉黨之誼。

十年前，我在湘西一隅，以編地方史誌謀飯，識得郭老。他當時是湖南省藝術學校校長。他應約寫給我的文章，回憶的是在家鄉領導土改鬥爭的情況。幾年以後，我也來到他居住的這個城市，但因為忙生計，並不常來住。去年底，老報人向麓先生告訴我，說郭老自己印了本書，要送我一本。我得到這本書，讀完後，立即給郭老打電話，想說說我讀後的感覺。可接電話的是郭老老伴──當年京陵女子大學中國文學系肄業的黃克和女士。我說到書中她兩個孩子的遭遇時，她竟在電話那頭哭了，雖沒哭出聲，但抽抽噎噎，半天沒說出話來。這時我只得以「一切都已過去」、「現在好

年近八十時的郭靜秋

1961年，黃克和因為是「右派妻子」下
放漣源縣，郭靜秋在長沙郊區農場勞動
時還帶著三個兒女

了」之類的話安慰。放下電話，我怪自
己不該觸動郭老老伴那根痛苦的神經。

　　《流放者之歌》是郭靜秋老的前傳
（他只寫到1979年），但也是郭老一家的
苦難史。

　　郭老1948年湖大畢業，大學畢業
前，冒著生命危險加入中共地下黨。他
真誠追求革命，到後來，「革命」又
殘酷地扼殺了他。郭老1953年調入省
文化局，兩年後，也許是領導「看不順
眼」，也許是「革命」的需要，他無緣
無故被列為肅反對象。1957年，他被打
為「右派」，1962年，全家被下放到屈
原農場當農民，直到1979年才平反回
到長沙。這期間，他和幾十萬中國知識
份子一樣，備受折磨和摧殘。過苦日子
時，因為他是右派，在省圖書館工作的
妻子黃克和被下放漣源勞動，餓成了水
腫病；他被發配到東屯渡農場勞改，每
天清晨四、五點鐘出門，晚上十點多才
歸來，又累又餓，瘦得只剩皮包骨。當
時正讀小學一、二年級的孩子，一個七
歲，一個八歲。放學了，他們有時在電
影院門口撿煙蒂，剝出煙絲就賣給店老
闆，得個三角、五角；有時冒著刺骨的

寒風，呆呆地站在有坡度的街道旁，看到拉得很吃力的板車工，他們就走上前去，弓著腰，用手推、用肩扛，送過上坡後，他們往往會得個七角、八角。那時孩子們儘管餓得慌，但得了錢總是要交給深夜才歸來的爸爸。有時等著等著就睡著了，但皺巴巴的角票還抓在髒兮兮的手裏，令做父親的看到這情形，心像刀絞般難受。男兒有淚不輕彈。每每這時，郭老總是習慣地擦擦那乾涸而深陷的雙眼。

郭老一家在屈原農場當了十七年農民，住的是築堤時蓋起的工棚，房的四壁是用蘆葦和稻草編織的，再糊上一層牛糞加泥漿，一家五口，面積僅十五平方米。為了全家能活下去，他學會了犁耙，農活樣樣能幹，餵雞、養豬、種菜，也是好手。好不容易熬過四年，「文革」爆發了，「革命的風暴」無孔不入。按照那時「階級」的分類法，郭老屬「二十一種人」，是「牛鬼蛇神」。造反派來抓時，他就高呼「共產黨萬歲！」、「毛主席萬歲！」讀到這裏，我心裏很痛，對他生出一種悲憫。我捉摸他呼喊這口號時的真實心境──儘管他說當時是為了免受皮肉之苦，但在我來看，他和當年鄧拓在「絕命書」上呼喊口號時的心境也許大致相似。

我說他的書是用淚水寫的，其實也有那淡淡的血。郭老被劃為右派、下放衡山勞改時，他年邁的老母不堪打擊，終於在一夜之間命入黃泉；還有流落街頭而死的「右派」音樂家曾小帆，還有死於屈原農場的「右派」導演熊秉勳，還有死於西湖農場的「現行反革命」演員鍾曉峰，等等。郭老在書的後記中說：「噩夢醒來，舔乾身上的血漬，寫那不堪回首的往事……我十分悲愴，邊寫邊掉淚。」我相信這是真實的。我覺得，他的淚不單單是為自己，為他的一家，還為我們曾經有過那樣的時代。

郭老是長輩，我是晚生。他以見證人的身分，留下這份檔案，已相當不容易，但我偏偏是個認真的人。郭老「想把歷史的真相告訴人們」，但又為「迫害狂」而諱。我問他書中的C科長是誰，當時的省文化局長是

誰，想置他於死地的是誰，他卻含含糊糊。我曾建議他，如果精力還來得及，重寫此書，書名可叫「我所經歷的政治運動」。當史料寫，全部實事求是，全部真人真事，去掉文學的描寫，那麼其價值就太不一樣了。郭老卻說，他考慮過這樣寫，但當年撿過煙蒂的兒子和含辛茹苦過來的老伴堅決反對。他的書稿，老伴「審稿」時就刪去了兩萬多字……。

在和郭老交談中，我知道他晚年是有反思意識的。他讀邵燕祥、讀季羨林、讀朱正、讀李輝，……還讀索忍尼辛的《古拉格群島》，讀文化批判等隨筆文字。他尤其讚賞韋君宜《思痛錄》的反思深度，但在《流放者之歌》裏，他反思的勇氣是十分有限的，甚至面對血和淚的「完全」真相，他也自覺或不自覺地躲閃起來。他顯然是心有餘悸，但誰應對此負責？

去年學界爭論余秋雨要不要懺悔時，有許多見解，但我是主張懺悔的。如果一點懺悔也沒有，又怎麼去作像樣的反思呢？沒有一個民族的整體反思，要歷史不再重演又是何等的困難啊！

（2002年）

五十三幅肖像

《文人筆下的文人》係岳麓書社「鳳凰叢書」之一種，所收文章寫作年代為1919～1948年，凡三十年。這三十年，也是中國社會劇烈變化動盪的三十年。保守與激進，革命與改良，各種社會思潮湧動，各種勢力集團角逐較量，可謂激烈空前，或曰驚心動魄，腥風血雨。本書所收五十三位人物，就是線條各異的五十三幅肖像畫。如魯迅、周作人、夏丏尊、胡適、茅盾、田漢、胡愈之、劉半農、葉聖陶、錢玄同、徐志摩、郁達夫、廬隱、許地山、豐子愷、冰心、王統照、朱自清、聞一多、梁遇春、老舍、柔石、蔣光慈、丁玲、朱湘、蕭紅、張恨水、丘東平、葉紫、駱賓基等，他們大都是中國現代著名的作家文人，或直接捲入漩渦，或被大浪推上急流險灘，或在港灣舔著傷口，或於中流擊水。他們的起點是相同的，都受過新文化運動的啟蒙和洗禮，但後來分化

了。有人主張，為國家、為民族犧牲自己，在所不惜，「犧牲你們個人的自由，去求國家的自由」；有人主張，「爭你們個人的自由，便是為國家爭自由；爭你們自己的人格，便是為國家爭人格」。最後，占主流多數的這些人，選擇了激進的革命，並使革命在1949年取得勝利。從編選者的取捨角度也可以看出，「革命」仍然是個激動人心的字眼，「革命作家」或被稱作「進步作家」者占了絕大多數。

鄭振鐸在〈悼夏丏尊先生〉中說，夏丏尊最富於正義感，看不慣一切腐敗貪污。抗戰勝利了，他在病床上喃喃地說：「勝利，到底是啥人的勝利？……」他為應該分享勝利的老百姓而得不到勝利果實傷痛萬分，以致在一片憂國憂民中悲憤死去。以群的文章寫到茅盾，說太平洋戰爭爆發時，茅盾正在香港進行進步文化活動，面對旅店周圍的炮火，他毫不在乎，因為是為了革命呀！胡愈之先生是在1927年上海「清黨」後醒悟的。胡愈之「走過寶山路，足下踏著一堆紅血，竹籬笆旁，發現了

好些被殺的屍身」。他十萬火急轉到商報館，立即草擬電報分致幾位國民黨元老。這樣，他從「編輯室」轉入了政治活動，也從一個無政府主義者變成了一個實際行動者。他反對暴力、反對殺戮。但後來，他和茅盾一樣，成了「革命」機器上的一顆螺絲釘……。

　　曾有一位偉人說過：朱自清寧可餓死也不吃美國救濟糧。於是，朱自清大名鼎鼎。那時，他在西南聯大任教，因為「經濟拮据」，妻室不能留在身邊，日子過得很清苦。在鄭振鐸筆下，「他是一位有名的衣履不周的教授」，「冬天，沒有大衣，把馬夫用的氈子裹在身上，就作為大衣；而在夜裏，這一條氈子便又作為棉被用。」朱自清是一個學者，一個有良心的教育家，又是一個典型的講氣節和道義的中國文人。

　　尤其是聞一多，他的〈最後一次講演〉，每讀一次，都讓人心靈為之震顫。在李公樸先生被國民黨特務暗害的追悼大會上，聞一多即席演講，慷慨激昂：

> 李先生究竟犯了什麼罪，竟遭此毒手？他只不過用筆寫寫文章、用嘴說說話，而他所寫的、所說的，都無非是一個沒有失掉良心的中國人的話！大家都有一支筆、一張嘴，有什麼理由拿出來講啊！有事實拿出來說啊！為什麼要打要殺，而且又不敢光明正大的來打來殺，而是偷偷摸摸的來暗殺……（聞先生的屬聲演講，不斷地被熱烈的掌聲所打斷）今天，這裏有沒有特務？你站出來！是好漢的站出來！你出來講！憑什麼要殺死李先生？

特務當然沒「站出來」，倒是聞一多先生走出會場，就倒在血泊中。熊佛西在〈詩人，學者，民主的鼓手〉中說：聞一多「最厭惡作官，對於實際的政治一向毫無興趣」。他之所以加入民主同盟，目的就

是想促成中國實現民主政治，以救國救民。他後來「問政」——其實
「問政」不同於「參政」。他不參政，但不能說他是只關心讀書而不
問政治，他從上清華到死為止，幾乎無時不關心國事，且常常因國事
而慷慨激昂。也可以這樣說，每個「有血有淚的學者，絕不是專讀死
書而不『問政』的書蛀啊！」

　　丁東有一篇〈左拉不過時〉的小文說，左拉之所以讓人尊敬，不只
因為他寫了那麼多有名的小說，是因為他面對德雷福斯的冤案發出了《我
控訴》的聲音；高爾基之所以讓人尊敬，也不只是因為他的文學成就，更
因為他在許多知識份子身陷冤獄時能直接向列寧發出大聲疾呼。他們是作
家，他們更是人類尊嚴的捍衛者和良知的表達者。由聞一多我想到當下的
文人作家，只能感慨唏噓不已。現在「身體寫作」、「私人寫作」甚囂塵
上，作秀文人，大行其道，真正像《國畫》、像《許三觀賣血記》那樣的
作品實在太少了！我們不用和左拉比，也不和高爾基比，就和我們自己的
前輩比吧——我們變得日益世俗和勢利，我們的人格和精神正在矮化。

　　需要有人說話時沒人說，沉默就不是金了。馬丁神父曾在猶太人屠
殺紀念碑上留下的一段名言，足可讓我們警醒：

> 起初他們追殺共產主義者，我不是共產主義者，我不說話；接
> 著他們追殺猶太人，我不是猶太人，我不說話；後來他們追殺
> 工會成員，我不是工會成員，我不說話；此後他們追殺天主教
> 徒，我不是天主教徒，我不說話；最後他們奔我而來，再也沒
> 有人站起來為我說話了。

這就是「不說話」的代價！連話都不說，難道還指望他有什麼舉動嗎？

這些人都是有影響的現代作家

二十世紀的中國是翻天覆地的。二十世紀的中國歷史，肯定是由後來者去寫了。**1919-1948**這三十年究竟作何評價？這五十三幅肖像誰會先朽？都只能讓歷史去記住或遺忘了。我曾在一次與大學生談二十世紀中國文學時說過：這個世紀最優秀的作家是魯迅和沈從文。魯迅對國民性、以及對現實社會批判之深刻，至今無人超越或達到；而沈從文對湘西的體悟，對人性的揭示，至今也是無人望其項背的。因而，無論從哪個角度去認識中國，沈從文是不該被遺忘的，但此書卻遺忘了。還有郭沫若、林語堂、瞿秋白、張愛玲等等，似乎也應有他們的位置，但本書裏沒有。也許，這就叫「人無完人、金無足赤」；抑或是我們還在一輛駛向天國的慣性列車上，下車真難啊！

（2002年1月12日）

讀《新華日報的回憶》

共產黨由革命黨轉變為執政黨前，創辦的報紙，影響力最大的恐怕要算《解放日報》和《新華日報》兩種了。《解放日報》在延安，自然好辦；但《新華日報》辦在重慶，其困難就可想而知了。一份在國民黨中央政府眼皮下辦的共產黨報紙，既要堅持說真話，又要對付國民黨的新聞檢查官們，真不是一件容易的事。《新華日報的回憶》（四川人民出版社，1979年12月版）就是當年參與辦報的老報人的回憶錄，說的都是辦報人的種種艱難。我今讀之，竟也興味盎然。

上世紀八十年代曾做過《紅旗》雜誌總編輯的熊復先生回憶說：

> 蔣介石國民黨對付《新華日報》的辦法就是：讓你辦報，但是又不讓你講話。一句話，就是不讓《新華日報》有言論自由。（《新華日報的回憶》，頁112）

中共「黨中央」的文件，毛澤東同志的著作如《論持久戰》、《新民主主義論》，周恩來同志寫的專論，《解放日報》社論，通常都是不許登載的。幾次反共高潮時期，甚至「共產黨」、「毛澤東」、「八路軍」、「陝甘寧邊區」、「敵後抗日民主根據地」這些名詞都不准見報。」（同上，頁113）

國民黨的新聞檢查官要審查，送上去的稿子，經常被打上「免登」或「刪登」等字樣。但辦報人很有智慧，或開「天窗」，或打「××」，或注明「以下奉令刪登」，弄得新聞官們很是感冒，卻又無可奈何。「皖南事變」發生後，蔣介石於當年1月18日公開宣佈取消新四軍的命令，但又不讓《新華日報》發表披露事實真相的報導。周恩來為「皖南事變」題詞「為江南死國難者志哀」和「千古奇冤，江南一葉；同室操戈，相煎何急」，但國民黨不讓發表。那幾天國民黨的新聞檢查官們親臨報館審稿，辦報人則機智地製作了兩塊版，一塊是周恩來的題詞，一塊是給檢查官們看的。就這樣，在檢查官們一字一句審稿的時候，有周恩來題詞的報紙已經印出來了。印出來以後怎樣？熊復先生文章沒說受到何種處罰，但讀此書便知道，國民黨的處罰一般就是「警告」或勒令「停刊」幾天等。

時任中共四川省委書記的吳玉章回憶說：「《新華日報》對國民黨統治區一切黑暗的現象，無不盡情地加以暴露；對廣大人民群眾的痛苦生活，則代他們發出沉痛的呼聲。」報紙對國民黨的貪官污吏，對特務、黨棍以及土豪惡霸、保甲長的種種不法行徑，都進行了揭露，使人民看清了痛苦的根源。1946年4月，國民黨藉口《新華日報》登了〈駁蔣介石〉一文，說「侮辱了元首」，叫嚷著要封閉報館。後來，他們想出一個辦法，捏造了一些團體，在柳州、開封等地法院控告《新華日報》。柳州法院把這一控案轉到重慶，企圖打壓《新華日報》。但在《新華日報》嚴詞

駁斥和律師界朋友的幫助下，重慶法院
不得不批曰：「查我國法律無侮辱元首
之條文。如係誹謗，須本人起訴。」大
概蔣不會直接上告，所以就擱置了。國
共談判破裂後，內戰打起來了。1946年
7月，中共軍隊在蘇中七戰七捷，消滅蔣
軍五萬多人；1947年1月，中共軍隊在魯
南棗莊、嶧縣地區消滅蔣軍五萬多人；
2月，又在魯中萊蕪地區消滅蔣軍六萬
多人……這些消息，《新華日報》都設
法登了出去，並登出被俘軍官的名單，
號召家屬和他們聯繫，弄得國民黨很
是尷尬。當時曾有人說：「世界上哪有
這樣的事，在打仗的時候，竟允許敵人
在自己的區域發宣言，發戰報，進行宣
傳？」不久，《新華日報》被國民黨派
重兵包圍了，安據點、築工事，甚至設
置機關槍陣地，如臨大敵一般；對《新
華日報》的檢查也更加嚴厲了。國民黨
明確規定：新華社的稿件不准登，前線
勝利的消息不准登，國統區人民反內
戰、反饑餓的消息不准登……。《新華
日報》卻採取變通的辦法，常常只作些
不損原意的改動就登了。更多的時候是
根本不理睬，該登的還是照樣登，使國

「皖南事變」後，印有周恩來題詞的
《新華日報》

此書是當年《新華日報》、《解放日
報》社論選集，1999年在大陸出版後竟
然被查禁了

221

民黨的新聞檢查官們「毫無辦法」。於是，國民黨就質問《新華日報》，「究竟重慶是誰管？真是無法無天了！」正是這樣，《新華日報》在中國報業史上寫下了輝煌的一筆。

　　兩年前，一個叫笑蜀的人，編了本當年《新華日報》和《解放日報》社評言論集，書名就叫《歷史的先聲》。我統計了一下，全書收文九十二篇，其中從《新華日報》選入的就有六十八篇！〈要真民主才能解決問題〉（茅盾）、〈實現自由是「不切實際」嗎？〉、〈有人民自由才有國家自由〉、〈民主是發展生產的暖室〉、〈爭民主是全國人民的事情〉、〈論英美的民主精神〉、〈報紙應革除專制主義者不許人民說話和造謠欺騙人民的歪風〉（陸定一）、〈人民文化水平低，就不能實行民選嗎？〉、〈平民人身自由是政治民主的標尺〉、〈一黨獨裁，遍地是災！〉、〈學術思想的自由問題〉（潘梓年）、〈言論自由與民主〉、〈新聞自由——民主的基礎〉、〈為筆的解放而鬥爭〉……讀讀這些社評的篇目，就可知當年〈新華日報〉的追求是什麼，以及它是怎樣與人民共患難、同呼吸的。

　　如今我讀著這些老新華報人的回憶，真有一種身臨其境的感覺。新聞界前輩們在國民黨專制下所表現出來的堅韌和頑強，令我感佩萬分。我

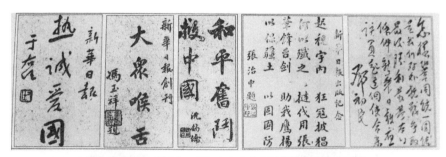

辦在國統區的《新華日報》竟有這麼多國民黨要人為它題詞

尊敬他們、崇拜他們、羨慕他們！他們於極其惡劣的環境下，冒著生命危險，把「真相」告訴了人民——儘管國民黨經常派特務或流氓騷擾報館，或搗毀房子，或破壞設備，或打傷人、抓走人，但報紙還是照常出。該說的話，說了，想發表的文章，發表了，使《新華日報》的期發量最高達六萬份；而當時國民黨的《中央日報》僅發行一萬多份。這說明了什麼？因為人民在聽不到真話的時候，《新華日報》說了。

溫故而知新。我想，要做到全說真話，很難，但不說假話，恐怕是一個底線。老報人袁鷹在《同舟共進》（2002年第12期）上撰文說：「頂重要的就是要替老百姓說話。」說得多好啊！

（2002年冬）

思想的風景

作家不能「生活在別處」

在文壇製造泡沫的時代，我早已不太讀文學了。春節期間，遠在南國的林賢治君電話告訴我，他和章德寧主編的《2003文學中國》已給我寄了一本。林君還說，現在「年選」之類的讀物很多，但他跟別人選的絕對不一樣。他把小說、散文、詩歌、雜感、隨筆等「一鍋煮」了，這是沒人做過的。他還想把「一鍋煮」的選法做大，爭取一個季度選一本，但要有銷路，出版社才幹。因此，他希望我能寫一點關於此書的文字。

收到書後，我沒有整段的時間通讀，但斷斷續續讀完了。原來我擔心自己無話可說，會辜負林君的一番雅意，但一讀之下，竟然不吐不快了。書中以思想見長的幾篇，如連岳的〈科學精神〉、張鳴的〈義和團的藥方〉、秦暉的〈談死〉以及王怡的〈一個自由主義者的飲食習慣〉等，都讓我引起共鳴；但這裏不表，就說說描寫底層人物的幾篇詩文吧。

我雖是農民的兒子，但混入這座都市十餘年了。十多年來，耳濡目染，看著城市樓房越來越高，街道越來越寬敞漂亮，不知怎的，自己的脾氣反而變得越來越壞了。我曾野心勃勃，試圖有所作為，然而卻又無能為力。儘管，我也將目光常投向那些睡在街頭的民工，睡在夏天裏任蚊蟲叮咬、冬天裏任寒風刺骨的工棚裏的國民——我知道，他們是都市裏真正最苦、最累的人，但我從來沒有用文字直接狀寫他們（我學著使用所謂「精英話語」，以忝列「精英」為榮）。讀到《2003文學中國》裏夏榆、邵燕祥、郁金等人的詩文，對生我、養我的父老鄉親，我是深感愧疚的。我檢討自己，為什麼也變得麻木起來？我又說不清。也許，就在對自己周圍發生的一切或慷慨激憤、或轉而變得無奈的時候，我真的變了。

　　中國有多少作家，至少是數以萬計吧。夏榆是不知名的，但夏榆的文字是不可多得的，是歌舞昇平的另一面表達。其散文〈失蹤的生活〉寫到一個沒有姓名的「壞孩子」——在北京的嚴寒的冬天裏，他（或她）從「少管所」接連向「姐姐」發出兩張呼救的明信片，明信片上寫著：「姐姐，冬天來了，我這裏很冷。盼你能寄來棉衣。千萬千萬。」、「姐姐，我病了，昨天發燒了，這裏的冬天更冷，盼姐能寄棉衣給我。千萬千萬。」（這孩子是多麼的孤立無援啊！）他（或她）等「姐姐」「寄棉衣」，可「姐姐」到哪裏去了？為何不來領取郵件？待「我騎著自行車」找到明信片上那個地址時，終於得到確鑿的消息，那個「姐姐」叫「周潔」，可是，「周潔」於兩個星期前已割脈自殺了——而這件事，就發生在北京大學校區旁的西苑鄉！北大是中國現代歷史上的驕傲，曾出現不少思想文化界的精英人物，今天也同樣有不少活躍在思想文化界的「精英」。但「精英」們關注的是上層，一個少管所裏的「壞孩子」和「壞孩子」的姐姐「周潔」，自然不會進入他們的視線。「忽然／沒有了聲音，沒有了眼神／沒有了呼吸，只剩下／兩、三個字的姓名」、「戴著礦

燈的生命／是怎樣死去」（邵燕祥，〈哀礦難〉），「精英」們壓根兒就不想知道「在北京／你可以沒有孩子／但不能沒有一條狗／在寵物如此尊貴的年代／一個外省青年，還不如／一條狗那麼容易找到歸宿」（郁金，〈狗一樣的生活〉）。這，就是生活的真實！但我們的作家，又有多少人能正視這種真實？從銀幕到螢屏，要麼躲在死人堆裏津津樂道；要麼為帝王將相歌功頌德，叫嚷要讓康熙「再活五百年」；要麼「裝模作樣，沾沾自喜，趾高氣揚，酷相十足」……。

大時代出大作家大作品。我們正處在一個社會轉型的「大時代」，但沒有反映「大時代」的文學。作家們彷彿「生活在別處」，或是加入了「吾皇聖明」的大合唱，對人類自身的關懷和悲憫心徹底泯滅了。

有人說，李白和杜甫同樣是偉大的詩人，但我更喜歡杜甫，更喜歡白居易。杜甫的「三吏」、「三別」，白居易的《賣炭翁》等篇，每讀一次，都能讓人良知猛醒。那唐朝的繁華，其實只是「皇親國戚們」自家的。「興，百姓苦；亡，百姓苦。」這才是歷史的真

底層人民的生活

229

實。什麼「當家作主」呀，什麼「主人翁」呀，其實都是一種說辭啊！長沙網民曾發貼子致市長說：

> 我們看著城市的大樓一座比一座高，一棟比一棟豪華；官員的車，一天比一天多，一輛比一輛豪華；但都不是我們的……。

是的，他們必須面對下崗，面對每天的油鹽柴米，面對有病無錢住院治療等等現實的問題。這種底層的艱難人生，作家們又關注了多少？最近有《中國農民調查》一書引起轟動，我以為並非作家超凡的藝術，而是作家真正深入了最底層，把最底層的希望、痛苦、掙扎、哀傷、無奈、堅韌……寫了出來。

朱正先生曾戲說，魯迅是不能真學的。這話頗耐人尋味，也讓人很悲哀。中國會不會有自己的果戈里，有自己的馬克·吐溫？有自己的杜思妥耶夫斯基？這就要看我們這個民族的造化了。

（2004年1月）

風聲雨聲讀書聲

——《政治中國》告訴我們什麼

經驗告訴我們：大凡一本真正可讀的書，面市時往往免不了有種種傳言。如1994年《顧准文集》出版後，我就聽到關於將查禁此書的傳言；1995年《陳寅恪的最後二十年》也遭遇同樣的傳言，説是將禁了。其實，這些書一版再版，活力不衰。最近今日中國出版社推出的《政治中國》，又遭此傳言。我就是衝著這傳言，才買了一本來讀的。

《政治中國》是一本直面中國政治體制改革的書。全書收文四十篇，作者有李鋭、李慎之、吳敬璉、鄧偉志、董輔礽、朱厚澤、秦暉、何清漣、王躍生、劉軍寧等三十餘人。雖然文章全是公開發表過的，但因為個人閱讀條件所限，僅有三分之一的篇章我曾經讀過。編者説，這本三十萬言的書，幾乎是近幾年來有關政治體制改革思考的全部文章——這裏説「全部」，也真讓我們有點無奈，但細讀這些文章，我們也足可自慰：畢竟有這麼多人在思考。

政治體制改革確實是一個敏感的話題，但正如此書序文作者江平先生所言：

> 「敏感」能否構成不進行政治體制改革的理由？能否構成緩行政治體制改革的理由？如果政治體制中的諸多弊端能夠因其自身的「敏感」而消弭的話，那麼，改革無疑就是多餘的了。然而，事情明擺著，政治體制中的實際問題怎麼可能會在無所作為中得到解決呢！事實已經向我們昭示，政治體制改革進程越是緩慢，許多問題的敏感度就越是加大；問題的敏感度越是加大，其解決的難度也就越大。（《政治中國》，頁1-2，以下書名從略，只注明頁數）

江平在序文中還主張，應該用民主的方式討論政治體制改革的問題。這個主張，我是很贊成的。以理智的方法來討論政治問題，用程式化的方式來革除政治體制中的弊端、解決政治體制所面臨的問題，這恐怕是政治體制改革所要達到的目標。

王躍生在〈東歐昭示我們什麼〉中寫道:

> 在經濟市場化和權力與財富再分配過程上,包括在市場經濟形
> 成後,社會各集團在社會中的地位以及他們的利益會日益不
> 同,新舊官吏同普通百姓、貧富分化造成的富人和窮人、具有
> 自由傾向的知識份子和工人農民,他們的利益差別是顯見的,
> 也是正常的。承認這種差別,就應該容許各個集團有代表自己
> 利益的組織。(頁89)

這雖是對東歐和俄羅斯的「政黨紛起、派別林立」所作的遠距離觀察,
但同時也警示中國,在進行經濟改革二十年後應該直面真正的問題了。

在比較世界各社會主義國家的改革時,我們常可以聽到這樣的議
論:「在前社會主義國家的改革中,只有中國的改革是成功的。」其實,
這是片面的,缺乏理性觀察的。王文寫道:

> 一個持久穩定的社會必然是一個動態的開放社會。東歐(和俄羅
> 斯)在過去幾年間似乎失去了往日的穩定,其政策更迭、黨派爭
> 端、民怨爆發、利益衝突使社會似乎處於不斷的動盪之中。但
> 是,撇開過渡性因素,現在我們會發現,實際上社會不是變得
> 動盪了,而是變得穩定了;經濟生活已相對獨立於政治運作,
> 政權更迭不再意味著社會混亂;黨派爭端更多了,但它已成為
> 職業政客的一種職業活動,不再對社會具有那麼大的破壞力;
> 民怨累積透過選民投票、遊行請願、言論發洩直至移民出走而
> 得以釋放和平衡;利益衝突依靠黨派制約、新聞監督、司法獨
> 立而得到調整和牽制,不至失控。

這些，的確值得我們去認真研究和思考。政治上的「遊戲規則」才是社會穩定的重要因素，而我們缺少的，偏偏是政治上的「遊戲規則」。

記得〈東歐昭示我們什麼〉發於1997年第1期《讀書》雜誌時，讀後印象極深。當時我曾摘了要點，擬發表在自己供職的媒體副刊上，但因「敏感」而未獲通過。應該說王文的分析是冷靜而理性的。面對當今中國的問題，王文又寫道：

> 由於各種原因，中國的社會政治改革大大滯後於經濟市場化，為我們帶來了一定的優勢。但是，以往十幾年依靠這種策略而得益，可能意味著現在將要付出代價：沒有能夠承受國企破產、工人失業的社會承受力，國有企業的改革就無法真正開始……；沒有一種新的政府結構，產權多元化和市場化就意味著全民的財產被官僚個人化、私有化……；沒有來自自身之外的獨立集團的監督和新聞自由下的輿論監督，承認個人利益和個人財產，必然導致以權謀私和腐敗的氾濫……；沒有一種制度化的、較平和的矛盾釋放機制，矛盾累積最終會導致矛盾以異常的形式爆發和社會動盪，結果就是改革的倒退……。（頁91-92）

任何一個關注中國命運和現狀的人，都相信這絕非危言聳聽。

胡偉希在〈思想自由與民主政治〉一文中說：要實行「思想自由」，必須具備以下條件：一要寬容。當政者要鼓勵人民講真話，要容納不同的和反對的意見，不壓制打擊；二要「輿論獨立」。民間應有自由辦

報刊和出版的權利，民間報刊要有獨立採訪、報導消息和自由發表意見的
權利；三是公民應有自由地獲取思想和資訊以及瞭解事實真相的權利；四
是對政府公務人員壓制公民「思想自由」的行為，要及時揭露和查辦。這
樣，也許會有一些人擔心導致思想混亂和出現反對意見，其實「現代社會
本是一個多元和『異質』的共同體，出現不同的聲音和意見不僅不可怕，
而且是正常的，而民主社會的活力也正表現在這裏」。（頁121-122）我想
也應該是這樣。至於「思想自由」那「四條」，也許有點操之過急，但從
目前思想文化界的氣氛來感受，社會確實在進步。例如，1998年出版界
引人注目的書就有：《現代化的陷阱》、《交鋒》、《解放文選》等等；
從另一個角度看，也是令人矚目的書有：《中流——百期文萃》、《解釋
中國》等等。也許，社會的進步是從文化的多元開始的。至於中國的職業
政客何時會出現，恐怕不好斷言，因為歷史常常會讓許多預言家破產。該
出現的和不該出現的，一切盡在偶然和必然之間。

　　在我們黨的歷史上，曾有過兩個「歷史問題的決議」。1945年4月，
黨的六屆七中全會通過第一個「歷史問題的決議」，隨後贏來了三年解放
戰爭的勝利；1978年通過的第二個「歷史問題的決議」，迎來了二十年
的改革開放。李銳在〈接受歷史教訓，加強黨內民主——關於防「左」的
感想和意見〉中說：

> 我們要在本世紀前徹底弄清楚我們走過的道路，以及世界整體
> 發展的趨勢。總結最主要的成功經驗，更要記住最關鍵的錯誤
> 教訓，避免再走彎路……應當像總結前兩個《歷史決議》一
> 樣，作出我們黨的第三個《歷史決議》。當然，什麼時候辦
> 這件大事，要由時機成熟而定。但這件事是非辦不可的。（頁
> 378）

1978年後，這二十年的改革開放基本上是「摸著石頭過河」，自然免不了曲折和干擾。國內、國外，大事、小事，都發生了。歷史雖是勝利者寫成的，但歷史終究也是公正的，該說清楚的，是不應迴避的。李銳主張：要允許個人思考，也要讓學術機構研究。李銳在文章中還把問題提了出來：諸如，這二十年「左」是否存在？今後如何防「左」？如果說這二十年有「右」，「右」又在何處？我們的市場經濟與資本主義的市場經濟又有什麼不同？社會主義初級階段究竟將經歷多長的時間？論及中國今後的危險時，李銳主張必須弄清這些問題：如蘇聯的外部教訓何在？以美國為首的西方，對蘇聯崩潰起了哪些作用？我們搞過「反對和平演變」，應當怎樣認識和評價這一舉措？人們議論黨的威信下降，腐敗蔓延，失去民心，情況究竟如何，要怎樣界定？我們黨如何進一步健全民主和法制？除了任期制、選舉制、民主生活制度，還應有什麼制度？封建專制主義的餘毒，是否在各級幹部中還不同程度地存在？公私各種經濟成分如何服從「三個有利於」，私有經濟與公有經濟如何相得益彰？等等。

李慎之在〈也要推動政治體制改革〉中說：

> 中國的政治改革比經濟改革要困難不知多少倍……中國自古以來只熟悉、只習慣於專制主義的法律，要改革出一條「法治」的新路來，實在不是一件容易事。然而這正是我們改革的目的，雖然難，也不能不努力去爭取實現，我們總不能在我們的目的面前望而卻步。（頁20-21）

《政治中國》的作者們這樣做了，思考了，「但怎麼可以想像，僅靠幾十個頭腦的思考，僅靠幾十支筆的寫作，僅靠幾十張嘴的呼號，就可以成就中國的政治體制改革！退一萬步説，如果中國的政治體制改革真的能夠在眾人漠視的緘默中成功的話，那麼那些身處這一過程卻無所事事的人們，是否會覺得有愧於這一 成就，有愧於這個時代呢？」（頁382-383）

政治體制改革是一件大事，大事讓大家能參與和關注，這是符合情理的。該書編者在後記中説：

> 作為編者，我們希望此書的出版能夠為政治體制改革討論的空間拓展做些有益的鋪墊。如果不是這樣，甚或出現相反的結局，那麼，這絕非僅僅意味著編者個人的不幸……。（頁382）

筆者前不久採訪李鋭先生，提到收入此書的他的「關於防左」的文章。李鋭説，此書有點傳言，據説有人盯住了這本書。這時我才想起書市老闆的話——「此書要收回去呢！」我原以為這是書店老闆促銷的一個花招，豈料還真有點風聲。不過昨日去書市，見《政治中國》仍好好的，傳言終歸是傳言。我想，這大概也是中國改革開放二十年的一點進步吧！我們當為之高興。

（1998年冬）

有一點「危險的思想」好

——有感於《辮子、小腳及其它》

讀書先讀序跋。朱正著《辮子、小腳及其它》（花城出版社「思想者文庫」之一種，以下簡稱《辮子》）有篇五百餘字的自序，竟有一半是引來的——

> 人們對於苦難表示同情是很容易的，要他們對思想懷有同情則非常困難。真的，一般人對究竟什麼是思想瞭解得太少了，他們似乎以為，只要他們說那種思想是危險的，就等於給那種思想定了罪，其實正是這些思想才具備真正的才智價值。大凡不危險的思想都是根本不配叫做思想的。

這是引自王爾德《評論家也是藝術家》中的一段話。

朱正自序說：

思想家，我當然算不上。算做思想者，大約還可以。因我對於看到過的、聽到過的、讀到過的、經受過的，總喜歡想一想。這書裏所收的，就是這些「想一想」的記錄。

其思想有無危險？大約並不十分的危險。不然，他的書怎能一本接一本的出，且都在國內出？我在一篇小文中說過：有人說讀朱正的書，始終讓人沉重。我補充說，他讓人沉重之後，更使人警醒。這正是朱正智慧的一面。《辮子》是他的一本選集，有的篇目我讀過，但大部分是第一次結集。如〈解讀一篇宣言〉，它揭開了「十月革命」後蘇俄政府發表的第一個「對華宣言」的謎底——蘇俄政府當時宣佈「放棄」、「退還」和「廢除」的，是並不在自己手上的東西，這個宣言實質上是推銷「十月革命」的一種策略和手段，帶有很大的欺騙性。在〈怎樣的天火〉中，朱正透過對一個在中國革命史上並不占

朱正近影

有何等重要地位的人物——張西曼的研究，質疑「十月革命」後的中國「普羅米修士們」到底竊來了「怎樣的天火」。這個質疑自然不敢冒然作答，但能引發我們深深的思考。

歷史是無法復原的，歷史是零散的、片斷的組合。二十世紀的人和事，無論中國的還是外國的，在朱正筆下，都耐人尋味。他寫的是過去，想的是現在和將來。也就是說，他把對歷史的思考和對現實的思考統一起來了。他受過太多的苦難，當右派，當現行反革命，坐牢，可說是遍體鱗傷，但他不是舔著自己的傷口，而是把眼光放得高遠，鳥瞰整個人類的命運。尤其對二十世紀的共運以及共產國際與中國的關係，他有自己獨到的觀察。例如關於托派，他寫道：

> 現在可以看得很清楚：托洛茨基本人和托派份子，也都服膺馬克思列寧的學說，也都致力於無產階級革命運動。當年史達林和史達林的擁護者所加給他們的種種惡名，並不是事實。
> （《辮子》，頁125）

他說史達林和托洛茨基，「就個人的人品和才智來說，托洛茨基大約要比史達林高一些吧。但是托洛茨基主義和史達林主義一樣，都是屬於已經過去的那個時代的了。他們，一個大的運動中的兩個派別，彼此間儘管是你死我活的關係，可是站在歷史的高度來看，兩者的共同點卻也不少。」（頁《辮子》，126）羅素的《西方哲學史》中談到杜威，朱正引來說：

他（指杜威）在關於托洛茨基被斷認的罪名的調查上起了重要的作用，雖然他確信對托洛茨基的控告是沒有根據的，但他並不認為，假使列寧的後繼者不是史達林而是托洛茨基，蘇維埃制度就會是美好的制度。他相信透過暴力革命造成獨裁政治，不是達到良好社會的方法。（《辯子》，頁126）

現在，暴力革命的結果如何無需多說什麼，無論贊同或反對，意義似乎不大。唯有去理性思考，開創未來才是最緊迫的。

還有，大家一致認為，二十世紀的共運史是不能繞開陳獨秀的。陳獨秀是中國新文化運動的旗手，也是引入馬克思主義的、中國的「普羅米修士」之一，但陳獨秀的政治遭遇和晚年思想變化，是很值得研究的。朱正對陳獨秀的觀察是：

在陳獨秀晚年，他不但已經同史達林決裂，也向列寧和托洛茨基道別了。（《辯子》，頁127）

陳獨秀在致鄭學稼的信中說：

列托之見解，在中國不合，在俄國及西歐又何嘗正確？弟主張重新估定布爾什維克的理論及其人物（老托也在內）之價值，乃為一班「俄迷」，尤其是吃過莫斯科麵包的朋友而發。在我自己則已估定他們的價值。我認為納粹是普魯士與布爾什維克之混合物。（轉引自《辯子》，頁126-127）

有一點「危險的思想」好≫ 有感於《辮子、小腳及其它》

陳獨秀的晚景是淒涼的，也許正由於淒涼，才使他提前半個世紀開始了反思，提出要「科學地而非宗教地重新估計布爾什維克的理論及其領袖的價值」。可惜，在很長一段時間裏，我們埋首忙碌著「革命」和「繼續革命」，對客死四川江津的這位老者似乎不屑一顧，即使提起也是把他當作革命「聖旗」下的一個小丑而加以嘲弄和批判。直到八、九十年代，才像侍弄古董一樣的搬出陳氏，但往往是小心翼翼的。看來，要讓陳獨秀研究深入下去，也並非輕而易舉。

2005年5月朱正與何方相識。左起為向繼東、秦穎、朱正、何方、丁東、何方夫人宋以敏、邢小群

〈唐縱日記中所見的一次沒有實行的改革〉是一篇讀書札記。中共黨史專家龔育之讀了此文致函朱正說：

> 唐縱日記，聽你和金沖及同志談到過，你的文章引起我一定要找到一本看看。也許該讓更多的人看看這本日記和你的文章。
> （1997年3月23日致朱正）

「唐縱日記」的整理印本書名叫《在蔣介石身邊八年——侍從室高級幕僚

唐縱日記》。（群眾出版社，1991年8月版）唐縱係湖南人，黃埔軍校出身，在蔣介石侍從室主管情報工作，作過軍統局幫辦、內政部次長、警察總署署長，頗得蔣的寵信，後來去了台灣。其日記是經公安部檔案室編輯出版的。讀其日記可見，唐縱還算是個有見識的人。當時，面對通貨膨脹、民不聊生、盜匪猖獗的局面，面對國民黨上下腐敗和軍警及特務機關的腐敗，唐縱希望「消滅危機於無形」，主張「在黨內開放言論，黨部自由選舉」。他和陳布雷等進言，蔣說：「改革方案並不難，可是一定要考慮到革命的環境、本黨的人才和我們的民族性。」由於蔣顧慮太多，處處「維持現狀」，終於現狀不能維持了，一敗塗地。讀著這樣的文字，是很難不與此刻我們生存的空間產生聯想的。雖然此一時，彼一時，但我們當今面臨的改革，與半個多世紀以前的情況有多少異同？我們現在常議論的、思考的問題，又何異於此？深謀遠慮是需要的，但顧慮太多是容易喪失機會的。現在有沒有人想做「維持會長」？其實「維持會長」也是很難當的。我們可以暫時迴避問題和矛盾，但我們不能永遠迴避矛盾，我們不得不面對同樣的政府腐敗，還有人口與資源、國企改革、社會不公等等問題。

袁世凱是個複雜的人物。有關袁世凱的書，我也讀過一些，但我頗喜歡朱正的〈回頭看袁世凱〉。朱正說，袁世凱之所以做了皇帝，一是袁擁有軍隊，二是袁有社會基礎——因為那時大家盼望有個「真命天子」，於是他稱帝了。可是，袁世凱只做了八十三天皇帝就死了！袁死後的大出喪，當時的美國駐華公使芮恩施是這樣描述的：

　　沿途許多人在軍隊的行列後面夾道（上），在帶著一些敬意的目光中旁觀。沒有人表現出悲傷的模樣，而是表現出默不作聲的

冷淡。袁氏沒有贏得民心，人民認為他是一個深居簡出的專橫
的人，他同人民打交道，就是向他們徵稅和處他們以死刑。（轉
引自《辮子》，頁57）

接著，朱正筆鋒一轉，寫道：

那些站在街頭看這出喪大場面的北京的居民，稱作旁觀者也好
吧。如果站在歷史的高度，我們就會看見，只有人民才是這塊
大地上永恆的主人，他們送走了一個又一個過客。像袁世凱，
他曾經盡到的，既然只是稅吏和劊子手的任務，人民在送走他
的時候，居然還在帶著一些敬意的沉默中旁觀，這真是應該讚
頌的寬厚了。（《辮子》，頁57）

記得，我初讀此文的準確時間，正是1996年9月9日，那時真有一種
特別的滋味在心頭，因為這正是一位偉人去世二十周年的忌日。這位偉人
改寫了中國的歷史，但他同時也帶給了我們太多的災難，在他死後幾年，
大批冤假錯案才得以平反。平反，對活著的，當然是一件大好事；可對死
去的，它有什麼意義呢？黨籍、職級、榮譽等等能夠恢復，可生命能夠恢
復嗎？朱正序戴晴作《梁漱溟王實味儲安平》中說到，幾年前羅馬教廷公
開為三百多年前的伽利略錯案平反時寫道：

教廷的這一舉措，不是為伽利略平反，而是為教廷本身平反
……。因為伽利略一案，需要在世界公眾輿論面前爭取挽回名
譽的，倒是羅馬教廷本身。（《辮子》，頁122）

我們是否也可以這樣說：平反冤假錯案，正是為了黨和社會主義的名譽呢？有人說，偉人的是非總是在百年之後評說，但有的百年之後，後來者還不能「正視淋漓的鮮血」（魯迅語），這又是誰的不幸呢？

李大釗是當年的北大教授，中共黨史人物，他已為大家所熟知。至於白堅武何許人呢？知之者恐怕不多。白堅武擔任過軍閥吳佩孚的幕僚，後來又受日本指使，陰謀製造偽「華北國」，1937年被以漢奸首領罪處死。朱正的〈兩個朋友〉，（《辮子》，頁93-119）就寫了這兩個人物殊途同歸的命運。青年時，他們志趣相投，後來走上了不同的道路。李大釗引來俄國「十月革命」的「天火」，屬親俄派，但具有諷刺意味的是，最後卻在俄使館被捕，被軍閥張作霖絞死。白堅武主觀上也是為「中國的改革和進步」，但他選擇日本人做朋友，「做日本人想他做的一切」，結果被馮玉祥處死。朱正說，站在歷史的長河裏，把眼光放遠一點，其實「兩個朋友」都是外國利益的代理人：一個是為了俄國的利益，一個是為了日本的利益。不同的是俄國宣揚的是，已為世界範圍的先進份子所接受的馬克思主義；而日本宣揚的卻是大亞細亞主義。也許「大亞細亞主義」不能算作一種理論，於是李、白二人身後的榮辱自然不同了。這些雖是舊人舊事，塵埃落空，但經朱正的筆一回味，就意味深長了⋯⋯。

有人說過：日光之下無新事。過去發生的事，今後還要發生；現在發生的事，過去都曾發生過。歷史就是一面鏡子，歷史的哲學常讀常新。我想，只有勇於面對自己歷史的民族才是有希望的，只有正視過去的人才是智慧的。基於此，我主張還是要有一點「危險的思想」，因為這也許正是預防和遏制「危險的行動」的一個閥門。

（2000年夏）

關懷人生和社會

——讀王躍文的兩部中篇小說

讀王躍文的小說很容易找到感覺，那感覺便是良知。他對當今官場各色人等的心態把握，極得分寸；對官場種種「遊戲規則」，感觸尤深。他說，他原本是一個理想主義者，可現實使他明白，理想主義是很容易倒向頹廢主義的。理想似乎永遠在彼岸，而此岸充斥著虛偽、不公、暴虐和痛苦。現在很多人雖不至於頹廢，但卻選擇了麻木。他說自己既不想頹廢，又不願麻木。那麼就只有批判，因為目前最需要的是批判現實主義。

他的中篇小說〈今夕何夕〉（載《當代》1996年第2期，《中篇小說選刊》1996年第4期轉載）發表以後，總有人猜測，這個人是寫誰，那個人是寫誰。更有人說中間的人物看誰像誰。這雖不能與當年魯迅的《阿Q正傳》發表以後人們對號入座相比，但確實也引起了不小的震動。北京評論家洪水先生撰文認為：「〈今夕何夕〉是近年寫官場的難得的好作品，其真實和深刻都不在《官場現形記》和《二十年目睹之

怪狀》之下。」它的「獨到之處在於，作者並不熱衷於揭露、諷刺、批評這一切，而是把官場當成一種文化、一種民俗來寫。説官場不好很容易，説清楚這不好的普遍性和生命力，就不那麼容易了。」洪水先生認為作品「切入官場的角度是前所未有的，就是寫實高手劉震雲的名篇〈官場〉，也沒達到這種深度」（見《中華文學選刊》1997年第1期，頁172）。我很贊同洪水先生做這樣的觀察。

〈今夕何夕〉主要寫了地委書記張兆林（後來任副省長）、秘書孟維周、企業「老闆」唐半仙、私營企業主舒培德等人。在當今官場，這位地委書記張兆林説不上好，也説不上壞，只能説是真實的。他沉著、機智、老道、圓滑，看上去並不八面威風，甚至還很平和。他同社會上那些混得開的人交朋友，如會看相算命的物業公司經理唐半仙、私營企業老闆舒培德等同他稱兄道弟。社會上對此頗有微辭，但他並不為自己辯白，而是玩起了高明的政治藝術，號召各級領導和企業家交朋友，還就此在報紙上展開討論。唐半仙最後因貪污和瀆職被人舉報，他起初還有庇護的意思，

王躍文近影

説辭是為保護企業家的積極性。可當唐半仙的案子引起省裏關注後，他就高度重視了，親自過問案子，要求檢察長隨時彙報辦案情況。在這位書記的重視下，唐半仙兩個月之內就被判處了死刑，速度之快，令人震驚。於是社會上便有人議論，説是「殺了半個仙人，救了一個凡人」。不言自明，這個凡人指的是張兆林。就在人們傳言張兆林的種種問題時，省紀委卻來人總結這個地區廉政建設經驗了。再後來，張兆林就當了副省長。《中篇小説選刊》轉載作品時很少有刪節，在轉載〈今夕何夕〉時卻刪除了判處唐半仙死刑一節。我佩服「選刊」編輯的眼力，但卻不贊成這種粗暴的刪節，因為這樣一刪就使其主題的批判性大大弱化了。

　　讀這部中篇，還讓我想到中南某市被槍斃的一個大貪污犯董某。一天晚上，電視新聞播放了董某伏法的消息，第二天我就聽到熟悉內情的人議論：「殺了一個人，救了一批人。」感謝電視台記者為我們留下了董某伏法前的最後鏡頭。董某面對記者説：「我貪污，我有罪。但難道是我一個人的罪嗎？難道只有我一個人該死嗎？我不服……」等等。〈今夕何夕〉發表在董某赴刑之前，董某也並非「唐半仙」的原形，只能説是其小説人物很具典型性。王躍文説，有人説他小説中的人物看誰像誰，他並不為自己作品描寫得成功而感到喜悦，心情反而沉重起來。畢竟，小説中的那些人物在現實中多了，是件令人不痛快的事。

　　中篇小説〈夜郎西〉（發表於《當代》1997年第2期）塑造了有別於張兆林的一個父母官形象——黎南縣委副書記關隱達。原本仕途坦蕩的關隱達，在岳父大人從地委書記位置上退下來之後，他的官階就開始原地踏步。幾年以後，關隱達調任黎南縣委副書記。這時他經過了多年的挫折，心態也平和多了，對自己的「政治前途」也不抱什麼希望了，只想盡職盡責管好自己份內的事。正因為如此，他到哪裏都很有口碑，但每當他的威信高起來的時候，他就會被調動。他在黎南縣幹了兩年後，縣政府要換屆

了。選舉的時候，與代縣長王永坦有關係的建築包頭──陳天王承包的大橋發生了橋墩沉陷事故。關隱達原是不同意由這個農建隊承包工程的，但王永坦卻以「保護當地經濟，肥水不落外人田」為由，堅持讓陳天王承包了。平時群眾對王永坦就頗有議論，這次王便成了人大代表議論的焦點人物。於是，代表們要推選關隱達當縣長。這時地委領導「為了實現組織意圖」，馬上調關隱達去地教委任主任，免去了他黎南縣委副書記的職務。關隱達藉故未去上任，最後當選為縣長。但這種選舉不是上頭的意圖，而且上頭又認為關隱達不配合組織「做工作」，於是他的縣長當得很艱難，就連上地區開會彙報工作也輪不上他。後來，居然有人無中生有，舉報他有經濟和男女作風的問題，並被「請」到地紀委接受調查。此時，他意識到王永坦等一股勢力正在向他進攻。迫不得已，他發起了反擊，下令逮捕了陳天王。

粗看〈夜郎西〉，這是一部充滿理想主義的激情之作。但掩卷一想，其實這是更深刻的批判現實主義。不管關隱達人品多好，不管他多麼正直，在他所處的環境下，他會有所作為嗎？答案自然有了。大概十年前，柯雲路的《新星》塑造了一個改革者的形象──李向南。李向南之所以能大刀闊斧，就因為他背後還站著一位省委書記。而關隱達呢？他似乎是孤立無援的。儘管他當了縣長，但連縣委、常委都遲遲不能進，反而謠言四起。關隱達的「反擊」在多大程度上有效？陳天王偷稅、漏稅和行賄案是查得了的嗎？說不定查一陣子，就不了了之了（現實生活中這種情況是不少的）。另一種可能是，陳天王落得像〈今夕何夕〉中的唐半仙那種下場而已，可那龐大的運作機器依然如故，升官的依舊升官，發財的依舊發財。因而，關隱達最終的失敗也許是不可避免的。

兩年前，王躍文的獲獎中篇〈秋風庭院〉，寫了一個退下來的地委書記形象。評委王蒙的評語是：「……真切，善良，很有黃昏氣氛，但止

於黃昏之歎，又令人不太滿足。」事後王躍文在一篇小文中說，他很敬重王蒙先生的批評，但就是不知如何去彌補這個「不滿足」。是的，曹雪芹先生作《紅樓夢》，一定沒有想到過要藉此拯救大清王朝，只能發出「無才補天」的感歎。對於社會，作家們的責任也許充其量只能提供一張張化驗單、一張張透視底片，診斷的責任只能留給人民和歷史。是「人民創造歷史」還是「英雄創造歷史」，好像總有人在爭論。我覺得哪一種論點占上風都不重要，重要的是，我們只要回過頭去看看俄國的二月革命、十月革命以及中國的戊戌變法、辛亥革命等等，或改良或革命，是偶然的，又是必然的。我們不必苛求作家就是政治家（政治家往往也不是先知先覺的，有時甚至是天真的），但作家必須是社會的良知，必須是社會進程的關懷者。

　　縱觀中外文學，凡是能夠流傳的作品，大都是批判現實主義的。在文壇製造「主義」的速度超過文學本身成就的當下，我是懶於讀小說的，但王躍文的小說讓我耳目一新，不得不正視自己生活的空間。

　　從來的改革，總是對歷史和現實的批判、揚棄和否定。（陳敏之序顧准，《從理想主義到經驗主義》）

我們的改革已進行近二十年了，改革究竟走了多遠？帶來了什麼？還要不要兜圈子？問題的癥結在哪裏？我常常陷入深思。在我看來，讀王躍文的小說，至少使我們看到了某種端倪，看到了某種力量的萌芽和覺醒，如王永坦的「落選」和關隱達的「當選」，使每個有良知的人不得不反思。最近，江澤民總書記在中央黨校省部級幹部進修班學員畢業典禮上的講話中指出：經濟體制改革要有新的突破，政治體制

改革要繼續推進。這確實代表了黨心民意。沒有政治體制的改革和完善，就沒有什麼可以制約張兆林、王永坦之輩。

作家要關懷人生，更要關懷社會的進程。從這個角度看，我喜歡王躍文的小說。

（1997年）

「嚴重的問題」是什麼

五十多年前，毛澤東曾作〈論人民民主專政〉，說「嚴重的問題是教育農民」；今天，農村和農民問題依然是個嚴重的問題。不過，現在已不是簡單的「教育農民」了。2001年第1期《讀書》雜誌發表了一組三篇關注農村和農民問題的文章，值得一讀。

先說陸學藝的〈「農民真苦，農村真窮」？〉。陸先生也許是一位專注於農村問題的學者，其文章作得紮實，讀了雖讓人沉重，但又不乏理性。中國農村改革已二十年了，八十年代初期，農民基本上是受益的，不少地區的農民確實富了，溫飽問題也解決了。但八十年代中期以後，農民的收入基本上是走下坡的。由於種種原因，農民負擔加重，雖然上面年年喊減負，實際上越減越重。農民種田虧本，幹群矛盾加劇。老實說，在陸文中讀到「我經常碰到老人拉著我的手，痛苦流淚盼早死，小孩跪到我面前要上學的悲傷場面」這樣的句子時，我突然想到大都市的「歌舞昇平」

並非虛幻，想到比肩而立的大酒店裏其樂融融的食客，以及各大商廈裏包裝精美的「狗餅乾」，心情越發不是滋味。這些年來，農民有苦有冤，但求助無望，訴説無門，只得「自己辦起了上訪培訓班」，以求上訪奏效，解決問題。然而「這不是哪個人的問題，不是哪個幹部的問題，而是體制問題……」。

在探尋農村「苦」和「窮」的根源時，陸先生的文章分析很實在：

> 九十年代中期以後，在整個經濟波動中，農民受到雙重的壓力，一是農產品價格大幅度下降，農業收入大幅減少；二是在非農產業中就業的農民受到排斥，使打工收入和非農經營收入減少。而在這些年，農業的稅收卻是逐年增加的，1993年，全國農業各種稅為125.74億元，1998年增加到398.8億元，平均每年增加54.6億元。（《中國統計摘要（2000）》，頁38）

正稅之外，農村的各項收費負擔增加更多。這兩減兩增，是造成現在農民真苦、農村真窮的經濟原因。還有別的原因嗎？陸文最後説：

> 在人民公社制度下，是把農民一個個束縛起來受窮，現在則是把農民圈起來，還是窮。中國的問題仍然是農民問題，但農民問題主要不再是土地問題，而是就業問題」。

但我想，農村土地產權問題是無法迴避的。不從根本上解決土地的產權問題，城鄉二元社會結構能打破嗎？説「就業問題」是主要問題，這顯然是隔靴搔癢。

高默波先生的《書寫歷史：〈高家村〉》，是談自己寫《高家村》的一些體會和見解。此書是哪家出版社出的，高先生沒說，讀了他的文章，我倒想找來讀讀，但走了幾家大書店而未得見。書裏到底寫了些什麼，讀了高文，也可略知一二。

高先生在文章中提出了一個值得深思的問題：

> 在當地農村物質生活水平比毛澤東時代提高很多的情況下，不論是基層官員還是普通老百姓都很懷念毛澤東。

他發現並思考這一問題，引起了我的興趣。

農民為什麼懷念毛澤東呢？高先生認為：並不是「農村人封建愚昧，農民不識好歹」。過去「他們的思想感情是根基於深刻的社會基礎的」。雖然他們在毛澤東時代吃了很多苦，寒冬臘月去搞水利建設，風俗習慣被壓制，族譜被燒掉，還鬧饑荒；但「文革」對他們沒有衝擊，「對高家村農民來說，『文革』卻是毛澤東時代的黃金時期」，因為高家村第一次辦起了一至三年級的小學，兒童全部入學；還有方便看病的赤腳醫生制度等等。「同樣，他們對八十年代以後的思想感情也是根基於深刻的社會基礎的……比方說，越反越厲害的官員腐敗，中央政府三令五申而制止不住的苛捐雜稅、令人不安的社會治安問題。農民是這些問題的直接受害者。」所以，他們就「懷念毛澤東時代」了。

高先生還說：

> 對精英來說，「文革」使中國變成了文化沙漠；但對高家村來說，「文革」是當地文化的史無前例的最好時期，因為農民把樣板戲翻了個版，用本地的傳統曲子和語言來改造樣板戲；並

自己登台表演。他們自編、自導、自演,自己設計服裝,以前所未有的熱情來豐富當地的文化生活。

在高先生筆下,農民真是萬民同慶、其樂融融了。好在高先生所描述的農民生活,我也經歷過(只是我不在《高家村》,而在「向家村」),但我的感覺沒有他那麼好,因為那時農民除了勞作,就是開會「學習政治」、唱「天上佈滿星」,就是「大批資本主義」。現在回想那段生活,我的心情是複雜的。

高先生的文章說:

> 歷史是由勝利者寫成的,是人所共知的,但真正理會這一點的人不一定多。馬克思的經濟基礎決定上層建築的思想,以及世界上沒有無緣無故的愛也沒有無緣無故的恨的說法,都與不同的人寫不同的歷史的理論有關。

這意思,也符合毛澤東的著名論斷:什麼階級說什麼話。高先生說他是農村出生長大的,父母一輩子是貧困農民,所以他的《高家村》,就是站在貧困農民立場上寫的。從高先生的文章中知道,國外有不少有關中國的人物傳記和回憶錄,如有從知識份子立場寫的《一滴淚》和《失去的一代》,有從農村地主階級立場寫的《閣樓》,有從受過打擊的「當權派」立場寫的《鴻》,等等。這些著作在國外出版,國內很少有人讀到,無疑是令人遺憾的。為了讓後人看到歷史全貌,從多個角度觀察和認識二十世紀的中國,我建議有卓識遠見的出版家不妨作點推介工作。當然,這需要有一個相對寬鬆而適宜的文化環境。

「歷史的經驗值得注意。」《聯共（布）黨史》曾被我們奉為聖典，當史達林走下神壇之後，才知那並非歷史的真實。有人說，「那是用血寫成的謊言。」這也許有點誇張，但它的確只能算是布爾什維克「史達林派」的歷史。要是站在托洛茨基的立場上看，那當然全是顛倒黑白的。邵燕祥讀蘇聯歷史，曾作〈歷史的感歎〉（載《湘聲報》，2001年1月5日）。邵先生在文中說：

> 官方封鎖真相，卻還有民間渠道，官方只限於教科書和新聞出版，民間渠道卻是口碑千萬。
> 那種以為只要掩蓋了史達林鎮壓的真相，不讓人們知道暴行的規模，使大家安於一片光明的歷史敘述，就可以維護蘇聯的長治久安的想法，其實只是勃列日涅夫之流一廂情願的幻想。

後來人們知道了真相，蘇聯的結果大家都看到了。

也許，歷史就是一面多稜鏡，或是一座重巒疊嶂的大山，要識得其真面貌，唯有遠近高低看。儘管，結果難免片面，但正是這些「片面」的組合，才能窺其「全面」。然而，「中國人向來因為不敢正視人生，只好瞞和騙」。（魯迅，《墳》）因此，有了「粗細」說，有了條條框框。並且「用瞞和騙，造出奇妙的逃路來，而自以為正路。在這路上……一天一天滿足著，即一天一天墮落著，但都又覺得見其光榮」。（同上）誠哉斯言。

吳重慶先生的〈革命的底層動員〉，是一篇田野調查札記。按時下的行文分類，也可叫讀書隨筆，他讀的是毛澤東1933年11月下旬寫的〈才溪鄉調查〉（才溪鄉分上才溪和下才溪）。這篇文章也許太瑣碎，所以沒有收入毛選四卷，但收入了1993年12月出版的《毛澤東文集》第

二卷。才溪鄉是當年的蘇區。66年後，吳先生重訪才溪，讀了毛的〈調查〉及有關的史料，寫了此文。

　　讀過吳先生的文章，勾起我許多聯想。我們現在說說民主，就會立即有人說：中國的國情特殊呀，農村人口多呀，文化素質低呀……等等；可六十多年前的才溪鄉總共四千九百餘人，十五～五十五歲的男子一千三百多人中，竟有一千零十一人參加了紅軍，留守家裏的基本上是婦女兒童和老人，且大都是文盲。但就是他們，把才溪鄉民主選舉「開展得有板有眼，有聲有色」。

　　當年才溪人說的「投票」，實際上是「投豆」。吳先生採訪如今健在的林攀階老紅軍，林老說：

> 像我們所在的下才溪鄉發坑村，要從十個候選人中選出五個代表。男的都當紅軍去了，選民盡是老人、婦女。臨投票時，讓這十個人站成一排，背著手面向牆壁，每個人的後面各擺一個碗。每個選民分五顆黃豆，同意選誰當鄉蘇代表，就往誰的碗裏放一顆。得黃豆最多的五個人就是獲選代表。

吳先生寫到投票前的發動情況時還有這麼一段文字：

> 1933年9月，毛澤東在「南部十八縣選舉運動」大會做了題為〈今年的選舉〉的報告，說「有選舉權和無選舉權的區分，是最重要的一條」。當時，才溪鄉有選舉權的公民名單及十六歲以下尚未獲得選舉權的名單各發紅榜一張，另將被剝奪選舉權的發白榜一張，在各村公開張貼。許多人為自己能上紅榜而感到揚眉吐氣，當家做主的光榮感油然而起。同時還展開揭發，

認為某人有問題，不該上紅榜，有的人因此從「紅榜」淪落到「白榜」。所以，有選舉權及實際參與選舉，乃是「政治身分」高人一等的集中體現，誰都不願也不敢自動放棄它。

然而，我們今天又如何呢？六十多年前的才溪鄉農民積極爭取投票權。而我們今天有這種熱忱的人很少了，大都抱著「自己投不投票無所謂」的態度。就我自己來說，想來慚愧，活過了大半輩子，似乎還沒有參加幾次諸如「選代表」之類的投票。儘管我也看到自己的名字被寫在「紅榜」裏，儘管我也接受過「投下你神聖的一票」之類的教誨，但看到那當選的高比例，覺得自己投不投票，人家都會當選，於是便全無了興趣。久而久之，連「紅榜」也懶得看了。我曾對「選代表」活動進行過一次非正式調查，被調查的三十二人中竟有近半數的人根本沒有參加投票；投了票的人，也有相當一部分的人認為自己投不投票是無所謂的，是好玩。只有兩人認為自己這一票很重要——而這些人，往

黑龍江省綏化縣農民土改後以「投豆子」方式選舉產生政府委員

解放區在投票的農村婦女

往都是選舉活動的組織者，因為他們要完成上面佈置的任務。我曾私下想，這些人回到家裏，和妻室說起某某當選，其說法也可能與眾人大致相似了。

　　吳先生文中有一句話說得極好：「民主政治不光是由下而上爭取到的，也是由上而下設計出來的。」如何使現代民主選舉不致「走過場」，真正體現大多數公民的意願？「由上而下」設計一套公正的競選程式，已成當務之急了。

（2001年3月）

讀陸定一的一篇舊文

陸定一早年投身革命，逝世時稱他是
「偉大的共產主義戰士、老一輩無產階級革
命家、我黨思想宣傳戰線卓越的領導人」，
這個評價是恰如其分的。他1942年擔任延安
《解放日報》總編輯，1945年擔起任中共中
央宣傳部部長。建國後，他曾任中共中央政
治局候補委員、中央書記處書記、國務院副
總理等職，但在中宣部部長的職位上時間最
長，主管意識形態工作直到文革開始之前。

陸定一的這篇舊文寫於1946年，標題為
〈人民的報紙——為《新華日報》八周年紀念
作〉，原載1946年1月11日《新華日報》成立
（創辦）八周年紀念特刊。我沒見到當年的《新
華日報》，文章是在《新華日報的回憶》（四川
人民出版社，1979年12月版，此文為「代序」）一書
中讀到的。這本回憶錄出版時，我還是個文學
迷，正熱衷於「傷痕文學」，對它少有興趣。
後來我的興趣轉入文史，且還有了十餘年的媒
體從業經驗，而今讀到此文，感慨頗多……。

此文不長，全文抄錄如下：

　　一位《新民報》記者問我：「有人以為，中國記者不如英美記者，你的意見如何？」我回答說：「我不以為然。中國記者是並不遜於別國記者的。英美記者固然有他們的長處，但是中國記者，能在重重壓迫之下把人民所要知道的真實消息透露給人民，這種經驗、這種本領，則遠非英美記者所能及。比如一棵樹，生在平坦的地上，長得很高很直，是容易的，如果在石頭縫裏彎彎曲曲的生長起來，雖然樣子矮小，卻確是不容易。」我這裏所說的中國記者，是指大後方的大多數記者而言的。

　　世界上為什麼會產生現代的報紙？這是因為人民大眾要求知道真實的消息。現代報紙是資本主義社會的產物，幾乎是同民主主義的思想同時產生出來的。專制主義者不要人民聰明懂事，只要人民蠢如鹿豕，所以他是很不喜歡現代報紙的。新專制主義者，即法西斯主義者，他們比其先輩，就更高明些了。戈培爾的原則，就是把所有報紙、雜誌、廣播、電影等完全統制起來，一致造謠，使人民目中所見、耳中所聞，全是法西斯的謠言，毫無例外。到了戈培爾輩手裏，報紙發生了與其原意相反的變化，謠言代替了真實的消息，人民看了這種報紙，不但不會聰明起來，而且反會越來越糊塗。看德國，不是有成千成萬人替希特勒去當炮灰麼？

　　所以，有兩種報紙。一種是人民大眾的報紙，告訴人民以真實的消息，啟發人民民主的思想，叫人民聰明起來。另一種是新專制主義者的報紙，告訴人民以謠言，閉塞人民的思想，使人民

變得愚蠢。前者，對於社會、對於國家民族，是有好處的，沒有它，所謂文明，是不能設想的。後者則與此相反，它對於社會、對於人類、對於國家民族，是一種毒藥，是殺人不見血的鋼刀。

所以，也有兩種記者。一種記者是為人民服務的，他把人民大眾所必須知道的消息，告訴人民大眾，把人民大眾的意見，提出來作為輿論。另一種記者，是為專制主義者服務的，其任務就是造謠，造謠，再造謠。

中國有少數人，集合新舊專制主義者的大成，他們一面辦報造謠，一面又禁止另一些報紙透露真實消息。他們很怕真正的記者，因為他們有不可告人之隱，所以喜歡鬼鬼祟祟，喜歡人不知鬼不覺，如果有人知道他幹的什麼，公開發表出來，或者說，把他所要幹的事老老實實地「暴露」出來，那他就會大怒，跟著就會不擇手段。把外國記者放上黑名單，時時刻刻以有形、無形

當年的《新華日報》積極呼籲憲政民主，可六十年後的今天怎樣呢？

1940年代國民黨軍警槍殺政治犯

的手段恐嚇著中國記者們，叫他們「小心！小心！」就是這種手段的舉例。

記者是應該「小心」的。但他們的「小心」，不應用來服侍專制主義者，而應用來服務於人民，當人民的勤務員。人民是記者們最尊貴的主人。如果為這樣的尊貴的主人服務，當然應該自覺的「小心」。這種「小心」，不是不許發表真實消息，恰恰相反，是要竭盡一切可能，使消息能夠十分真實，使言論能夠真正代表人民的意思。

在抗日戰爭中，人民是誰？就是工人、農民、小資產階級、自由資產階級、開明士紳，以及一切愛國份子。他們就是國家民族的真正主人。專制主義者，則壓迫人民，剝削人民，使人民求生無路。

《新華日報》八年的歷史，是一篇辛酸苦辣的歷史。這些說不盡、道不完的辛酸苦辣，是有代價的，是有重大代價的。《新華日報》是人民的報紙的典型，他所受的壓迫，因而是一切壓迫形式的最集中的形式，但是，他也受到人民的愛戴，而且是最大的愛戴。

八年過去了。今後怎樣辦？

這樣辦：(一)全心全意為人民服務；(二)力求真實，絲毫不苟。

我希望《新華日報》這樣做，希望大後方一切為民主而奮鬥的記者這樣做，並且希望給《新華日報》以經常的指教批評，使它日益完善。我希望慢慢地在新聞界裏創造出一種新的作風，就是為人民服務的作風、力求真實的作風。以此作風，來革除專制主義者不許人民說話和造謠欺騙人民的歪風。

1949年後，陸定一幾乎一直領導意識形態。他提出學術性質、藝術性質、技術性質的問題要讓它自由，即開展「百家爭鳴」。於是，與毛澤東先前提出的「百花齊放」，形成中共黨的雙百方針。他曾代表黨中央在懷仁堂作了「百花齊放，百家爭鳴」的報告。寫這篇小文時，我想找到《陸定一文集》來讀，以盡可能全面瞭解他的新聞思想，但書沒找著。我想，作為一個宣傳部長，在那個特定的歷史時期，無論是正常的工作，還是運動中，他肯定要講話、要作批示、要發表文章。要他不說過頭話，恐怕也很難，但可以肯定的是，他「過頭」得還不能令毛滿意，否則就不會有毛澤東「打倒閻王」之說了。可惜我那時還太小，不諳世事。今讀此文，我倒覺得陸定一的確是一位內行領導。

我們辦報的目的是什麼？「啟發人民民主的思想，叫人民聰明起來」！如何辦報？「不造謠」、「告訴人民以真實的消息」！記者的責任是什麼？「把人民大眾的意見，提出來作為輿論」……陸定一的這些新聞思想，好像還沒有人研究。其實，這與馬克思關於報刊「生活在人民當中，它真誠地和人民共患難、同甘苦、齊愛憎。它把它在希望與憂慮之中從生活那裏傾聽來的東西，公開地報導出來」（《馬克思恩格斯全集》第一卷，頁187）的思想是完全一致的。馬克思還說：「報刊按其使命來說，是社會的捍衛者，是針對當權者的孜孜不倦的揭露者，是無處不在的眼睛，是熱情維護自己自由的人民精神的無處不在的喉舌。」（《馬克思恩格斯全集》第六卷，頁274-275）在馬克思看來，「報刊的首要職責，即揭發招搖撞騙的職責」（同上，第十四卷，頁755）。陸定一的主張又何嘗不是這樣呢？

陸定一半個多世紀前的這篇文章，可以說是一篇閃耀著馬克思主義光輝的文獻，是具有普世價值的。重溫陸定一的這篇文章，對我們新聞從

業人員的思想道德建設，的確是一種最好的教材。於是我抄錄這篇小文，
並與新聞界的同人朋友共勉。

（2003年）

思想的風景

——李冰封散文隨筆的風格

無論在廟堂還是江湖，生活從來就沒有旁觀者。這是我讀李冰封散文隨筆的感覺。

李冰封先生原籍福州，1947年從大學投奔解放區，1949年8月南下入湘，任《新湖南報》編委，主持過報紙副刊，後錯劃為右派，二十一年後平反，官至一個省的宣傳部副部長兼省出版局局長、局黨組書記。他一生追求光明，但陰影彷彿總揮之不去。著名學者于光遠先生在〈李冰封的風格〉一文中曾說，他「長期做文化工作，是文化人中的官員，官員中的文化人」，這個評價是很中肯的。

李冰封先生有一篇叫〈背犁〉的散文，被許多集子收錄過。文章寫的是1948年，他在熱河南部山區看到一家三代的「背犁圖」，使他感歎唏噓。解放後，「在蓬蓬勃勃的日子」裏，曾使他後悔當時沒去背一陣犁，以為在中國要體驗這樣的生活恐怕不可能了。可二十一年後，在號稱「湖廣熟，天下足」的洞庭湖邊，因生產隊死了兩頭牛，他竟親自品嚐了背犁的滋味。他說：

> 當時我作為一個中國人，一個被剝奪了黨籍的共產黨員，我覺得自己的民族自尊心和無產階級的階級自尊心都受到了極大的損害。

因為恰好這一年，西方資產階級的「阿波羅11號」登上了月球，而我們東方無產階級正在為自己的錯誤付出沉重的代價。那時，他真可叫位卑未敢忘憂國。

　　冰封先生曾送我兩本書，一本是他的翻譯小說《大衛·科波菲爾》，另一本是《李冰封散文隨筆初集》。關於這本「散文隨筆初集」，于光遠等幾位學術界、文藝界人士在《羊城晚報》、《新民晚報》等多家報刊發表過書評，其中周艾從在《東方文化》上發表的評介文章曾被《新華文摘》轉載。找到這本書讀的人也許不多，但知道這本書的人很多，我就是在讀了書評之後才讀的。李銳先生為這本書作序說：「他的文章，言之有物，讀後總要引起一些思索，注意文采，卻不做作。我很喜歡這

種風格。」于光遠説,讀後,他對李鋭這一段話也有同感。的確如此,無論記事記遊,寫景寫人,他走筆總是那麼自然、隨和,不顯山露水,以其人格的力量感染你,以思想的光芒照亮急於趕路的夜行者。

我贊同青年學者王彬彬的觀點,隨筆是一種思想者的文體,隨筆的大忌是思想的貧乏。李冰封先生近年來隨筆是豐厚的,一篇接一篇,展示著思想的風景,《新華文摘》也轉載他的文章。他的風格,就是以一個真正的共產黨人的身分思考、關注中國,思考、關注人類及國際共產主義運動的命運。他近年來的主要隨筆作品有〈建議出版兩本講真話的舊書〉,即一本是三十年代紀德的《從蘇聯歸來》,另一本是七十年代彼德・弗萊雅的《匈牙利悲劇》。他的〈孫子書包重八公斤〉,是最早發現並指出中小學語文教學誤區的文章之一。在〈聞齊奧塞斯庫當過扒手有感〉中,他急切呼喚建立一種民主的、有效的監督和制約機制,增加政治上的透明度,以防齊奧塞斯庫之類的扒手,由竊鉤進而發展到竊國。他在〈對一種潛在危險的斷想〉中擔心中國會發生第二次「文革」,因為中國社會仍然存在著這些條件。他在〈從「傳統」説到「皇權」〉中觀察到,皇權、王權、君權以及現當代各式各樣的極權,從實質上看,都是反民主的。他借用他的老朋友汪澍白教授的話説:

> 極權的基本特徵:其一是權力機構非選舉產生;其二是立法、司法、行政三權合一,不可分割;其三是最高權力不能轉讓,實行「終身制」。符合這三條的,在封建社會,有中國的歷代皇帝;在資本主義社會,有德、義法西斯;在社會主義社會,有蘇聯的史達林。(汪澍白語,見《同舟共進》1997年第10期,頁31-32)最後冰封先生還加了一條:最高權力不受實質性的監督和制約。

李冰封在家中

　　革命前輩吳有恆曾説，法國的經濟是小農經濟，拿破崙的兵士是農民，農民要求有個皇帝。拿破崙的侄子又利用這種農民意識，自稱為拿破崙第三，做了皇帝。冰封先生則説，中國經歷兩千多年的封建社會，封建主義盤根錯節，於是才出現了「文革」那樣的大災難，出現過那樣瘋狂的個人崇拜和迷信。歷史上的災難不會簡單地重複，但卻可能以這樣那樣的不同形式重新上演。毛澤東青年時代是抨擊、反對君權的激進革命者，為什麼到了晚年，竟會以革命的名義在實質上維護君權？這一切，如國人不徹底弄明白，並有清醒的認識，則中華民族就存在著重蹈覆轍的危險。

　　冰封先生過去是官員，但他感情上卻是地道的知識份子，一個憂國憂民的現代中國知識份子。他説，「五四」提出民主和科學的任務，到了世紀末還遠未完成，還必須啟蒙。唯有通過啟蒙，才可能喚醒人們的主體意識、民主意識和權利意識。我們應該清醒地認識到，唯有實現人的現代化，才有國家的現代化；沒有人的現代化，就沒有政治和經濟制度的現代化。

　　冰封先生年輕時是詩人，至今仍有一腔詩人情懷。十年前，他讀葉甫圖申科的《布哈林遺孀》後寫了〈致拉林娜〉。他的「散文隨筆初集」中〈一首落選的詩〉一文後就附錄了這首詩：

> 拉林娜，你在青春年華中吞下的一枚苦果／經歷半個世紀的風雨，已經化成一團火／這是冤屈的火，不平的火，殘酷的火，痛苦的火，驚天動地的火／這火灼傷了一切良知，使人清醒，教人思索／……為什麼忠貞的頭顱要在自己的刀斧下滾落／是不是「新利維坦」把人異化成獸，異化成神／無限膨脹的權力帶來了災禍，帶來了邪惡／……拉林娜、拉林娜，布哈林已經在共產主義的旗幟上復活／當年的審判者在正義的審判台前無法逃脫／這悲劇使我們痛苦，卻也使我們振作／我們是戰士，戰士就要不斷出生入死／我們要讓這悲劇永不出現，無論在你的故園還是在我的中國！

冰封先生年屆古稀，但他因思想而年輕。

（1998年）

重讀趙丹的遺言

——趙丹逝世二十周年祭

建國以來，文藝界有兩位被稱為「人民藝術家」：一位是作家老舍，另一位就是趙丹。趙丹有論述表演藝術的《銀幕形象創造》和《地獄之門》兩部專著，闡明他所創造的「趙氏體系」理論。此二書已成為年輕一代演員案頭必備的經典教材，但在思想文化界，卻更看重他臨終前發表在《人民日報》上的那篇短文——〈管得太具體，文藝沒希望〉。

趙丹此文發表時我讀過，但那時我還年輕，並未引起特別的注意。前不久，採訪著名舞蹈藝術家趙青，她送我兩本書，即《我和爹爹趙丹》和《兩代丹青》。讀到關於這篇臨終遺言的文字，不禁使我產生一種震撼。趙青在書中說，1980年9月3日，趙丹在北京醫院作了外科手術，但晚了，胰腺癌已擴散到肝部，一個藝術家的生命已經垂危。不幾日，胡喬木來到醫院看望趙丹，並與他長談。趙青描述說：「胡喬木頻頻點頭，表示完全理解」，並說

「你講得對！繼續講，講下去，把心裏話全掏出來……。」胡喬木當時是否說了這些話，無從考證；但趙丹說的話卻是可以查證的，因為白紙黑字，有趙丹的文章在。趙丹的〈管得太具體，文藝沒希望〉發表在1980年10月8日《人民日報》五版頭條；10月10日，趙丹就去世了。據趙青說，此文是經胡喬木轉給《人民日報》發表的，似可信，不然，這樣的「直言」不一定會在黨報發表。

這篇文章對理解趙丹太重要了。於是，我不妨摘錄幾段：

晚年的趙丹

> 《人民日報》正開展「改善黨對文藝的領導，把文藝事業搞活」的討論。看到「改善」、「搞活」的標題，頗喜；看到「編者按」中「黨對文藝工作的領導必須改善，透過改善來達到加強，在這方面我們是堅定不移的」，又憂心忡忡了。我不知道「編者按」中「我們」的範圍有多廣。我只知道，我們有些藝術家——為黨的事業忠心耿耿、不屈不撓的藝術家，

一聽到要「加強黨的領導」，就會條件反射地發怵。因為，積歷次運動之經驗，每一次加強，就多一次大折騰、橫干涉，直至「全面專政」。記憶猶新，猶有特殊的感受。此後可別那樣「加強」了。

我認為：加強或改善黨對文藝的領導，是指黨對文藝政策的掌握和落實，具體地說，就是黨如何堅定不移地貫徹「雙百」方針。

至於對具體文藝創作，黨究竟要不要領導？黨到底怎樣領導？

黨領導國民經濟計劃的制定，黨領導農業政策、工業政策的貫徹執行；但是黨大可不必領導怎麼種田、怎麼做板凳、怎麼裁褲子、怎麼炒菜，大可不必領導作家怎麼寫文章、演員怎麼演戲。文藝，是文藝家自己的事，如果黨管文藝管得太具體，文藝就沒有希望，就完蛋了。「四人幫」管文藝最具體，連演員身上一根腰帶、一個補釘都管，管得八億人民只剩下八個戲，難道還不能從反面引起我們警覺嗎？

哪個作家是黨叫他當作家，就當了作家的？魯迅、茅盾難道真是聽了黨的話才寫？黨叫寫啥才寫啥？那麼，馬克思又是誰叫他寫的？生活、鬥爭——歷史的進程，產生一定的文化、造就一個時代的藝術家、理論家，「各領風騷數百年」。從文藝的風骨——哲學觀來說，並不是哪個黨、哪個派、哪級組織、哪個支部管得了的。非要管得那麼具體，就是自找麻煩，吃力不討好，就是禍害文藝。

各文學藝術協會，各文學藝術團體，要不要硬性規定以什麼思想為唯一的指導方針？要不要以某一篇著作為宗旨？我看

要認真想一想、議一議。我認為不要為好。在古往今來的文藝史上，尊一家而罷黜百家之時，必不能有文藝之繁榮。

　　文藝創作是最有個性的，文藝創作不能搞舉手通過！可以評論、可以批評、可以鼓勵、可以叫好。從一個歷史年代來說，文藝是不受限制、也限制不了的。

　　趙丹文章還說到「外行領導內行」問題，提出「為什麼要死死拽住那麼多非藝術幹部來管住藝術家們呢？有些非藝術幹部在別的工作崗位上也許會有所作為的。可是，如今那麼多『游泳健將』都擠到一個『游泳池』裏，就只能『插蠟燭』了」。趙丹還以自己籌拍《魯迅》為例說，1960年試鏡頭，反反覆覆，鬍鬚留了又剃，剃了又留，歷時二十年，終於沒拍成。我還看到一份「關於趙丹藝術生涯」的資料，他1933年至1949年拍片三十二部，而1950年至1956年僅拍了八部。1965年至1980年正是趙丹人生的黃金時段，而他在藝術上卻留下一片空白，這對一個藝術家來說，是多麼的殘酷！1978年至1980年發病前，他精力旺盛，曾擬拍周恩來、聞一多、齊白石、阿Q、李白等片，結果一部也沒拍成。真有點「壯志未酬身先死」的悲壯！

　　趙丹當年發表此文後，許多報刊紛紛轉載，文藝界反響巨大，巴金、冰心、夏衍、陽翰笙、陳荒煤、白楊、張瑞芳等文化界名流都表示支持。巴金在當年10月11日至13日寫的〈趙丹同志〉中就這樣寫道：

　　　　趙丹畢竟是趙丹，他沒有默默地死去。在他逝世前兩天，《人民日報》發表了他在病床上寫的文章〈管得太具體，文藝沒希望〉，最後有這樣一句話：「對我，已經沒什麼可怕的了。」他講得多麼坦率，多麼簡單明瞭。這正是我所認識的趙丹，只

有他才會講這樣的話：我就要離開人世，不怕任何的迫害了。因此他把多年來……積在心上的意見傾吐了出來。

同年10月14日，巴金又以〈沒什麼可怕的了〉為題撰文說：

> 趙丹說出了我們一些人心裏的話，想說而說不出來的話。可能他講得晚了些，但他仍然是第一個講話的人。我提議講真話，倒是他在病榻上樹立了一個榜樣。

連很「聽話」的曹禺，讀了趙丹文章，他也寫道：

> 那是他在病床上的吶喊、呼籲、爭論、勸說、訴苦，甚至是祈求！他對文藝發展前途的熱烈盼望，點燃起每個人心中的火焰。……讀了趙丹的短文後，聯想起諸葛亮的〈後出師表〉……趙丹同志的遺文，雖然僅限於文藝，但他的心腸和用意是深遠的、廣闊的……。

趙丹1933年加入「中國左翼戲劇家聯盟」，那時他才十八歲，已發起組織了中國第一個具有一流水平的話劇團——上海業餘劇人協會。此後幾年間，他接連主演了《時代的女兒》、《到西北去》、《上海二十四小時》、《夜來香》、《清明時節》等一系列中國最早的有聲影片，奠定了他的影星地位。1936年到1937年間，他又主演《十字街頭》、《馬路天使》等，獲得廣泛好評，被世界影評界公認為中國三十年代的代表作。趙丹曾兩次入獄：一次是1939年，他抱著理想和幻想赴新疆開拓新劇工作，於1940年5月被反動軍閥盛世才逮捕，入迪化監獄長達五年之久，後經周

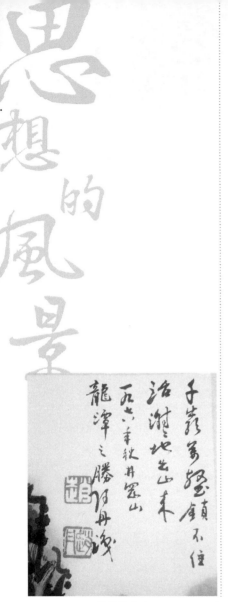

趙丹的書法

恩來、陽翰笙等設法營救出獄；第二次是1968年至1973年遭江青一夥迫害，被非法關進上海提籃橋監獄五年多。

趙丹認為，作為一個藝術家，要相信說真話的力量。五十年代，他主演的電影《武訓傳》橫遭批判。之後的運動，因為他直言的性格，自然不會走好運。六十年代初的一次晚會上，趙丹向周總理訴苦：說是「棍子爺們」老要整他，抓住他的一、兩句話「無限上綱，揪辮子、打棍子、戴帽子，批得人人灰溜溜的真沒勁」！張瑞芳聽了，為他捏了把汗，勸他要注意「管住自己的嘴巴，別走火」，但他總是管不住自己的嘴巴。不久，趙丹又對周總理說：「總理呀，請你給我發一張免鬥牌！請棍子老爺們不要再鬥我！我是個藝術家，不是什麼政治家。請關照他們別用政治家的標準來要求我，請用藝術家的標準來要求我！讓我心情舒暢一些，發揮我的特長，好好拍片⋯⋯。」趙丹病重期間，當時的黨和國家領導人華國鋒等前來北京醫院看望他。他打著吊針說：「文革以來十四年了，粉碎『四人幫』也已經三年多了，但我還沒有拍成一部電影⋯⋯。」此

原因何在？趙青輕描淡寫的説：「如文藝思想未解放、人事關係不好處、合作條件不具備」等等。其實，深層地看，還是體制的問題。趙丹用自己的話説了：「我們懶得管『體制』，『體制』可死命管住我們。」這使得趙丹晚年不得不獨自感歎：「一生多蹉跎，老來復坎坷！」

文章寫到這裏，有朋友來談起朱正的反右專著《一九五七年的夏季》，談到吳祖光其人其事。吳祖光1957年當了大右派，因他在一個座談會上直言，談了文藝體制、外行領導內行等問題。吳祖光當時還在〈談戲劇工作的領導問題〉一文中寫道：

> 對於文藝工作者的「領導」又有什麼必要呢？誰能告訴我，過去是誰領導屈原的？誰領導李白、杜甫、關漢卿、曹雪芹、魯迅？誰領導莎士比亞、托爾斯泰、貝多芬和莫里哀？

時間過了二十三年，「文革」結束了，右派平反了，趙丹臨終前的遺言，談的還是吳祖光當年談的老問題。趙丹遺言中説：「層層把關、審查審不出好作品，古往今來沒有一個有生命力的好作品是審出來的！」

又是十四年後，1994年，大劇作家曹禺躺在北京醫院的病床上，吳祖光去看他，兩人回憶六十年的創作生涯，感慨萬千。吳祖光歸來後寫了篇廣為學界稱道的妙文——〈掌握自己的命運〉（載《讀書》1994年第11期），其中有這麼一段：

> 我想，領導是重要的。一個國家、一個政府、一個部門，機關、學校都要領導，軍隊尤其要領導……但是，文學、藝術創

作卻是另外一回事，她是藝術品，她是公開的，不是秘密的；亦可以說，除法律對她的限制之外，廣大的讀者和觀眾都是她的領導⋯⋯。

接著，吳祖光又提到了1957年提出的問題：「屈原等是誰領導的？李白、杜甫是誰領導的？關漢卿、湯顯祖是誰領導的？」1957年至今，四十多年了，問題總是不斷地被提出來。

2000年是趙丹逝世二十周年。重讀趙丹二十年前的臨終遺言，自然感慨良多。也許趙丹的話不中聽，但對繁榮文藝應該是有益而無害吧。在新世紀曙光即臨時，重溫它，也是對一個真正的人民藝術家的最好懷念。

（1999年歲末）

朱正和反右派鬥爭史研究

朱正先生是魯學專家，後來興趣擴大到中國近現代史和國際共運史領域。他筆下的那些人和事，總是革命背景下的切面述敘。假如將來他也會出全集，我看書名似乎就可以叫「國際共運在中國」，這大抵也說得過去。他的《反右派鬥爭始末》最近在香港明報出版社出版了，這是他第一次出版上、下兩卷的書，有五十八萬字。此書1998年曾出過河南本，書名叫《一九五七年的夏季：從百家爭鳴到兩家爭鳴》，出版前頗有刪節。2001年在台北又以《兩家爭鳴──反右派鬥爭》出版過，但篇幅與河南本差不多。此後幾年間，朱正對書稿不斷進行修改和增補，在原版四十三萬字的基礎上增加了十五萬字。全書二十章，其中的〈北大民主牆〉和〈為了法治〉兩章就是新寫的。這次出版的香港本是個足本，他當然很高興。日前有副刊編輯約我寫他，我就寫他的反右派鬥爭史研究。

朱正治學十分嚴謹，重考據而不臆斷。他在1998年河南本後記中曾說：

> 寫作此書，我與其說像個著作家，不如說更像一個節目主持人。我把當年這些人物，不論被認為左派還是右派的，都一個一個請來，讓他們走到前台，各自說各自的話。希望這樣能夠在一定程度上再現當年的場景。

他寫得怎樣？當年，程千帆教授讀過河南本就評價說：

> 若中國不亡，世界上尚有是非，此書必當傳世。不虛美，不隱惡，是以謂之實錄。誅奸諛於既死，發潛德之幽光，古之良史，何以加焉。妙在既純是考據，又純是褒貶，佞人無如之何，正人大為之吐氣，一把刀割兩面也。
> （《閒堂書簡》，上海古籍出版社，2004年7月版，頁459）

朱正在書房裏

談到這個版本有所刪節，程先生說：

聞有刪節處，此在今日不足怪，但望能留一未刪本，將來或有機
緣，如孫盛的《晉陽秋》，別著遼東之本耳。（同上，頁458）

現在，朱先生的「遼東本」出了，可惜程先生看不到了。

　　關於反右派鬥爭的書，海內外已出過不少了，但大都是說故事，或
是一些材料的簡單堆砌，最缺的是史識。朱正的研究之所以獨樹一幟，就
因為他有見有識，許多分析，鞭辟入裏。如朱正在本書〈結束語〉中分析
羅隆基的那一段文字就十分到位：

　　羅隆基大約可以算是當年最熱中政治活動的一個代表人物。他
希望知識份子成為一種力量。1949年以前，在和國民黨的鬥爭
中，他是把他的民主同盟看成和共產黨一家的，他把自己的全
部力量無保留地投放在共產黨這一方面。趕走了國民黨之後，
民主同盟發現，幾年來的奮鬥目標，想要在國家政治生活中發
揮較大作用的願望，只不過是不切實際的幻想。它剩下的，只
有在同國民黨鬥爭時似乎舉足輕重的一點點可以感到自得的回
憶。自身只有這樣大的力量，就只能起到這樣大的作用，這當
然是他很不甘心的。羅隆基說，這時所希望的，只不過是「擴
大民盟的影響，擴大民盟的組織，提高民盟的地位，能夠在國
事的決策上取得較多較大的權力來解決這些問題。我的妄想亦
只此而已，絕對沒有推翻黨、推翻社會主義、恢復資本主義的
陰謀」。（《人民日報》，1957年7月16日）所以，在毛澤東提出
「長期共存，互相監督」的方針後，他們就興奮雀躍，可是他
不知道，毛對於他們「黨要擴大，政要平權」很反感，這一矛
盾導致了反右派鬥爭的爆發，他們就立刻成為右派份子了。

我曾聽説，此書河南本出版送審時，就有人説他偏激了一點。朱正先生後來在一封致讀者的信中説：

> 一個作者寫書，怎麼能夠沒有偏見呢？我以一個1957年的右派份子來談1957年的反右派鬥爭，書中當然充滿著偏見。不過，你可以放心的是，我用的材料都是當年報紙上的。在反右派鬥爭中，報紙當然也不會便宜右派份子，也不能説毫無偏見吧。兩種偏見互相抵消，或者接近於真實了吧。正如你在書中看見的，我沒有為右派份子訴什麼冤苦。我重視的是歷史的教訓。古人説得好：前事不忘，後事之師。

粗看這話似還有點意氣，其實這是他作為一個學者的、掏心窩子的話。

當然，對此書也有不同意見的。李慎之先生在2001年2月1日寫給我的信中就説：

> 朱正同志見過三四面，他研究魯迅極有成績。不過你稱讚的《1957年的夏季：由百家爭鳴到兩家爭鳴》，我卻不敢贊同。為表示我的反對起見，特寫〈毛主席是什麼時候決定引蛇出洞的？〉一文，以示異議，呈上供參閱。朱正同志以為毛主席鼓勵鳴放，本出好心。我則期期以為不可。其書名「由百家爭鳴到兩家爭鳴」亦全非事實。蓋根本沒有「百家爭鳴」，亦更無「兩家爭鳴」也。嗚呼，世無信史，將何以導天下正氣乎！

同年4月15日，李慎之先生寫給胡績偉的信中也説：

> 幾年前出版的，頗得好評的朱正的《一九五七年的夏季：從百
> 家爭鳴到兩家爭鳴》就認為毛本來是好心好意地號召鳴放，沒
> 有料到右派份子如此倡狂，他才不得不反擊。這是我完全不能
> 同意的。（《李慎之文集》上冊，頁196）

朱正很重視李慎之先生的批評意見。李先生去世之後，他發表〈君子
和而不同〉一文紀念李先生，其中説：

> 我也能夠理解，李先生的這種看法，是基於他對毛的基本評
> 價。就這一點來說，他當然是對的，我也完全贊同他的這個
> 評價。一個講誠信的政治家，剛剛信誓旦旦地宣佈「言者無
> 罪」，怎麼能夠一下子就改口說「言者無罪」對他們不適用
> 呢？根據他自己說過的「社會實踐及其效果，是檢驗主觀願望
> 或動機的標準」，人們豈不是有足夠多的理由來懷疑他原先的
> 動機究竟有多少善意嗎？不過我以為這同他有時也想作一點改
> 善形象的努力並不是不相容的。（《隨筆》2003年第5期）而今，
> 朱先生把這段話也寫進港版本後記裏了。

　　這裏我還需要交代幾句。李慎之先生之所以對我寫信說到朱正，是我
送給李先生的一本小書中說到了朱正和他。我那段原文是這樣的：

> 朱正先生最近出版的《一九五七年的夏季：從百家爭鳴到兩家
> 爭鳴》，已引起讀書界和媒體的廣泛關注。全書洋洋四十三萬
> 餘言……全景式實錄了當年的反右派鬥爭。對反右派運動的研
> 究，學界好像還沒有比較一致的看法，毛澤東當年號召「鳴

1957年交通部幹部在批判部長章伯鈞。
從這三張照片可以看出，1957年的「反
右」其實就是1966年「文革」的預演。

1957年北京地質學院的學生在鳴放

放」，到底是陰謀還是陽謀？
李慎之說：「不管是陰謀還是陽
謀，總之都是預謀、是蓄謀。」
（見《六月雪——記憶中的反右派運
動》，經濟日報出版社，1998年9月一
版）但讀了朱正的書，堅定了我
的信念——毛澤東當年面對國際
上的蘇共二十大和匈牙利事件，
確實想擴大民主，吸取教訓，以
圖通過「鳴放」改進執政黨的工
作。但後來形勢發展出乎意料，
毛澤東才橫下一條心：反右。
……反思歷史需要良知和勇氣，
但更需要理性。走向「大躍進」
的路是怎樣打通的？走向「文
革」的路又是怎樣打通的？朱正
的這本書也許可以回答我們。

反右派是一場沒有勝利者的鬥爭。
邵燕祥說得好：「歷史是不能不面對
的，歷史遺產是不能不有所繼承又有所
摒棄的，問題是如何以理性的態度批判
繼承，同時，對歷史的欠債有所承擔，
這裏首先指的是政治債；在現代社會，
賴帳不還就是誠信的破產。在清點歷史

遺產，清償歷史債務的基礎上，才有真
正向前看的希望。」朱正就是在向前看
的。當然，將來某一天檔案解密了，朱
正先生的書能否站得住腳，那又是另一
個話題了。

（2006年7月）

1957年10月毛澤東在上海國棉一廠看大
字報，瞭解情況

唐浩明和潘旭瀾

要研究近代中國，就不得不研究曾國藩。而唐浩明早已是海內外著名的曾國藩研究專家了。

有人說：唐浩明是曾國藩百年之後的「紅顏知己」。曾氏當時的內心世界，唯有唐浩明知道。

我以為說這話的人，是認真讀過唐氏文字的，無論是其三卷本歷史小說《曾國藩》，還是《唐浩明評點曾國藩家書》等。記得十多年前，讀到唐浩明的小說《曾國藩》時，我被怔住了——過去臉譜化的曾國藩竟成了鮮活的人物。後又讀到《唐浩明評點曾國藩家書》、《唐浩明評點曾國藩奏摺》等，更是服膺他對曾國藩的洞悉。

唐浩明說：「曾國藩被公認為中國近代最後一個集傳統文化於一身的典型人物……無論從哪個角度來看他，都有值得借鑒之處」。「作為一個國家的高級官員，在舉世昏昏不明津渡的時候，他能提出向西方學習、徐圖自強的構想，並在權力所及的範圍內加以實施」，

這確實是難能可貴的。二十多年前，唐浩明就主持編輯出版了《曾國藩全集》，研讀了曾氏的全部文字，對曾氏的功過是非自然瞭若指掌。曾國藩在剿滅太平軍時，殺降很多，是事實，但說曾國藩是「漢奸」，就很值得研究了。

早有學者指出，曾國藩打敗了太平軍，一是清王朝統治得以維持；二是中國傳統的孔孟文化得以保存和維繫；三是打破了清王朝滿族專制的格局，使漢民族掌握了一定的權力，加強了民族的融合，進而導致洋務運動和變法維新的出現。難怪，毛澤東和蔣介石都推崇他。毛澤東1917年給黎錦熙函曰：

> 愚於近人，獨服曾文正，觀其收拾洪楊一役，完滿無缺。（《毛澤東早期文稿》，湖南出版社，1990年7月，頁85）

唐浩明

著名史學家錢穆也說：

> 曾國藩在晚清，亦以文人參戎務。其討平洪楊，先定一通盤之作戰計畫。治水師，造戰船，自

武漢而九江而安慶，沿江東下，卒克金陵……可謂其通文武兼
才德而有之矣。（錢穆，《國史新論》，2001年6月三聯版，頁344）

　　曾國藩對毛澤東的影響是巨大的。毛紅軍時期制定的〈三大紀律八
項注意〉，就是由曾氏湘軍的〈愛民歌〉演變而來的。在對敵戰略戰術
上，毛和曾氏也有驚人的相似之處。曾氏說：「為將者設謀定策，攻則必
取，不然毋寧弗攻。守則必固，不然毋寧弗守。」毛則說：「不打無準備
之仗，不打無把握之仗。」曾氏主張「以全軍破敵為上，不以得土地、城
池為意」；毛則把「以殲滅敵人有生力量為主要目標，不以保守為奪取城
市和地方為主要目標」。有毛的研究者說，毛後來雖然一面倒，肯定太平
天國，但在其著作中未見有貶損曾國藩的文字。
　　那麼，是何時開始對曾國藩進行全面討伐的呢？1930年代從上海大
廈大學追尋革命到延安的楊第甫先生說：就在延安時代。據說當時的蔣介
石曾以曾國藩自命，說明自己是正統；而把共產黨及其領導的紅軍視為太
平軍一流。為了反對蔣介石，發動了對曾國藩的批判，產生了〈漢奸劊子
手曾國藩的一生〉之類的文章，全盤否定曾國藩——這就是延安當年批判
曾國藩的背景。在寫這篇小文時，我又打電話向朱正和鍾叔河兩位文史專
家討教，他們都說，蔣介石是推崇曾國藩的，至於是否以曾國藩自居，未
見諸文字。1949年後，對曾的批判沿襲至今。1980年代後，儘管學界有
不少人提出異議，主張實事求是，重評曾國藩和太平天國，但一直未為主
流話語所接受。
　　唐浩明是學者，他以自己的膽識，和現行的大中學歷史課本唱了一
個反調，第一個以文學形象正面表現了曾國藩，使曾國藩一下子成了家
喻戶曉的歷史人物。著名近代史學者袁偉時曾撰文說，《曾國藩》「很可
能和《三國演義》一樣，成為千百年間廣大中國人瞭解有關歷史和人物的

抗日戰爭時期的范文瀾

太平雜說和曾國藩

重要讀本」（《路標與靈魂的拷問》，廣東
人民出版社，1998年8月，頁30）。《曾國
藩》出版十餘年來，已印三十多次，印
數近百萬套，這在當代文學中是絕無僅
有的。唐浩明對歷史的貢獻，似乎也不
言而喻了。

　　文章寫到這裏，就要說到潘旭瀾了。

　　潘旭瀾是研究曾國藩的對手——洪
秀全的。潘是上海復旦大學博導，正業
是文學研究，但對歷史也同樣感興趣，
尤其是對太平天國的史料，年輕時便留
心積累，並形成了一套自己的觀點。
1990年代以來，他開始發表關於太平天
國的文史隨筆，一篇篇見諸報刊，影響
越來越大。2000年百花文藝出版社讓
潘先生把此類文章集為《太平雜說》出
版，立即在讀書界引起轟動。記得此書
上市時，一位老教授就極力向我推薦：
「此書你一定要讀。太平天國是個什麼
東西，讀了你就知道一個大概了。」

　　對太平天國的研究，以郭廷以、
簡又文、羅爾綱三家影響最大，流布最
廣。郭廷以曾編撰《太平天國史事日
誌》；簡又文認為太平天國是「民族革
命」，著述百萬言；羅爾綱則咬定是

「階級鬥爭」，窮年皓首，著《太平天國史》，煌煌四大卷。羅爾綱稱是持馬克思主義研究歷史的，但馬克思1862年寫的〈中國記事〉，不知他是否讀過。馬克思在文章中說：太平天國「除了改朝換代以外，他們沒有給自己提出任何任務。……他們給予民眾的驚惶比給予老統治者們的驚惶還要厲害。他們的全部使命，好像僅僅是用醜惡萬狀的破壞來與停滯腐朽對立，這種破壞沒有一點建設工作的苗頭。」

> 顯然太平軍就是中國人的幻想所描繪的那個魔鬼的化身。但是，只有在中國才能有這類魔鬼。這類魔鬼是停滯的社會生活的產物。（《馬克思恩格斯全集》第十五卷，頁545-548）

我沒讀過羅氏的《太平天國史》，也不知他是如何自圓其說的。

對太平天國正面評價的始作俑者是誰呢？是孫中山。孫當時號召同盟會員、革命志士宣傳太平天國，宣傳洪秀全，藉以激發民氣，推翻清廷。孫還以「洪秀全第二」自居，褒稱太平天國諸將領為「民族英雄」、「老革命黨」。1902年，他鼓勵留日學生劉成禺搜集資料，寫太平天國史。1904年成書，定名為《太平天國戰史》，孫中山作序，交由日本東京祖國雜誌社出版。1906年，黃小配撰《洪秀全演義》，章太炎作序，序中希望「復有洪王作也」，此乃公然號召武裝反清。革命黨為宣傳革命，盡量拔高太平天國和洪秀全，只取一點，不問其餘，至於是否符合史實，當時根本不及考慮。但應該補說一句，此後對太平天國的評價，也不是一律正面的，直到1949年後才定於一尊。

潘旭瀾對太平天國的研究是反叛的，自成一家。讀過《太平雜說》的人都知道：洪秀全其實是一個科舉的怪胎。馮雲山是一個造神者，竭力包裝這個「怪胎」；以致釀成了後來的太平軍。潘旭瀾說：

對於太平軍造反，固然要看清引起造反的原因，同樣要看清它的種種暴行，尤其是反人類、反文化的罪惡。

洪秀全用西方天主教的組織形式，宣揚拜上帝就可以升天國來蠱惑人民，其目的就是建立以自己「為領袖的政教合一的統治，實行徹底的軍事管制和分配，完全剝奪私有財產和個人自由，強制推行蒙昧主義和愚民政策」。

太平天國統治下的「天京」是怎樣的呢？當時有一英國人曾作《中國戰爭敘述》，文中有這麼一段文字：

> 在南京時，我們住在忠王府，每日俱有雞、雞蛋等食品之供給，而不收我們的錢。看來他們幾乎要廢去一切貨幣之使用，而將全個社會回復到遠古的家族制度，於其中一般人民之一切需要，只均有一個酋長供給，而人民均在其旗下服役者，這辦法正是在南京實行的。此處現有王爺十一位，凡人必附屬於一王，其名則在該王府註冊，各人每日之食品均從該王府領用。現在食料甚少，而衣料則極多，蓋有破蘇州後所得者。有幾次我們以金錢私行賞給為我們抬行李的工人——皆貧乏，困苦，餓到半死的苦力——但雖無頭目在場，他們均不接受，蓋恐一被察覺將受死刑也。城內各店鋪均不准開設。唯在城外荒涼曾受兵燹之區間有一二冷淡市場，每日有少少魚菜出售。

從這段文字中，我們也可看出當時的南京是什麼樣子。

看來，太平軍潰滅實在是中國歷史的幸運。如果太平軍造反成功，取代了清王朝，那中國的歷史就將倒退到黑暗的歐洲中世紀了。

潘旭瀾研究太平天國的方法是：以史料為依據，先從其制度入手，然後到人，如洪秀全、馮雲山、楊秀清、韋昌輝、石達開、李秀成、洪大全、蕭朝貴等等，說人說事，直面歷史，夾以議論，入木三分。唐浩明的曾國藩研究較之有不同，他以歷史小説手法，再現歷史風雲，把曾國藩及其家族將領以及同道胡林翼、左宗棠、江忠源、彭玉麟、李鴻章等等，刻畫得栩栩如生，呼之欲出。

潘旭瀾去世後，其學生和親人們很快編輯出版了《潘旭瀾文集》

行文至此，唐浩明和潘旭瀾二先生是否相識，尚不得而知。但我想，相識未必曾相逢。他們把一百多年前的生死「對手」搬出來，做著同樣的研究，只是一個偏重於感性，一個偏重於理性。他們路徑不同，但目的一致，好像開鑿一條穿山隧道，一個從南面掘進，一個從北面掘進。如今隧道已經打通，慶典卻遙遙無期……。

我們常說要尊重歷史，還歷史以本來面貌。説起來容易，真正去做就不容

易了。驗驗還告訴我們，要顛覆權威話語，馬克思說了，也還有「國情不同」等因素；但唐浩明和潘旭瀾的學術良知和道德勇氣是值得稱道的。

（2004年春）

從李輝說到藍英年

——讀《尋墓者說》隨筆

我喜歡讀李輝和藍英年。

讀李輝的作品時，那種愴涼是難以名狀的。我想平常待之，但心裏總是湧動著一種剪不斷、理還亂的感覺，一位位中國文化大師的幽靈，讓我沉重得喘不過氣來。從一個角度看，我理解他們，同情和可憐他們的無奈與「淪落」。在人生的舞台上，他們無論是堅守城堡還是缺失自我，都自然或不自然地扮演了悲劇角色。共和國這段歷史是不能迴避的，而現時表達空間又是有限的。面對這些舊人舊事，李輝貢獻了自己的思考。有挑剔者指摘，我說，走到這一步已經很不容易了。

由李輝到藍英年的《尋墓者說》，我只能感歎：歷史是驚人的相似。收在《尋墓者說》裏的文章，其實我大都在《讀書》等雜誌上斷斷續續讀過了，近讀董樂山先生〈尋墓者並不孤獨〉（見1997年2月8日《文匯讀書週報》），又勾起我重讀藍先生系列文章的興趣。藍英年作為北師大教授、蘇俄文學翻譯家，早已聞名

遐邇，擁有相當多的讀者，尤其是諾貝爾文學獎獲得者帕斯捷爾納克的《日瓦戈醫生》，國內譯本很多，唯他和張秉衡的合譯本「原汁原味」，不但折服了中國的讀者和專家，而且深得俄羅斯漢學家的推崇。孰料藍先生在友人的勸說下，譯筆一擱，突然寫起了「關於蘇聯作家」的隨筆，且一發而不可收，引起讀者強烈反響。「藍英年何許人也？」連我這個文學愛好者也知之甚少，因讀外國文學時大都容易忽略譯者。而今，藍先生又以《尋墓者說》而轟動，大概與他1989年後三次赴蘇俄遠東大學執教三年有關。他親歷了蘇聯的解體，有機會接觸了大量克格勃檔案。我想，這恐怕是他寫好「尋墓者」系列的原因之一。

蘇聯已經成為歷史，作為一個中國人看蘇聯歷史，當然不用遮掩和避諱。於是他以一個知識份子的良知，把聚焦對準蘇聯一個個「謝幕」作家，解剖一個個亡靈或冤魂，找到能引發讀者共鳴的豁口，讓人在他那平靜的文字裏找回失落已久的良知，重新審視自己生活的空間。表達是艱難的，但沉默

1997年1月，藍英年、李輝、仲大軍（從左至右）在作者安排的一個飯局上

又是痛苦的。前不久,有機會去京城拜
訪藍先生,我説,你寫的雖是蘇聯作
家,但從他們身上分明看到許多中國作
家的影子。他聽了,淡淡一笑,繼而沉
默良久,臉上掠過幾許無奈和難言。此
刻,我眼前倏地晃過李輝筆下的那一位
位中國大師的目光,如周揚,如胡風,

衛國戰爭期間,法捷耶夫(右)和
蕭洛霍夫在西方前線

如「三家村」。我無意將日丹諾夫、法
捷耶夫和西蒙諾夫與中國的哪位大師類
比,也無意拉出巴別爾、匹里尼亞克
等等與中國的某某、某某相比。我只
是想,我們為何遲遲沒有西蒙諾夫式
的「回憶錄」?(西蒙諾夫係蘇聯著名作
家,史達林——日丹諾夫文藝政策的執行
官,史達林的「寵兒」,六次獲得「史達林
獎金」。1979年去世前未寫完的《我這代人
的見證——關於史達林的思考》,被譽為一
本說真話的奇書,披露了大量的歷史真相,
但直到1988年才得以出版。中譯本1992年後
在大陸流行。)我的心情很複雜,也很悲

法捷耶夫1956年5月13日自殺,時年
五十五歲

憫。但到底,我還是選擇了寬容——無論
是蘇聯的還是中國的,無論他們得意或
失意,當他們屬於權力和意識形態戰車
上一員的時候,就必然成為犧牲品了。
他們大都沒有留下「精神遺囑」,但他

們的人生已經昭示了一段歷史，可歌可泣，可悲可歎。有時我又想，這究竟是誰的錯？也許他們根本就沒有錯。藍英年先生的〈作家村裏的槍聲——法捷耶夫之死〉是夠耐人尋味的了。法捷耶夫是個真實的人，也自殺得光明磊落。他無法改變自己，於是選擇了死——死是最完美的解脫。讀此文，我覺得應受到譴責的是蘇共中央偽造遺書。大概這也是政治和意識形態的需要吧。

李輝和藍英年都是理性而智慧的。觀照來看，前者常常娓娓道來，而又加以恰如其分的主觀切入，讓人警醒和反思；而後者則是精當運用史料，平常道來，逼人去體味「歷史」二字的真諦和沉重。我們曾經奉為「經典」的《聯共布黨史》，原來那是精心編造的謊言，莊嚴的文字背後埋葬著多少驚心動魄的帶血的故事呵！面對歷史和將要成為歷史的今天，我們除了感歎和扼腕之外，還能做點什麼呢？

老舍自投太平湖，他是出於一種無奈；法捷耶夫也是出於一種有別於老舍的無奈，這裏暫且不論。法捷耶夫的勇氣和痛快倒是值得稱道的，遠比那些死守已經「陷落」的陣地做「一貫正確」的抵抗者可貴，因為我以為那自殺，雖是一種絕望，但也是一種覺醒。中國沒有類似的自殺者，是可幸還是悲哀？歷史將會做出回答。

（1997年3月）

「有人騙你」後話

開頭就抄書──

假如聯合國也搞個人崇拜，某日安南先生突然失語，只「啊」了一聲，再也說不出話來。恰好安南先生身邊有幫中國理論家，這「啊」字就博大精深了，它將是安南思想或安南主義。至少可以這樣詮釋：「啊」字如何寫的？有「口」有「耳」加「可」字。「口」意味著全世界人民和平與正義的呼聲，「耳」代表聯合國認真傾聽全人類的意見，「可」自然是應時順勢，從善如流。「啊思想」或「啊主義」，何其煌煌，放之四海，佛光普照，天下太平，世界大同。假如五個常任理事國都派出批中國式的注經專家圍著安南先生，他們又用各自的母語闡發引伸，安南思想或安南主義就更加汪洋恣肆了。

所謂思想，大抵就是這麼誕生的。因而，我最怕別人說我有思想。我的朋

友圈子裏，若要調侃別人，便說這個人有思想。這是幽默，聞者皆會心而笑。

可是，隨筆、雜文和散文，畢竟多為直抒胸臆。縱然如此，我也拒絕承認自己有思想。思想既然已被天才壟斷，而且思想同打飽膈似的很容易噴湧而出，那就讓少數人去獨享專利吧。我乃凡夫俗子，見山是山，見水是水，就把自己感官所能觸及到的東西說出來完事。我只需告誡自己：見到了鹿，絕不說成是馬。如此而已。

今天是個偉大的日子：薩達姆被捕了。我正巧碰上這個日子為自己的書寫序，心情很好。

上面這段文字，是王躍文隨筆集《有人騙你》自序全文。儘管王躍文拒絕承認自己有思想，但讀到他這樣的文字，不得不懷疑他的誠實。

王躍文曾因長篇小說《國畫》暴得大名，兩個月內連印五次，發行十萬冊，盜版竟達數百萬之巨。有人說，流行的不一定能夠流傳。而我倒覺得，《國畫》是可流傳的，未來的文學史也許會提到它。我還在一次茶會上說：如果說《紅樓夢》是為封建社會唱了一曲輓歌，那麼《國畫》也是一種體制的輓歌。多少年後，即使這種制度終結了，它仍是一個珍貴的文本，讓後來者從這裏找到解剖歷史的密碼。《國畫》裏，朱懷鏡、皮市長、柳秘書長、張天奇、梅玉琴、袁小奇等等，都是一個個活生生的人，以致人們很長一段時間裏，把這些人物當作茶餘飯後的談資。

現在說王躍文是一位小說作家，大家都知道；如果說他是隨筆作家，你未必知道。其實，他還是一個隨筆好手。

隨筆是思想者的文字。沒有思想的文字是不能叫隨筆的。在當下隨筆魚龍混雜的年代，王躍文的《有人騙你》風骨迥異，機智，亦莊

亦趣，凝重而讓人反思。造神時代終結了，為什麼還有人裝神？為什麼中國天天都是感恩節？薩達姆的「薩氏股」為何會崩盤？「被平均的大多數」為何總是農民？諸於此類，均可在他書中找到說詞。

　　有本書叫什麼「有了快感你就喊」。王躍文則是有痛說痛，思辨之筆，但又點到為止。如「專制和獨裁的鬧劇完全可以在民主的舞台上表演」；「在專制的社會裏，政治信仰同政治操守總是南轅北轍的」。由兵臨城下的「薩達姆百分之百當選」，他得出「獨裁者的穩定總是建立在沙灘上的」。還有，他認為思想大都產生於民間——只有民間產生的思想，才有民間立場，才可能流傳；任何佈道者的遊說，都類似歪理邪說，等等。

　　當然，我這裏說王躍文有思想，不是說他有什麼理論體系，他也無意於此。他說，理論是灰色的，藝術才是常青之樹。因此他是用文學表達思想的。我喜歡讀他的書，一則因為我相信他的道德判斷和價值選擇；二則我們是鄉黨。想十多年前，我孤身一人浪跡都市

寫作《國畫》時的王躍文

2000年，王躍文出版長篇小說《國畫》（人民文學出版社），立即洛陽紙貴，在出版界掀起一股「畫旋風」《家畫》、《村畫》、《情畫》等數十種冒名或仿名圖書紛紛出籠，令王躍文叫苦不迭。圖為香港版《國畫》

時，正讀著《顧准文集》的那個寒夜，他突然造訪我蝸居的四樓辦公室兼臥室。老鄉見老鄉，沒有「兩眼淚汪汪」，倒是從顧准的話題談開了。那時顧准的《從理想主義到經驗主義》，我讀得很入神，書中劃了不少紅線。他拿過手裏一翻，瞥一眼我那塌陷的鋼絲床，很是感慨。如今，他書架上那本《顧准文集》，就是我代他向貴州人民社郵購的。

他寫小說，卻不太讀小說，倒是很關注思想文化方面的動態。我有這方面的資訊，也樂於同他交流。他曾戲言：「你是我思想的導師。」其實我哪敢當？這次他駕車給我送書。我開玩笑說：「如今我是不太輕易佩服別人文字的，但在你的文字面前，我不得不表示一種敬畏，自愧弗如。」他在我肩上放了一拳：「説點別的吧。」

此刻已是午夜了。我在南方的一個窗口下寫著這些文字，突然從「有人騙你」想到「躲避崇高」，想到什麼才是真正有「血性」的文字。作家不一定是思想家，但作家不能沒有思想。如今的文學之所以令我失望，恐怕是作家缺乏內力的修煉——這種修煉，不是技法上的，而是靈魂上的。想想法國作家盧梭的偉大和不朽，就可知我們問題是出在哪裏了。

（2004年春）

問題中的人

——小議傅國湧的寫作

傅國湧算是很活躍的一位自由撰稿人，自2003年出版《金庸傳》至今，已出版著作十餘種。他的文章，不是美文；他的書，也許不是嚴格意義上的學術著作，但可以肯定地說，其字裏行間有對當下的急切關懷，有三、四十年代文人論政的風骨，常讓人讀到共鳴。

傅國湧的寫作大概始於上世紀九十年代，寫出過不少好文章。六年前，我曾參與其事的《書屋》雜誌「生變」，主編周實先生去職。這份曾被視為自由主義知識份子的刊物易主了，那些在該雜誌上「慷慨激昂」的自由主義者沒有人站出來說話，而傅國湧卻站出來，寫了篇短文——〈沉默的恥辱〉。記得文中有這麼一段：

> 《書屋》兩位辦刊人被調離編輯部了。
> 這些日子，我一直期待著聽到一種聲音，期待著那些常常在該雜誌上發表宏

篇大作的名流學者們能站出來說幾句話。儘管我也清楚，說了也沒用，但重要的乃是說的本身，是公開表達自己的立場。然而，此時此刻，是一片沉默。對自由主義而言，重要的不是那些停留在紙上的蒼白理論，而是守護最基本的做人準則，並在生活中躬身踐行。如果在生活中選擇犬儒主義的態度，甚至以種種似乎無懈可擊的理由為自己可恥的沉默辯護，那麼還有什麼理由來支撐自己的所謂自由主義信念呢？……

傅國湧此文是由丁東先生轉來的。我讀了，記住了「傅國湧」三個字。作為一個副刊編輯，我心裏想，自己需要的就是這樣的作者！之後我們就聯繫上了，讓他給我主持的副刊寫稿。他去年出版的《筆底波瀾——百年中國言論史的一種讀法》的後記，就說到了我與這本書的緣起。

在剛出版的《文人的底氣》（雲南人民出版社，2007年1月）後記裏，傅國湧交

傅國湧在家中（傅擁軍／攝）

代說，自己的寫作主要集中在近代史這一塊，內容大致可分為三個方面：
一是中國近代歷史轉型中的風雲人物，如已出版的《主角與配角——近代
中國大轉型的台前幕後》；二是中國知識份子命運史，如《一九四九年：
中國知識份子的私人記錄》；三是百年中國言論史，已出版的有《追尋失
去的傳統》、《筆底波瀾》等。這三個方面，都是圍繞近代中國轉型期這
個軸心的。他說，主題雖各有側重，但他關心的東西其實只有一個：那就
是生活在這塊土地上的人們能不能過得更好，人們能不能在一個文明社會
裏，像文明人類一樣有尊嚴地面對世界？這也是他清楚地亮出自己寫作的
底牌。

　　東方出版社去年出版他的歷史隨筆集《歷史深處的誤會》，其中有
許多篇廣為流傳，如〈「不得幫忙的不平」——淺談魯迅的屈原觀〉、
〈康有為的神話〉、〈跳出「週期律」——我對中國近代史的一點看法〉
等，都是發人所未發，言人所未言。尤其是〈孫中山的歷史性遺憾〉一
文，更是令人吃驚不小。孫中山先生有哪些歷史性的遺憾？一是過分強調
暴力，這有1920年1月與北大學生張國燾、康白情、許德珩等關於五四的
對話為證。孫中山說：

> 你們反抗北京政府的行動是很好的；你們的革命精神也是可佩
> 服的。但你們無非寫文章、開大會、遊行請願、奔走呼號。
> 你們最大的成績也不過是集合幾萬人示威遊行，罷課、罷工、
> 罷市幾天而已。如果我現在給你們五百支槍，你們能找到五百
> 個真正不怕死的學生托將起來，去打北京的那些敗類，才算
> 是真正革命。（《孫中山集外集》，上海人民出版社，1990年版，頁
> 244）

二是孫中山以各種特殊權益讓予日本為條件，請求日本支持其革命，承諾「中國新政府可以東北三省滿洲的特殊權益全部讓予日本」，甚至「中日兩國的國界⋯⋯也可以廢除」（《孫中山集外集》，頁225-226）。三是「二次革命」後，他在日本重組「中華革命黨」，立黨「首以服從命令為唯一之要件。凡入黨各員，必自問甘願服從文一人，毫無疑慮而後可」。其黨章明確規定「凡進本黨者必須以犧牲一己之身命、自由、權利而圖革命之成功為條件，立約宣誓，永久遵守」，忽略了他所孜孜追求的自由、平等、人權理想，甚至以「革命」的名義，剝奪了大部分非黨員的公民資格，為後來蔣介石當政時代的「一個黨、一個主義、一個領袖」定下了基調。四是孫中山發動的辛亥革命失敗，二次革命失敗，護法運動也失敗了。在爭取日本和西方列強支援不成的情況下，他倒向了蘇俄，並以蘇俄模式改組中國國民黨，提出「以黨建國」、「以黨治國」、「黨在國上」。這也是後來蔣介石「黨國」的由來。1925年，孫中山逝世了，蔣介石把他的「黨國」思想發揮得淋漓盡致，建成了一黨專政的國民黨政權，最終導致了敗退孤島的結局。傅國湧在文章中指出，這恐怕也是孫中山先生的最大遺憾。

　　傅國湧還年輕，他的寫作也許有欠嚴謹和紕漏之處，但他重新梳理歷史，竭力回到歷史，還原歷史，常常能從大人物的小細節中看出歷史的玄奧和偶然，從看似塵封的歷史中，得出耐人尋味的顛覆性結論。你可以不同意他的某些觀點，但你不得不承認他在嚴肅地思考，不得不面對他所提出的問題。如電視片《大國崛起》總策劃麥天樞在接受記者採訪時反覆強調「妥協」的理念，他看了就提出究竟是誰不願意「妥協」這個問題，直至追問制約「妥協」的制度根源。

　　前不久，一位很有文名的人對我説
起傅國湧，説他的文章沒有同是自由撰
稿人的Ａ某某、Ｂ某某的文字好。我就
説，Ａ和Ｂ二人的寫作，基本上是純文
人的寫作，或陽春白雪，或玩世不恭，
再加點兒靈氣；而傅國湧的文字浸透了
憂患，筆下寫的是過去，心裏想的是現
在。還有很重要的一點，他不是為當什
麼作家而寫，也不是為人們茶餘飯後的
談資而寫，而是直面當下的血性表達。
他們的文章本來就不是一個路數的，所
以不能用同一把尺去衡量。後來，那位
朋友也同意了我的看法。當然，從學問
家的尺度看，也許傅國湧還有一段路要
走。傅國湧也坦承：做學問，他一是沒
有客觀條件，二是也沒有必要去做，因
為他不需要職稱什麼的。説到底，他是
問題中人，不是學問中人。學術是學院
裏、書齋裏的事，而他在生活中。生活
是什麼樣子的，他就有什麼樣的文字。

　　魯迅曾希望他的文字速朽。我們也願
傅國湧的文字早成過眼雲煙。

　　　　　　　　（2007年3月於長沙）

傅國湧的部分著作

《剪影》裏外說周實

《剪影》是周實先生的一本詩集。

周實正主編著一家讀書類雜誌。我知道他在編雜誌之餘寫小說，但還寫詩，是他將一本詩集寄給我後才知道的。前些天，我讀過一本《知識份子應該幹什麼》。這本書是近八十年來爭鳴知識份子問題的，很好讀。儘管書中觀點各異，但我是認同知識份子是「社會的良心」、「是人類基本價值（如理性、自由、公正等）的維護者」這一理念的。因此讀周實的《剪影》，在心情變得越來越壞的今天，引起強烈共鳴是必然的。從某種角度說，周實的《剪影》就是一部知識份子的心靈史，因為他寫出了當下知識份子的無奈以及他們的生存狀態。

周實先生說，這本詩集不是為了寫詩而寫詩的，而是隨意記下的一些雜感。也許正由於「隨意」，才沒有雕飾，真切而自然。在卷首的〈關於詩〉中他寫道：

> 常常，有很多話／想說，又無處說／久了，也就無話可說／／常常，有很多事

／想做，又無法做／久了，也就
無事可做／／常常，抱有一種
希望／久了，一切皆成幻像。
（《剪影》，頁2，以下所引詩句均出
自該書，從略）

這看似平常的字句，卻包含了多少難言
的悲哀和無奈，既是自況，也是我們集
體的精神小照。

　　《剪影》中最長的一首是組詩
〈我〉，長長短短三十六首，耐人尋
味：「當我第一次說人字的時候／我不
清楚人是什麼／我只感到人就是人／
我只覺得我就是人」，「人的一切都在
證明／人既是人又不是人」。人是什
麼？又往哪裏去？周實睜開眼睛，「一
只是痛／一只是苦」。「最痛苦的是什
麼」，是「如鯁在喉」。周實渴望「甩
脫地球的引力」，「變成那自由自在的
空氣」，「升上去，升上去」，然而面
對的現實卻是：

閴靜無聲／真可怕／我陷入了
一條漆黑的巷道／／向前，空

前《書屋》主編周實（王平／攝）

氣凝滯了／往後，風也正僵化／／放在嗓門喊一聲／話在心頭被消掉」。

幾回夢中驚醒／疑是至愛親朋／卻又不敢開門／怕是不速之人／／移步門上貓眼／唯有走道孤燈……

〈我〉中還有一首：

我好像造了很多房子／ 很多，很多，很多／為了我的寶貴的軀體／不遭日曬，不受雨淋／……可是，我的心靈呢／我又為它做了什麼／它的房子是我的軀體／ 這房子卻一天天衰敗下去／無論誰都無能為力！

這「房子」是什麼？也許正是我們前赴後繼，為之癡情追尋的、永遠也不可企及的烏托邦。我為什麼「自己拐走了自己」？我們為什麼變得那麼柔順？因為幾十年的灌輸，使我們失落了作為知識份子應該堅守的理念——儘管我們也有一個「從理想主義到經驗主義」的顧准，儘管我們也有一個鐵骨錚錚「吾愛吾師、吾尤愛真理」的馬寅初……但我們還是無法洗去自己的恥辱。

認識周實先生許多年了。他年輕時寫詩，後來寫散文和小說。他與人合著的長篇歷史小說《劉伯溫》和《李白》，就是他嘔心瀝血之作，評論界也很看好。但我倒覺得，他更適合於詩，尤其是在詩壇流派紛呈、「你方唱罷我登場」的當下，他的《剪影》無疑給面臨危機的詩壇帶來了一線生機。詩該寫什麼？詩該怎樣寫？周實用他的《剪影》回答了：

如果不願看的時候／能把眼睛閉上／如果不願聽的時候／能把耳朵堵上／如果不願講的時候／能把嘴巴關上／那該多好／／那就能眼不見為淨了／那就能耳不聽不煩了／那就能禍不從口出了／可惜不能／／你不甘心變成瞎子／你不甘心變成聾子／你不甘心變成啞子⋯⋯

這樣的真詩人，實在太少了。

　　周實先生主編的雜誌，短短幾年，在讀書界就贏得了聲譽，成了人文知識份子表達見解的園地。在遭到非議和指摘時，他主張在這塊園地裏插上兩塊木牌，一塊寫上：「小草也有生命，請勿隨意踐踏」；一塊寫上：「愛護小草，人人有責」。這兩塊牌子的功用如何，不去管它，但「護草人」的執著和天真躍然眼前。

　　周實曾在一期雜誌的編者「絮語」中說：「雜誌編久了，有時竟厭煩看文章，看那些充滿了大話、假話、空話、神話和套話的文章」。他渴望那些「說真話、實話、人話的文章」。但這些文章果然到來時，他又嫌「真話太真，實話太實，人話太人性」⋯⋯難道不要「真」、「實」和「人性」嗎？往往這時，他又在南方的那間呈三角狀的編輯室裏來回走著，小心翼翼地琢磨著如何發稿，如何在有限的空間裏寂寞而頑強地堅守⋯⋯。

　　這就是周實。

（2000年一個寒冷的冬夜）

我們這代人的見證

——小林和他的詩

小林即郭小林，郭小川的兒子。在長沙天心賓館見到他時，他說自己不願生活在父親的背影下，但知道他的人大都是先知道他父親郭小川。去年1月，他應邀參加「瀟湘詩會」，媒體都稱他為「著名詩人郭小川的兒子」。

我手頭有一本《郭小川詩選》（人民文學出版社，1977年版）。郭小川當年那些傳誦一時的〈向困難進軍〉、〈在社會主義高潮中〉、〈保衛我們的黨〉等等，今天讀來，大都有口號詩之嫌；即便是晚年的〈秋歌〉、〈團泊窪的秋天〉，也明顯地打上了那個時代的烙印。恕我直說，郭小林似乎已跨過了他父輩那一代，因為他趕上了反思的時代——雖然他下放北大荒時，也曾寫過〈戰士愛邊疆〉、〈考驗我們吧，時間〉那樣的詩。

郭小林出身於這樣的家庭，本應享受更好的教育。但1964年自北京景山學校初中畢業後，父親就要他「到祖國最需要的地方去」，並在新疆建設兵團採寫〈軍墾之歌〉時就為兒

子設計好了未來。在景山學校就讀的大都是中央高幹子弟，學生近千人，但那年報名去農村的僅兩人：一個是家庭確有困難的，另一個就是他郭小林。臨去時，北京市民政局突然發出通知，要北京知青下鄉一律去北大荒。當時，郭小川還在重慶採訪，他想等父親回來再決定，可一向「表現最革命的」（郭小林語）媽媽杜惠說：「北大荒和新疆都一樣，去吧！」郭小林就這樣去了。

詩人的兒子，血管裏流淌的仍是詩人的血。在北大荒幾年後，郭小林成了北大荒著名的知青詩人。近讀《中國知青文學史》（中國工人出版社，2002年1月版），書中就寫到他1972年的〈戰士愛邊疆〉，1973年的〈考驗我們吧，時間──和知青戰友共度新年〉，說這兩首詩分別為《兵團戰士報》1972、1973年的「新年獻詩」，在當時「是反映知青主題的大型作品」（均一百多行），「其中透露了一些知青生活的氣息……各團、連隊的新年文藝演出都大段照搬」；但同時，「也遭到了許多知青的批評，認為它是分行的社論，充滿了八

郭小川的妻子和三個小孩。左一那個男孩就是郭小林（原載郭曉惠編《檢討書》，中國工人出版社2001年1月版）

股氣」。我沒有讀到〈戰士愛邊疆〉，但〈考驗我們吧，時間〉在《中國知青文學史》中讀到了片斷：

> 是呵，要讓一杯茶保持熱度，／哪怕半個鐘頭也十分困難！／但是太陽巨大的光和熱，／今天仍然像是幾十億年之前。／因為太陽有宏偉的目標──／要給世界人民以溫暖。／……／讓我們響亮地大聲要求吧，／滿懷信心地挺身高喊──考驗我們吧，時間！

這裏的「太陽」喻誰？「要給世界人民以溫暖」的又是誰？當然不用說了。

談到那時的詩，郭小林說他還寫過一首六百行的長詩──〈誓言〉。詩是寫一個六、七歲的孩子在中南海，見過毛澤東，並給毛澤東送去一個蘋果──這是他自己的生活。他回憶說，那時他是真誠的，通篇是寫自己怎麼愛毛澤東、愛毛澤東思想。父親讀了這首詩，很高興，寫信對他說：「我將一反過去不贊成你寫詩的態度，並幫助你把這首詩改好……」我問他還能背誦這詩嗎？他立即背誦起來：

> 浩浩的天海泛起黎明的波瀾，／星辰的魚群正在越遊越遠，／偉大領袖結束了一夜的工作，／推開窗櫺把太陽托出海面……

郭小川曾在1964年寫了〈昆侖行〉，詩中也寫道：

> ……／每當晴明的晌午，／我常凝望中南海上的藍天。／我們的毛主席啊，／或許剛把大事理完，／恰好站在這片藍天下，

／把中國看遍。／毛主席的眼光呀，／照亮了人間；／而我的全身呢，／也因之紅光閃閃。／……／每當我攤開文件，／彷彿就看見——／毛主席的容顏／……／我不出聲地彙報道：／在你的身邊，／真理簡直像大海一般浩瀚……

那時，父與子的詩句是何等相似呵！按郭小林今天的話說：因為那時他們都在同一個價值體系內表達。

郭小川的不幸，他不該逝世於1976年10月18日。郭小林有幸趕上了今天，面對社會轉型的變化，他可以有自己獨立的視角。郭小林寫於1980年的一首長詩一千四百餘行，題為〈明天，在我們手中——獻給思考的一代〉，詩中寫道：

我們本是滿懷熱望／來參加建設的呵，／不料卻被當作／會說話的工具／亂扔亂用；／什麼革命接班人？／無非是／年輕力壯的牲口，／什麼國家的主人？不過是改造對象／監督勞動！／……／肉體雖還活著／卻已殺死了心靈！／這就是／社會的真相呵……

他詩中寫到1976年的「四‧五」運動，說：「無產階級全面專政／竟是這樣兇殘猙獰！／……／人民使用自己的廣場／竟要付出／鮮紅的租金……」也許有人說這是「傷痕文學」，其價值是階段性的。但郭小林十八年之後的兩首短詩，證明了他並沒有停止思考。

郭小林這兩首詩寫於1998年底，一首叫〈經歷城市〉，一首叫〈關於自己〉。在前者中，他寫道：

人們臉上掛著／天生的假皮／眼神和天空一樣陰沉／……／舊
貨市場上／擺滿了騙局／大家不約而同地／集體違章／……／
一片片巨大的水泥作物／已被人蛀空……／我／去打投訴電話
／可是那個電話／永遠不通……

這是寫實。接著他寫道：

人們衣冠楚楚／聚在演播廳裏／按照安排／去笑　去鼓掌／
……／明明我叫奴隸／他硬給我寫成「主子」／／……，讓我
享受／紙做的繁榮。

在〈關於自己〉中，他寫了自己的經歷：

用鋒利的詩／我　切開自己／腦袋是瓜／也是傻瓜／半個世紀
還沒熟／在這高寒山區／／我從未殺過人／卻幫著往槍膛裏
／裝填過自己／……／／我承認／我是送過蘋果／但它會是那個
／引發十年戰爭的／厄里斯的金蘋果嗎？／／我有不在現場的
證據——／／十一年後回城／人們已在打掃戰場／陣亡者中／
也有我的父親／……／我是反達爾文主義者／和傳媒一樣　我
／從人退化成鸚鵡／只會用鋤頭／給大地　給母親的心／劃出
傷口／／我錯了　我不該／在餵飽飼料之後／有更多的奢求
／……／而我任何一點點微小的過失／都是致命的／都不可饒恕
／只因我想做一個人……

這樣的詩，在詩歌日漸萎靡的當下，當然是難能可貴的。

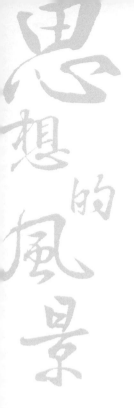

詩人不一定是思想家，但凡好詩不能沒有思想。在大家都說「是龍的傳人」時，郭小林寫了兩百行的長詩〈我不是龍的傳人〉。在紀念二戰結束五十周年時，他寫了一千行的長詩〈謊草之歌〉。據說，牧場有一種草叫「醉馬草」，吃了就要中毒。在這首詩中，他虛擬了一種「謊草」，吃了就要撒謊。過去被謊草餵養著，怎能不撒謊呢？法西斯曾宣稱：「謊言重複千遍就變成真理」，但謊言無法掩蓋血寫的罪惡。

郭小林迄今已寫詩一萬兩千餘行，但公開發表的僅兩千行，大都還鎖在抽屜裏。對於其詩的價值，我相信，有眼光的出版家肯定會感興趣。昨天，他在電話裏告訴我，他正寫著一部回憶錄。說他將以「盧梭式」的勇氣，以「李南央式」的反叛，寫自己的靈魂，寫人的靈魂，讓二十世紀的歷史在一個局部復活……。他能達到這種「境界」嗎？尚難預料，但有一點可以肯定，他的文字就是「我們這代人的見證」。

（2002年夏）

作者與郭小林（右）合影

從「憲法關懷」說起
——青年學者張英洪印象

因為職業的關係，和國內思想文化界、學術界交了不少朋友，張英洪先生也算其中一個吧。前不久，他送我一本個人文集，名之曰《給農民以憲法關懷》（長征出版社，2003年12月一版）。我當時就琢磨這書名，心想，難道除了農民外，大家都享受著憲法的溫暖嗎？幸好我還不算很糊塗，知道有好些東西，其實只是供堂而皇之觀賞的。因而我覺得，憲法的權威還遠未樹立起來，全體國民尚需憲法關懷。

當然，我這樣說並非是對農民苦難的漠視，事實上我也與張英洪一樣，都很關注農民問題，都是地道的農民的兒子——且都來自湘西的同一個縣，是地道的鄉黨。我在媒體裏，前些年寫過幾篇為農民說話的文章，家鄉父老們看到了，往往將有冤有屈的材料寄給我，滿懷希望我為他們伸張正義。張英洪也一樣，也常收到寄自家鄉的材料。他見了我（或是給我打電話）就說：「真是太不像話了！你回去採訪報導

一下吧。」我説：「採訪可以，但能否報導出來，很難説。」

去年春節，我回去四天，竟有三天是由張英洪陪著在父老鄉親家走訪。家鄉有個玉溪鄉，是大山區，很窮。鄉幹部收不到錢，就將全鄉的上繳和攤派任務承包給當地一個叫「駝子」的人去收。這「駝子」，在當地的名聲很大，人見人怕。於是，當地農民只要聽説是「駝子」收錢來了，就趕快逃出家門躲藏。有一天傍晚，一老實巴交的農民正在洗澡，聽到喊「駝子」來了，嚇得光著屁股跑上山，直到凌晨三點多才敢回家。我想，「駝子」能這樣威風，肯定是有背景的。後來到縣裏聽説，「駝子」原來與一位什麼父母官沾親帶故的。「駝子」不僅承包了玉溪鄉的上交任務，還承包了一座水庫的養魚。過去人們還敢到水庫裏游泳什麼的，「駝子」承包了，連洗衣服也怕去了，怕他誣説是「下藥搞魚」，要罰款。縣城通往玉溪的公路，只有「駝子」一輛中巴車在跑，要是哪個膽大的司機跑了玉溪，準會被打得臉青鼻腫回來……。我聽到這些，自然沒有好心情過年了。張

2002年春節張英洪（中）回老家訪農

張希生（前排右二）發動群眾反貪腐，令官員們很頭痛

英洪聽了，按捺不住激憤，連連對我說：「這是很好的材料！你一定要報
導報導……你有責任呵！」

是的。想起這些父老鄉親的事，我內心一直懷著沉重的歉疚，但又
豈止是我一個人的責任？我和英洪只要談起家鄉的事，總是憂心如焚，不
能自已。三年前，家鄉周莊鎮的幾個農民被判了刑。那幾個農民也實在是
冤。有個叫張希生的農民，不就是仗義執言上訪，還喜歡幫農民代寫些狀
子嗎？後來因一偶然事件，他被公安局抓了。這時張希生的家人找到縣律
師事務所，一位姓楊的律師答應為其辯護。可縣政法委知道後，當即打電
話找來這位律師說：「張希生這個案子，是我們政府行為，你不要接……
你要考慮自己的前途……」如此，張希生的家人只得遠去市裏請律師。
因為是「政府行為」辦案，所以辯不辯是一回事。張希生最後被判了七
年徒刑。

張希生是個什麼樣的人呢？他年近七十，有點文化；字寫得不怎麼
樣，家裏卻掛滿了自書的「反腐敗」、「打貪官」之類的條幅。他很有
心眼，收集了很多關於農民減負的文件資料。碰到問題，他就找出文件資
料對照學，然後和幹部們辯。1997年，他被推選為周莊鎮金芙村清帳代
表，清出1996年村裏有三十多萬元問題金額，其中幹部一年吃掉的就是
八萬多。村鎮幹部吃花酒，最多的一天竟吃七餐，發票上還堂而皇之的寫
明某領導下村，其中小姐陪酒費多少。問題暴露了，群眾要求幹部退賠兌
現，但沒人答理。張希生就自掏腰包，逐級上訪，歷數幹部違紀違法種
種。幾年了，問題還擱著，張希生卻因此出名了——方圓數十里的農民，
都知道他懂法、懂政策。要是誰被幹部打了，被抄家了，被抓了，都去找
他；他也樂得像「濟公和尚」，「哪有不平那有我」。於是，他被幹部視
為眼中釘、肉中刺，並說「如不搞倒張希生，政府就要垮台」。2001年7
月，機會來了，周莊鎮派出所抓來兩個農民，理由是他們打傷了一個鄉幹

部。但農民卻另有說法，說那個鄉幹部是追打農民時自己摔傷的。那天，派出所門口聚集了數百名憤怒的農民，要求放人。混亂中，有人把派出所門鎖撬開了，放走了被抓的農民。這樣一來，張希生就成了「聚眾衝擊國家機關」的首惡份子。

我曾先後三次深入周莊採訪。當地農民都說「張希生是個好人」；而幹部大都說張希生的不是，說他做得太過了，是愛管閒事，自討苦吃。令人不解的是，有兩位正局級幹部接受採訪時居然說，張希生是被中央的「七個不准、八個嚴禁」所害的。說張希生把這「七個不准、八個嚴禁」當尚方寶劍了。（「七個不准、八個嚴禁」系減輕農民負擔的具體措施，是溫家寶副總理2000年9月在全國減輕農民負擔工作電視電話會上說的，並登了報紙）

我把有關周莊案件的材料和兩本採訪筆記讓張英洪也看了，他也只能連連歎息，除了「哀民生之多艱」，又能怎樣呢？現在，張希生等幾個農民還關在監獄裏，我和張英洪都想幫幫他們，卻又無力回天。今年初，一本叫《中國農民調查》的書攪動了讀書界，張英洪讀了立即給我打電話說：「這本書你一定要讀。它寫的和周莊的事差不多。你完全可將周莊的事寫本書了。」書我沒有寫，但那足足有兩公斤重的材料及我的採訪本，我還好好保留著，我想它也許會有用得上的時候。

張英洪說，他從來不為「做學人」而寫文章，也不為評職稱寫文章。他的專業本來是中共黨史，但看到黃土地上父輩們的苦難，以及哪些相識或不相識的父老鄉親們的境遇，他受到很大的刺激，於是悄悄轉行了。他在《給農民以憲法關懷》一書的勒口上自撰交代說：他「自認為既非憲法學專家，又非三農問題專家，但卻執著於以憲法眼光審視中國的農民問題……立志以自己的學術努力分擔農民的身心疾苦……」確實如此，收入此書的文章，說的都是「三農問題」，如〈中國的農民歧視〉、〈二元戶籍制：半個世紀的「城鄉冷戰」〉、〈三級利益共同體：縣鄉村權力

運作與農民問題〉、〈宏觀視野中的農民負擔〉、〈解放農民〉、〈給農民自由〉、〈農民問題呼喚憲政民主〉、〈只有憲法才能救農民〉……，只要看看這些標題，就可知他完全開闢了問學的另一條路徑。有了真問題，才有真學問。他的文章之所以有那麼多讀者，就因為他做的不是偽學問，而是直面現實矛盾和問題的。

有人說，張英洪是中國第一個用憲法眼光審視農民問題的人。此說正確與否，我不敢斷言，但有一點可以肯定，張英洪所說的都是「最基本的真實」。他由薩達姆倒台想到「一切獨裁者都是紙老虎」，由孫志剛之死看到「制度之惡」，由SARS猖獗想到「政治家是幹什麼的」。搞研究、做學問，都需要逆向思維。在別人研究「李昌平為什麼會失敗」時，張英洪卻看到了「李昌平為什麼會成功」。（見《學習時報》，2004年4月5日）這除了需要學術良知和道德勇氣外，恐怕還要一點學術智慧。

他年輕、氣盛，有點「氣吞萬里」之勢，這從他的「一向以『縱觀上下五千年，橫看東西兩半球』自勉」句也可看出。他是立志「以自己的獨立思考推進中國的民主政治」為己任的，因此我尊重他——儘管他的有些觀點我不敢苟同。

我們常交流，說到有學者主張撤銷鄉政府時，他馬上接過話題說，他早就提出這個問題了；說到將取消二元戶籍制度時，他說他早就寫過類似問題的文章，發表在某學報或某雜誌上；看到某位學者的書，產生了強烈共鳴，他會說「我也這樣思考了，就是沒寫出來」。讀到那些蹈規蹈矩的「學院派」的書，雖是自己一時衝動花錢買來的，他也會毫不猶豫地在書上劃個大叉，怒不可遏地批說「胡說八道」或「一派胡言」，然後把書扔在一邊。不過，他也有自慚形穢的時候，每每讀到令他佩服的好書時，他就說：「天下會寫文章的人太多了，我沒有寫的必要了。」他還說：「劉軍寧、何清漣他們文章寫得真好，既有思想又有文采，自愧弗如。」

往往這時，我就説：大天之下，眾聲喧嘩總比獨唱好，況且你認為好的，
別人不一定就認為好，所謂「蘿蔔茄子、各有所愛」吧。我未必説服了
他，他文章也還在寫。這就好了。

（2003年5月）

一萬與六萬

半個多世紀前，重慶有兩個黨報：一個是共產黨的《新華日報》，一個是國民黨的《中央日報》。我曾在《讀書》2003年第5期發表過一篇談《新華日報》的文章，文中說當時執政的國民黨《中央日報》占盡便利，但發行量僅一萬多份，而在野的共產黨的《新華日報》發行量最高時竟達六萬份。

一萬和六萬兩個數字，很能說明問題。

那時國民黨是如何管理黨報的，我未作過專門研究，但從以往的閱讀印象裏也可感知一個大概。國民黨口口聲聲「黨國的利益」、「總理遺訓」和「三民主義」，很是中聽。實際上呢？恐怕不是這樣。它怕丟權柄，怕在野，對於言論之類，慎之又慎，哪些能報導，哪些不能報導，哪些暫緩報導，哪些嚴禁報導……諸如此類，條條框框，我想應該是有的。正因為如此，《中央日報》的活力被完全扼殺了，登出來的要麼是假話、廢話，要麼是黨話、官話。說的是一套，做的又是一套，這樣的報紙

當然沒人看。而共產黨的《新華日報》，卻是竭盡全力「傾聽人民大眾的心聲」，理直氣壯地「為老百姓說話」，所以老百姓都喜歡它。

一萬和六萬還值得多說幾句。那時國民黨政府奉行的是「黨國一家」、「國產即黨產」。我想，發行這一萬份，恐怕大都是國費訂閱的。國費訂閱的，大都是可讀可不讀的——因為其可信度，大家早就心知肚明。所以要說這一萬份的閱讀率，還真不好說。《新華日報》沒有「天時地利」，唯有「人和」，唯有靠說真話吸引讀者。國民黨的貪官污吏，土豪惡霸和鄉保長的為所欲為，國際、國內的問題，中國的現實危機在哪裏等等，它都不迴避。所以當時聚集在重慶的各界精英，甚至相當一批國民黨的政府官員，都在偷偷地看《新華日報》。《新華日報》這六萬份，都是靠讀者自願購買的，其閱讀率自然不可與《中央日報》同日而語。我曾在一本書裏看到，共產黨只用三年的時間就把國民黨趕到台灣島上去了，這是毛澤東和蔣介石都沒有想到的。其實，這個結果是偶然也是必然。

一萬和六萬還給人啟示：再怎麼說自己如何如何，都是空的，因為老百姓只相信看得見摸得著的。老百姓心裏自有一桿秤。

（2004年夏）

1958年的《人民日報》在說些什麼

革命、全球化和雜文

有人説，二十世紀是魯迅的世紀，二十一世紀是胡適的世紀；也有人説，二十一世紀依然是魯迅的世紀。二者孰是孰非，可以討論，能否達成共識也無關緊要。不過我卻贊同，二十世紀的潮流是革命，而二十一世紀的潮流是全球化。如今再有「格瓦拉式」的革命，準會被國際社會譴責為恐怖主義。也許，二十一世紀是建設重於批判了。

建設的時代要不要雜文？答案是肯定的。任何建設都應該是開明而開放的，需要有相應的言説空間。但東方專制主義的痼疾難除，有人不願「活在真實中」——因為真實不一定是美好的，有時正好相反，它是殘酷的。而雜文，正是勇敢而直面殘酷的一把利劍，假、醜、惡的把戲往往被它戳穿。二十世紀我們有魯迅，而二十一世紀有無魯迅？就看我們有無「且介亭主」那樣的幸運。

還要説一句：沒有好雜文不要錯怪雜文作者和雜文編輯。因為經驗告訴我：最好的雜文

是那些沒有刊佈出來的；最精彩的段落和句子是那些不得不被刪去的。嗚
呼噫欷！

（2001年夏為《雜文選刊》百期〈筆談雜文〉而作）

也許歷史都是片面的
——《2005中國文史精華年選》序

在一個飯局上，朱正先生曾隨意說出一句很經典的話：「歷史是寫歷史的人寫的。」細一想，不禁莞爾，又很無奈。

絕對真實的歷史是永遠無法獲得的。《聯共（布）黨史》曾被我們奉為聖典，當史達林走下神壇之後，才知道那並非歷史的真實。有人說「那是用血寫成的謊言」，這話確否暫且不論，但它確實只能算是布爾什維克「史達林派」的歷史。要是站在托洛茨基的立場上看，那當然全是顛倒黑白的。

幾年前，我曾讀過高默波先生發在《讀書》雜誌上的一篇文章，標題叫〈書寫歷史：《高家村》〉，談的是自己寫《高家村》一書的一些體會和感想。高先生說：

> 歷史是由勝利者寫成的是人所共知的，但真正理會這一點的人不一定多。馬克思的經濟基礎決定上層建築的思想以及

世界上沒有無緣無故的愛也沒有無緣無故的恨的說法，都與不同的人寫不同的歷史的理論有關。

這一點，也符合過去流行的一種論斷：什麼階級說什麼話。高先生說他是農村出生長大的，父母一輩子是貧困農民，所以他的《高家村》就是站在貧困農民立場上寫的。從高先生文章中得知，海外已有不少有關中國的人物傳記和回憶錄，如有從知識份子立場寫的《一滴淚》和《失去的一代》，有從農村地主階級立場寫的《閣樓》，有從受過打擊的「當權派」立場寫的《鴻》，等等。也許可以說：任何歷史都是片面的……。

歷史就是一面多稜鏡，或是一座重巒疊嶂的大山，「橫看成嶺側成峰」，要識得其真面貌，唯有遠近高低看。儘管，結果難免片面，但正是這些「片面」的組合，才能窺其「全面」。

我選編的這本《2005中國文史精華年選》，也絕不是什麼歷史，只是一些歷史的碎片——這些碎片拼湊起來也只是歷史的某一維度；或者充其量是一點史料的積累，為二十世紀史的研究者提供或可參閱的文本。當然還想提醒人們，不要輕易相信那些「寫歷史的人寫的歷史」，還是多加自己的思考和判斷，不人云亦云為好。

本書分為五輯，有口述實錄，有親歷往事，有知識份子心史等，相信細心的讀者自會找出這樣分的理由。文章取捨的標準：要麼有新的材料，要麼有新的見識，當然還要考慮有更多的人喜歡看——買了這本書，看了不丟，長置於案頭，間或拿出來翻翻，引發自己想想是怎麼一步一步走到今天的。

還想說明一點，如今做「年選類」讀物的出版社至少有十幾家吧，且年選品種越出越多，小說、散文、詩歌、雜文、隨筆、甚至「美文」之類的年選都有了，唯獨沒有「文史年選」。我編這個選本，只是想讓讀者知道，每年除了那些文字之外，還有這樣一些充滿智性的文字。

編輯過程中，割愛是痛苦的。初選四十多萬字，後來壓成三十多萬、分七輯，最後就是大家見到的這個樣子了。雖然還適當收了些往年發表的文史作品，但肯定難免有遺珠之憾。

是為序。

（本書2005年12月由花城出版社出版）

歷史的經驗和教訓
——《2007中國文史精華年選》編後記

編完一本書，自然要說點什麼。

十月革命九十周年時，很多有影響的媒體都做了專題策劃；本書也選了有關十月革命的專輯，收了一組文章。閱讀這些文章，也許大致可以知其始末了。最近看到民間思想家王康在鳳凰台「世紀大講堂」演講，講的題目是「俄羅斯精神的另類解讀」，其中講到布哈林案，講到布哈林《致未來一代黨的領導人的信》。我看了頗有所感。布哈林是馬克思主義理論家和經濟學家，曾擔任蘇共中央政治局委員、《真理報》主編等職，但在史達林發動的1930年代的大肅反中被殺害了。史達林逝世後，赫魯雪夫曾為數千人恢復了名譽，但不包括布哈林；直到1988年3月，蘇聯最高法院主席團才為布哈林平反。可是平反來得太遲了，已無法挽救蘇共和蘇聯的命運。如果當年赫魯雪夫能為所有受害者徹底平反，並進行必要的改革，也許不會有全面停頓的勃列日涅夫時代，

不會有戈巴契夫1991年12月25日在克里姆林宮不得不宣告解散蘇聯共產黨，宣告共產主義在蘇聯的試驗已經失敗……。

「十月革命一聲炮響，給中國送來了馬克思主義。」當時大批知識份子為尋求民族解放，把目光投向蘇俄，其中也包括蔣介石。1920年3月14日，蔣介石曾想投身「世界革命」，在當天的日記裏寫道：

> 革命當不分國界，世界各國如有一國革命能真正成功，則其餘當可迎刃而解。故中國人不必要在中國革命，亦不必望中國革命先成功。只要此志不懈，則必有成功之一日，當先助其革命成功能最速之國而先革之也。

從蔣的日記中還可看到，蔣早年讀馬克思主義著作很是認真，《共產黨宣言》、《馬克思學說》、《馬克思學說概要》等他都讀，而且一遍、兩遍、三遍地讀。蔣曾在日記中感歎：「馬克思學說之深奧也！」著名民國史專家楊天石的〈1923年蔣介石的蘇聯之行〉就是一篇既有新史料、又有新見識的好文章，對蔣早年的活動進行了獨到的研究。日前《南方週末》發表記者對楊天石的訪談──〈擺脫「土匪史觀」，跳出「內戰思維」〉及其相關專題文章，為民國史研究又打開了新的視野，蔣介石也不再是臉譜化的了。學界稱蔣介石曾有「十年黃金時期」，即1927至1937年。這十年，蔣剿共是一大過，但蔣也想做一些事，如通過「五五憲草」等。他也很瞭解國民黨內的問題，主張國民黨官員應該多與農民接觸，每人應到農村工作一段時間，再回到城市來。他也確實想解決中國農民的土地問題，日記中多次提到

「要解決耕者有其地」，主張「二五減租」等等。可惜的是，這一切因為日本侵華，最後都未能實現。

　　本書收雷頤的〈國民黨的大陸歲月〉，可以看作是對蔣介石前半生的總結。讀此文，不得不想起《唐縱日記》這本書。唐縱係湖南人，黃埔軍校出身，在蔣介石侍從室主管情報工作，作過軍統局幫辦、內政部次長、警察總署署長，頗得蔣的寵信，後去台灣。「唐縱日記」是經公安部檔案室整理出版的，其整理本書名叫《在蔣介石身邊八年──侍從室高級幕僚唐縱日記》（群眾出版社，1991年8月版）。讀其日記可見，唐縱還算得個有見識的人。當時，面對通貨膨脹、民不聊生、盜匪猖獗的局面，面對國民黨上下腐敗和軍警及特務機關的腐敗，唐縱希望「消滅危機於無形」，主張「在黨內開放言論，黨部自由選舉」。他和陳布雷等曾進言蔣介石，蔣卻說：「改革方案並不難，可是一定要考慮到革命的環境、本黨的人才和我們的民族性。」由於蔣顧慮太多，處處「維持現狀」，終於現狀不能維持了，最後一敗塗地。真的是「金陵玉殿鶯啼曉，秦淮水榭花開早，誰知容易冰消！眼看他起朱樓，眼看他宴賓客，眼看他樓塌了！」筆者寫到這裏，是不難產生感慨的。我們可以暫時迴避矛盾，但我們不能永遠回避矛盾和問題，這就是歷史的經驗和教訓。

　　現在五十歲以上的人，大都應該還有「過苦日子」的記憶。〈我向中央講實情──原四川省政協主席廖伯康訪談錄〉就是講述那段苦日子的。四川餓死了一千萬人，可當時的省主要領導還是不讓向中央反映。重慶長壽的一位老爺爺餓得實在不行了，竟然煮食了自己的孫女。派出所的來了，他鍋裏還煮著一隻小胳膊和一隻小腿兒，孫女的其他部位，已被爺爺「慢慢省著」吃掉了！這是我第二次看到過苦日子吃人的文字。第一次看到是在余習廣主編的《大躍進·苦日子──上書集》一書中，說的是湖南澧縣「劉家遠食子案」，因劉最後被判死刑，所以我還在書中看到了劉

家遠和其兒子殘支的罪證照片。「草原英雄小姐妹」的故事，上了年紀的人都耳熟能詳，因為小學課文裏早就讀過。其實，這是個大騙局，真正救了「小姐妹」的人哈斯朝魯因為是「右派份子」而換成了王福臣，哈斯朝魯並由此承受了人生的磨難。讀過本書《「草原英雄小姐妹」背後的故事》就恍然大悟了。尤其是媒體從業者，更值得一讀，反思什麼才是新聞的真實和良知啊！

因為粉碎了「四人幫」，1976年4月的「天安門事件」（又稱「四五運動」）是黨的歷史上最快獲得平反的冤假錯案。胡繩主編的《中國共產黨的七十年》稱此次運動「為後來粉碎江青反革命集團奠定了偉大的群眾基礎」。可同樣是這本書，記述「四五運動」卻只寥寥數語：

> 4月5日凌晨，群眾看到天安門廣場所有的花圈、詩詞、輓聯等都被撤走，異常氣憤。群眾同一部分民兵、員警和戰士發生嚴重衝突。晚上9時30分，一萬多民兵和員警奉命手持木棍跑步進入廣場，驅趕、毆打和逮捕留在廣場的群眾。

當時宣傳是「反革命事件」的廣播、報導和下發的文件，以及1978年平反為「革命群眾運動」的報導，我幾乎都看過，但沒有哪一篇報導有收入本書的〈小平頭自述：我的1976〉這樣詳細而真實、全面而可信。這就是一個普通工人在1976年「四五運動」中的親身經歷！當時的報紙說那個「小平頭」如何如何的囂張。其實這個小平頭「爬到紀念碑的浮雕上」，完全是因為他身材高大便捷而已；他參加和軍人談判，念什麼「告工農子弟兵」書，也頗似湊點熱鬧。「小平頭」說起當時那情形：大家看著看著聽著聽著，也有被觸動的，或想起這次工

資沒給長級，或想起單位操蛋的領導，或想起女朋友吹了是嫌自己太窮，或想起看了幾本外國小說就被點名批判，或想起每月才供給半斤油根本不夠，或想起他們盡騙人，外國哪像他們說的那麼不好，或想起老家的農村父兄越過越苦等等，於是也大聲抱怨……「小平頭」也承認，「大廣場上，有人在玩革命，有人在玩文藝，老百姓都是跟著玩熱鬧或曰瞎玩的……」「反革命事件」也好，「革命群眾運動」也好，這就是歷史的真實。

最後還要說到謝泳的一篇文章。謝泳讀《延安日常生活中的歷史（1937-1947）》（朱鴻召著，廣西師大出版社，2007年7月版）一書後說：「延安研究有可能成為一門顯學。」何從說起？朱鴻召說，因為二十世紀的中國歷史，真正具有思想文化史意義的時代，只有「五四」和延安。「五四」發現了人，延安改造了人，因而改寫了整個中國社會的歷史。〈戀愛中的槍聲〉就是摘自本書的，作者以史料說話，寫了紅軍幹部黃克功向十六歲的青年女學生劉茜逼婚未遂殺人案，文後並附〈陝甘寧邊區高等法院刑事判決書〉。見多識廣的史家朱正先生說，此判決書他是第一次看到。如果不是從可讀性考慮，編選者肯定會摘錄本書第一篇〈延安的生活指數〉。此篇分「人口與性別」、「時間與食譜」、「貨幣與物價」、「大小灶與保健費」四節，從衣食住行等日常生活，洞悉延安制度和文化的漸漸形成。我倒建議有心的讀者，不妨找一本《延安日常生活中的歷史》，和收入本書中的〈中南海的日常生活〉、〈關於建國以來黨政幹部收入的問答〉等篇對照讀，一起讀，自然會體味出「延安文化」的另一層意味來。

（2007年12月5日）

雜文是思想者的文字
——《2007年中國雜文精選》序

一

　　有人說過，隨筆是思想者的文字。其實雜文也是思想者的文字。沒有思想的文字，是不能叫雜文的。我曾在一篇文章裏說過：「作家不一定是思想家，但作家不能沒有思想。」同理，雜文家也如此。

二

巴斯卡在《思想錄》中說：

人顯然是為了思想而生的。
……因而我們永遠也沒有在生活著，我們只是在希望著生活；並且既然我們永遠都在準備著能夠幸福，所以我們永遠都不幸福也就是不可避免的了。

雜文，或許就是「不幸福」的衍生物。

三

魯迅是「不幸福」的，也是雜文集大成者。

我曾聽到一種批評聲音：「說魯迅是思想家，但誰能說出他是什麼思想？其思想成何體系？」我非研究者，自然無力回答，但我是贊同朱學勤先生「魯迅思想短板說」的。

魯迅的雜文或許是他的「長板」？

他「對當權勢力的不合作」姿態，成就了他的不朽。

他能「不合作」而存在，無須合唱，自然是他的幸運。

四

有人感歎當今雜文萎靡。

其實我已說過：最好的雜文是那些沒有刊佈出來的；最精彩的段落和句子是那些不得不被刪去的。

五

偶然有一天，我忽發奇想，問那時正讀高一的女兒：假如某一天上學，一佈道者把你們劫持在教室，說：「同學們，今天是大清乾隆十五年二月二十日……」你們肯定會說「不是」。這時佈道者突然掏出一支手槍，說，「你們錯了！再說『不是』就斃了你！」一開始，也許你們還不相信，待到第一個說「不」的倒下了，你們還敢說「不」嗎？女兒說：「他說什麼，我就跟著說什麼。」

她的回答在我意料之中。同時，又讓人深感教育的徹底失敗——從小學起，老師和課本不是天天在灌輸嗎？不是要他們「捍衛真理、堅持真理、隨時準備為真理獻出生命」嗎？

也許，世界上有許多事是不可深究的。生活的邏輯不一定就是事物本身的邏輯。

六

中國人「罵貪官」，西方人「罵權力」。這是兩種文化的差異，也是兩種文化積澱的後果。

「罵貪官」其實也是中國一千多年來「清官情結」的延續。如果不在制度上創新，貪官不絕，清官也是絕對靠不住的。

道德偶像的時代已經終結，主流意識形態卻仍在叫賣。

中國人什麼時候開始對權力說「不」，什麼時候開始「罵權力」了，那才是真正「把歷史翻過了一頁」。

七

中國人講道德自律，克己奉公，泯滅個性；而西方人追求個性張揚與法律公正、秩序。兩千多年前的蘇格拉底被古雅典不公平地判處死刑。本來他有逃跑、越獄的機會，但他拒絕以有失尊嚴的方式逃生。

從蘇格拉底想到譚嗣同。前者是為程式正義而獻身，後者卻被「救國情結」所誤。譚嗣同死了，留下「我自橫刀向天笑，去留肝膽兩昆侖」的詩句。雖是豪邁、英勇而壯烈，但未免單純而天真。

看《大國崛起》可感知「妥協」的重要。歐洲聯盟僅僅五十年，差點通過了《歐盟憲法條約》。而我們自譚嗣同時代始，一百年過去了，為什麼還不能學會妥協？

八

　　哈威爾要求「生活在真實中」，爭取到「無權者的權力」；米奇尼克提出「只有一個波蘭」，終結了極權主義。

　　為什麼我們沒有哈威爾，沒有米奇尼克？

　　中國曾經有過諸子百家，抑或那是喚不回的遙遠的絕響！有人斷言，中國是不配出大思想家的。信然。

　　難怪有人感歎「魯迅的思想短板」！

（本書2008年1月由長江文藝出版社出版）

為明天祈禱
——《生活沒有旁觀者》後記

當我把這個集子名為《生活沒有旁觀者》時，有朋友就說：「生活還是有旁觀者。」我想了想，朋友的話沒錯，然而我也並非反對別人選擇「旁觀者的姿態」。大千世界，芸芸眾生，各有各的活法，這是自然的，也是合理的。但我覺得，在當下，除了錢物，似乎還有別樣的東西，譬如理念的堅守等。

坦率地說，我經受過太多的失望，然而並未從理想主義滑向頹廢主義，而是堅定的選擇了現實主義。現實的都是合理的嗎？我常常這樣詰問先哲。

大約四年前，我在採寫一篇人物訪談時，認識了一位三十年代末參加革命的老人。他本來有很好的前程，但五十年代接連不斷的運動將他擊倒了，因此淪入社會最低層二十多年，直到1979年平反。我本要他談我的話題，他卻更願意說自己的事情。平反了，工作幾年就退休了。他不適於突如其來的陽光，感到無奈和寂寞，甚而在潛意識裏懷念那個「轟轟烈烈」

的過去，自覺或不自覺地還以過去那種
思維模式看現在。改革開放十八年後，
我聽了他的傾訴，心裏大為震驚，於是
就有了收入本書的「一份備忘錄」。此
後，不知怎的，我也變了，變得很是關
心中國知識份子的問題，特別是近兩年
來，感時傷世，常常令我不能自已。已
有朋友批評 我：「你的文字怎麼愈來愈
激憤了？」我說，我別無選擇──儘管我
知道這樣的文字會失一些韻味。

　　近來讀到關於王實味、關於遇羅克
的文字，頗有所感。王實味嚮往革命，
結果被革命扼殺了，就因為他寫了《野
百合花》那幾篇小文；遇羅克想「參加
革命」而不得，最後也因《出身論》而
血灑祭壇。對此，今天的年輕朋友，簡
直不可思議，然而這就是歷史的真實。

　　歷史是殘酷的血腥的。面對昨天，
我們反思當然是為了明天，歷經磨難的
吳祖光老人最喜歡題寫「生正逢時」四
字，我也挺喜歡這幾個字，並就此作有
一篇小文。也許可以這樣說，當下擁有
的，只是歷史的一點可憐的進步。在中
國邁向現代化明天的進程中，我們還會

1999年的作者

付出怎樣的代價不便預言，但我願為明天祈禱——願為明天擁有一片自由的藍天祈禱……。

有人說了，一個人就是一部歷史。七、八十年代我是一個文學迷，但在八十年代末，我似乎背叛了文學，以至現在結集的這些文字，從嚴格意義上說都算不得文學。我之所以選擇隨筆這種形式，是因為我覺得隨筆更適合於表達我的思想。

還應交待的是，集子所收的文字，大都原文輯錄，但也有幾篇恢復了發表時被刪掉的句子或段落，以見原貌。有道是，物以類聚，人以群分，蘿蔔白菜，各有所愛。讀這本小書，如不合口味，也不必認真，棄之即可；如讀出幾份共鳴，那自然是對我的一絲安慰，因為我並不孤獨。

（1999年暮春於長沙）

一種憑弔

先錄下這樣一段話——

> 歲月就留在褪色的壁板上，留在簷下的塵網中。這不大像我們那樣慷慨地說到的人世，正不知有多少軀殼就在這裏托生，然後又匆匆地在這裏消逝。那靈魂就化成了黃昏裏朦朧的燈火，和著黎明時柴草的青煙……

這是《蒿裏行》扉頁上的一段話，一段純粹的文學化語言，歎人生之蒼涼與無奈。《蒿裏行》是何士光1994年出版的一個中短篇小說集，精裝的，定價十三元，我卻只花了四元就買回來了。

何士光是上個世紀八、九十年代十分活躍的作家，曾三次獲得全國優秀短篇小說獎。這本《蒿裏行》收錄了〈草青青〉、〈青磚的樓房〉、〈薤露行〉、〈蒿裏行〉、〈苦寒行〉、〈種包穀的老人〉、〈喜悅〉、〈日

子〉等十二個中短篇。差不多是二十年前，我整日做著文學夢，在那盞暗黃的煤油燈下，把這些都讀過了，且被感動過。後來，因為我急於成為一個「知識份子」，決意要擔當「人類的良心」而疏離了文學，或者說，是背叛了文學。我現在買回這本書，說實話，不是為了讀，而是為了憑弔，為了收藏那一段塵封的記憶。

　　作家和讀者也許是要講點緣分的。我與何士光先生雖素昧平生，但喜歡過他的作品，關注過他，知道他是黔省都市裏的下鄉知青，後來當了中學教師，十多年後，隨著知青回城潮他又「寫」回了省會都市。他熟悉山村學校裏的生活，因而寫得動人，尤其對我這樣一個有著近十年鄉村學校生活體驗的人，共鳴就更多了。他的〈草青青〉，寫了一個中學教師和一個是代課教師的鄉村少女的戀情，那也許是一段「比友誼多、比愛情少」的情愫，纏纏綿綿，淒美動人。我還記得，主人翁孫老師碰上一個手裏總是拿著課本或書，口袋或許還放著糖粒子的小萍。每晚，她是來請教孫老師的，但往往什麼也沒有問，談著談著又深夜了，只得又戀戀地離去了，寫得很美。在〈青磚的樓房〉裏，那樣的鐘聲，那樣的石級，我也非常熟悉，一切是那麼平淡而又枯燥，一切又是那麼從容而又纏綿。我自然不在何先生所描述的那座學校，但我在那樣的氛圍裏，常常獨守著一盞油燈，熬到凌晨一、兩點而不知疲倦。而今，我之所以能說出幾部自己曾經讀過的「所謂」中外名著，全得感謝那段孤寂的時光。記得1978年後，大批名著重印，但我處在湘西一隅的一所山村小學裏，想買到新書還很難。我曾托一位天津的作家買過一套《紅樓夢》。還有一次出差至懷化，我見新華書店租書櫃台裏有想要的書，於是交了成倍的押金換過兩本書，一本是上海文藝社的《外國短篇小說選》，一本是馬烽的小說《我的第一個上級》。在前一本書的扉頁上我曾寫道：「莫怪我不講一些信義，／為了你，我卻花了成倍的價錢；／酒店裏也許會爆發出笑聲，／我撫摸著你

只得緘默無言。」後一本扉頁上也寫了幾句：「一塊錢的押金，／已是書價的兩倍過零；／租書簿上我寫了個假名，／自以為這是高明，／其實呢？我也許是愚蠢。」我曾搬過幾次家，丟過許多書，但這兩本書我始終保留著——儘管這兩本書早從書架上撤下了，但每當孩子翻搗著出現在我眼前時，總能勾起我一段回憶。我把寫在扉頁上的話說給孩子聽了，孩子似乎反懷疑老爸的人品了……每每這時，我總會生出一些感歎。

　　書中〈種包穀的老人〉是何士光獲過全國優秀短篇小說獎的，它毫無疑問是一篇歌頌改革開放後的新生活的作品，其主題當然有圖解政治概念之嫌。但何先生的筆力令我折服，他以攝影家的特寫語言，把這位「老人」在乾渴而悶熱的包穀地裏勞作的形象局部放大，藝術效果讓人震撼——老人「蜷縮著脊背，脖頸略略伸向前面，嘴唇微微張開」，包穀「葉齒從他的瘦黑的臉上劃過」，「褐黑的眼仁已經混濁了」……這「老人」像是拼盡氣力搜尋著，又什麼都不像。如今，只要一閉上眼睛，這個「種包穀的老人」就「佝僂的脊背深深地躬著」向我走來。這「老人」和畫家羅中立筆下的「父親」是一樣的撼人心魄呵！甚至，由這位「老人」我還想起自己去世整整一周年的父親，因為先父也是這樣的一位「老人」。

　　也許是我對現在的文學期望值太高，也許是我過於拘泥和古板了，諸如以「身體寫作」的作品，不知所云的「先鋒」作品，我都保持著文學的清高，往往不屑一顧。從內心來說，在價值選擇上，我是堅守自由主義理念的，但為何不能見容於這些存在呢？我的孩子由少年漸成青年了，在她喜歡的電視頻道裏，要麼是「爹聲爹氣」，要麼是「卿卿我我」，要麼是「歇斯底里」。我問「這有什麼意思」，孩子說，「只要開心就行了。」好一個「開心」，令我深深地失望。由此我又想到何先生的書，《蒿裏行》才印了一千冊，還要這麼賤賣。我真擔心他們就是「垮掉的一

代」，但轉而想到先賢梁啟超的宏文〈少年中國説〉，我在心裏又禁不住自嘲起來……。

寫到這裏，已是子夜了。我想什麼也不去管，躺下睡了，但聽著窗外瀟瀟的春雨，竟毫無睡意。我又翻開何先生的《蒿裏行》讀了起來，企圖找回十多年前的那種感動。何先生在很短的後記裏寫道：

> 我不知道它會怎樣浮沉，那已經不在我的能力之內。我難免會有的又只是一種希望，希望它是一種善因，然後有些許果實……。

我想，這篇短短的文字，也許正是何先生所「希望」的——其實，我已經説了，我只是為了憑弔自己曾經有過的那段日子。

（2002年春）

遺憾之外

平時讀書買書，總要先看看序跋。沒有序跋的書，無論品位如何了得，總讓讀者感到一點點遺憾。碰到這樣的書，我往往會琢磨編著者的意圖，為何這樣？是賣「關子」？這次，我自己就編了本無頭無尾的書，只是並非我刻意而為之。

三年前客串《隨筆》雜誌時，見花城出版社有小說、散文、報告文學、雜文、隨筆等年選。我提議他們增加一本「文史精華年選」，並草擬選題理由，說中國社會老齡化加快，老年人有這種消費需求。選題很快批了，從2005年開始，每年出一本，今年編的是第三本。

《2005中國文史精華年選》出版很順利，年底新書就上市了，讀者反映也不錯，責編曾將一位上海讀者的來信轉我看過，說它「令人深長思之」云云，譽詞之多，令我難當。2006年起，「文史精華年選」書稿要送上面審讀，出版就自然多了一道環節。書要趕在年底印出上市，從編選者到書的責任編輯，有時搞得手

忙腳亂的。《2007中國文史精華年選》新書已經上市，無論從內容的豐富性還是可讀性來看，自己覺得比前面兩本都要好。如楊天石、雷頤、楊奎松、謝泳、李新宇、陳曉農、朱鴻召等人的文章，真的是既有新史料，又有新的見識（這也是我編「文史精華年選」的追求，這裏不贅）。

但因為匆忙，留下了一點小遺憾：一是本書既無「前言」又無「後記」。二是原編定的「口述實錄」、「其人其事」、「往事滄桑」、「文史雜俎」和「十月回眸」（關於蘇聯的一組文章）五輯，計畫每輯題名占一頁，配點圖片，或從文中「摘段搜句」以裝飾，似也不錯。後來因沒來得及找圖片，摘文也沒時間。責編電話告訴我，他們技術編輯要求乾脆撤了每輯題名這一頁，理由是寥寥幾字，太空了很難看，我也只好答應。如今拿到樣書，翻開目錄一看，每輯的名字也同樣被刪除了。刪除就刪除，但每輯目錄銜接處沒有空一行，這實在是個技術差錯。因為每一輯文章內容和行文風格是略有不同的，說事的時間跨度也是按輯編排的。這樣一鍋粥煮，明眼人自然一看就知道了。

本書序文我本寫了篇〈想起兩本書〉的文章，擬作「代序」。此文由兩本回憶錄想到歷史敘述的當下困境，以及如何忠實地寫出自己的歷史。文章交給責編送審，幾天後答覆說此文是一篇單獨的文章，作序文不妥，並要我圍繞書的內容重寫。於是又寫了篇交給責編，送審後又說，文章可作「編後記」，但文中說到「過苦日子吃人」的事，不能用，所以最後成了本「無頭無尾」的書。其實，刪了關於吃人的那幾句不就行了嗎？

我的職業是作嫁衣裳，自己寫文章不多，也寫不好。但要是寫了，我是很用心的，還有點「敝帚自珍」的怪癖。為這本「年選」我寫了兩篇小文，〈想起兩本書〉已投給一家有點影響的雜誌，編輯部回覆說擬用；後面圍繞書的內容寫的，題名為〈歷史的經驗和教訓——《2007中國文史精華年選》編後記〉，投給《雜文報》，編輯很快發了稿，且被一批

雜文家們不棄，投票評為2007年12月《雜文報》「月度最佳」稿。說實話，這個名頭對我無所謂了，但那一千元獎金倒可讓我抱回一些自己喜歡的書了。

　　如今我想，幸好書後沒放上這篇「編後記」，如「放了」就不合參評資格了，因這個獎只發給「專稿專投」者。因此，「因禍得福」一例也。至於題說「遺憾」，主要是對讀者而言的。轉而一想，能讓讀者去琢磨一下也好。在消遣和讀圖時代能讓讀者去「琢磨」，實在不是容易的。

（2008年1月）

愧對母親

幾年前，讀過李昌平的一篇文章，說過去農村病人死在醫院，現在大都死在家裏。為什麼死在家裏？住不起醫院。母親也是死在家裏的，但並非全然治不起。對我們兄弟來說，花個幾萬元應該還是能夠承受的，可我們卻沒有送她去醫院。我曾提出過，大家（包括鄉里左鄰右舍）卻認為母親這麼大年紀，似沒有治療的意義了。

母親活到九十歲還差一個月，也算高了。2006年10月26日，母親去世後，按照鄉里舊俗，擇了吉日良辰，做了「佛事道場」，直到把母親送到父親長眠的身旁，我們兄弟才各自散去。

好像還是清明節時我回去，母親就說受涼了，老咳嗽，吃了一百八十多塊錢的中西藥，都不見效。我說，這點錢不算什麼，感冒去大醫院開一次藥就不止這個數了。我又給她買了些藥，囑她按時吃，吃了會好的；但奇怪的是，這次感冒總不見好。我差不多每月回去

2006年7月，母親與兒子的最後一次合影

作者與父母合影於1997年

一次，見她總還是有點咳，可說話精神還好，也就沒特別在意了。「十一」長假人多車擠，本不打算回去的，但10月2日，大哥回去見母親情況不妙，就給我打了電話。第二天我趕到家裏，見母親氣色很不好，人也更瘦了。母親告訴我，為防意外，這幾天她已要弟弟晚上來鎖門，早上再來開門看看自己是否還活著，不然死了被老鼠咬掉眼睛或鼻子，說起來別人也不好聽。母親說話常帶刺，這次卻說得平和，平和中又分明帶著無奈。正因為這樣，刺痛了我的心。兄弟們一合計，我和大哥給一點錢，讓弟弟、弟媳多操一點心。弟弟答應了，弟媳還是不願意，說和母親搞不好，嫌她刀子嘴，不饒人。後來只得請了遠房的表姐來侍服，但不出半月，情況越來越糟，最後終於走了。

母親去得很安詳，不吃不喝十幾天，就躺在床上，也沒大的痛苦，只是間或又要人扶一扶身子。在母親生命的最後時刻，我沒能多陪陪她，這是我非常內疚的。養兒為送終，但母親咽氣的那一刻我也不在她身旁。也許真的是自古忠孝難兩全。

　　10月21日，我回去了。見母親病情很重，我立即電話和大哥商量是否送她去醫院裏。大哥說，明天他請縣中醫院醫生過來看看。22日一早，我給大哥電話，大哥說上午十一點前趕到。大概十點四十，兩個醫生來了，但又沒帶聽診器，就聽聽脈，用手摸摸母親的心跳。我問有輸氧和輸液的必要嗎，醫生說當然必要。醫生開藥可又沒帶處方箋，於是我找了張稿紙讓他開了藥，急急乘車去二十里外的低莊鎮醫院買藥。車還沒到，我手機就響了，說母親自己不願吃藥了，買了也浪費了。我到醫院不久，電話又追來了，要我不要買藥。買不買呢？我猶豫好久，最後輸液藥物沒買，就只買了強心丸和一瓶氧氣。租車回家後，馬上給母親插上輸氧管，問她好受些嗎，她說好一些。我回來時交待弟弟，這瓶氧能用三天，用完了再去買一瓶。第三天我打電話去問，表姐說母親不肯輸氧了，說這樣吊著使她難受，她也願意死了。斷氧的第二天，就傳來母親去世的噩耗。

　　10月22日那天，給母親輸好氧，我本來決定搭乘下午兩點多那趟車趕回長沙的，可幾次起身要走時，看到母親那個樣子，實在不忍離去。整個一下午，我就坐在母親床前，把她的手拿在我手裏，輕輕地撫摩著。母親可能是感覺到兒子久違的溫暖了，她伸出另一隻手指著床邊輕輕說，「你坐到床上吧。」母親睡的是農村老式的床，床方有十幾釐米高，坐上去將腳吊起來，很不舒服，我沒按她的意思坐到床上去，以滿足她最後的要求，至今想來十分難過。還應懺悔的是，整個下午我雖坐在母親床前，眼睛看著她，心裏想的卻是自己手裏急著要辦的事，鐵心要乘晚上的車走。我至少四、五次對母親說，「媽媽，我今天還要回去，我的事實在是擱不開。您好好保重，我星期六又回來……」母親答應說「好」。我說過這些話又不走，一會兒，母親催我說，「你怎麼還不走？」可我仍然只顧撫摩著她的手。我曾試著走出母親睡的裏屋，她以為我已走了。表姐進去問母親：「姨姨（表姐常這樣叫她），您病得這樣重，怎麼讓老六（我排行

359

第六）回去？」「他有事。」「您留著他嘛。」「留不住的……」到了傍晚，我走到母親床前說：「媽媽，您好好保重……我走了……過幾天再回來……」母親說：「你去吧。等我死了再回來。」我聽了雙腿一沉，再也拔不起來，就那樣呆呆地站在母親床前十多分鐘。隨著自己年齡的增長，我越來越覺得做父母的真不容易。每當碰到那些數落父母不是的人，我總會勸說：「父母給了我們血肉之軀，就是最大的賜予，為兒女的再怎麼也是報答不完的。」那一刻，我不知母親對我要走是怨是恨。走出屋來，我流淚了，為自己還是為母親，我說不清。回到單位和同事說起這事時，我止不住又掉下淚來。在我記憶中，這十幾年遠離父母，每次歸來，母親總要送出家門，或是站在門口望著我離去，我也總是邊走邊回頭，囑她保重，給的錢一定要花掉，再也不要節約了，等等。這一次，是母親唯一不送的一次——就是前一次回來，靠在躺椅上的母親還是起身遠遠望著我走的。

在陪伴母親的最後一個下午裏，記得母親還說過一句令我心痛的話，她說：「還是得女兒好些」。我知道，母親是怪我們兄弟在她病重的時候少陪了她。母親沒有女兒，生了八個兒子。前三個是和早逝的前夫所生，住在二、三十里之外，只是偶爾來看看。嫁給父親後又生了五個，但經過苦日子，先後夭折三個。如今我們兄弟三個，大哥還是同父異母的，母親來時大哥才兩歲多一點，在最困難的日子裏堅持送大哥讀到大學畢業，這在一般做後母的是很難做到的，因此她也在鄉里有很好的口碑。如今大哥在縣城裏教書，雖已退休，但仍在私校上課，一個月回去看一次；我在千里之外的省城裏瞎忙乎，每次回去，也總是來去匆匆。弟弟、弟媳雖在身邊，但住在另一幢房子，總怪母親嘴多，自然也不怎麼陪她。父親2001年5月去世後，母親曾一度來我家，本來說好住到過年回去的，可她過不慣城裏的生活，大約一月後硬要我送她回去。我們曾想給她請個保

姆,可她生怕多用了我們的錢,堅決不要,說她自己還能自理。她一個人就住在大哥早年蓋在鄉下的房子裏,洗漿衣服等等都是自己。她擰不乾被子,看見路人就叫別人幫幫。生命的最後幾年,她每天早早起床,這裏走走,那裏坐坐,下午三、四點,隨便吃點什麼,五、六點就關門睡了。漫漫長夜,母親說不出「孤寂」二字,只說自己就像「尼姑」一樣。我每次回去給她錢,她有時不要,有時收了,但又捨不得用,直到死了還剩在那裏。就在母親去世前的第四天傍晚,表姐為她擦臉,她問表姐:「今天燒了幾塊煤,水還這麼熱?」我替表姐回答:「只燒了兩塊。」那一瞬間,我心裏像刀刮一樣難受⋯⋯。

這張攝於1998年11月的照片,幾乎就是作者兄弟們與父母等在一起的「準全家福」了

母親是苦水裏泡大的。小時家裏很窮，六、七歲時，她提著打豬草的籃子，在富家子弟念書的屋簷外溜達。她背得「人之初，性本善」等幾句，卻耽誤了打豬草，被外婆邊打邊罵：「你也想讀書？哪個叫你投胎到我家裏？」二十二歲時，母親嫁給低莊一周姓家老大。那時還在抗戰，丈夫被抓了壯丁。按規定，老大一般不當壯丁，可弟弟躲了，鄉保長只要抓個人就交差。這時母親硬是帶了槍兵把弟弟抓住，把丈夫換了回來。弟弟、弟媳怎麼想？她顧不了。後來抗日，美國人來湘西修飛機場，丈夫又累死在機場工地上。當時她還不到三十歲，下有三個兒子，一個六歲，一個三歲，一個剛出生。往後的日子怎麼過？她一咬牙，兩個大的送給叔叔寄養，最小的送給一莫姓人家了。母親向來敢做敢當，別人說什麼，她不在乎，她說她要面對現實。過苦日子時，要不是母親，我真不知道自己是否還能活著。

　　許多年前，讀過張潔的〈世界上最痛我的那個人去了〉，留給我心靈的震撼至今難忘。人生在世，功名利祿可以不要，可不能不要骨肉親情。母親常說，「父母記掛兒女路頭長，兒女記掛父母只有扁擔長。」自己這十多年裏，試圖學著操用「精英話語」，貌似關懷底層，偏偏忘記了多給母親一點溫暖……。

　　人生苦短。回家的路上，我突然想到自己的年齡，一種人生的悲涼，不禁襲上心來。我想，將來自己的孩子也會這樣向我懺悔嗎？我不敢去想。也許，人就是這麼輪回地生和死吧。

（2006年11月26日於長沙）

後記

　　我寫得不多，但大都是認真的；說的是些常識，也是大實話。八年前出版第一本書，這是第二本。近十多年供職媒體，還編些書，都是做的嫁衣裳。有時動筆，也屬偶然得之，或是有人索文債催促而為之。我有自己的研究計畫和寫作野心，並為兩本書的寫作做了紮實的資料準備，無奈沒有整塊的時間，一直想寫，卻無法安頓心靈。看來，只有留待以後去做了。

　　年輕時我愛好文學，後來潛心於人文社科，尤其喜歡有思想含量的文史類書籍。錢穆、余英時、黃仁宇、唐德剛等都讀，但我更喜歡讀錢穆。我覺得，真正的大家，就是能把艱澀而深奧的道理，用最簡潔的話語說出來，如面談，不玩高深，不拉架子。這也是我之所以喜歡錢穆的原因。儘管，我不贊同錢穆先生的一些觀點，但並不妨礙我喜歡他：於平實中見大智慧。

　　錢穆先生的融會貫通是不容易學到的，必以淵博的學識為背景。今生今世，我輩無法望其項背，但盡力把自己的文章寫得明白一點還是可學的。收入本書的文字，大都在報刊發表過，但受到大陸言論空間的限制，有些篇什發表時不得不有所刪節。這次大家看到的這個版本，我盡量做了些恢復工作，但也有不少篇章找不到原始文本了，只

能留下一些遺憾。儘管如此，細心的讀者也許看到了，無論是讀書隨筆，還是說人說事，我都竭力找到角度，發人所未發。如〈唐浩明與潘旭瀾〉一文，原本是岳麓書社出了唐浩明的書，做圖書宣傳的凌先生希望我能寫點文字。唐浩明大名鼎鼎，其長篇歷史小說《曾國藩》，世人皆知。我找個什麼角度好呢？要是寫成「產品說明書」之類，那就太沒意思了。這時我想到自己讀過的《太平雜說》，著者是潘旭瀾，復旦大學博導。我與潘老無一面之緣，也從未有過交往，但他的《太平雜說》讓我難忘，讓我時時想起這位長者的道德文章，於是很快寫就此文。

我大致說了這些：唐浩明是研究曾國藩的大家，潘旭瀾是研究曾國藩對手洪秀全的。唐浩明的曾國藩研究是以歷史小說的手法，再現歷史風雲，把曾國藩及其家族將領以及同道胡林翼、左宗棠、江忠源、彭玉麟、李鴻章等等，刻畫得栩栩如生，呼之欲出。而潘旭瀾的研究方法是以史料為依據，先從其制度入手，然後到人，如洪秀全、馮雲山、楊秀清、韋昌輝、石達開、李秀成、蕭朝貴等等，說人說事，直面歷史，夾以議論，入木三分。在我看來，唐浩明與潘旭瀾實際上在做著同樣的研究，他們把一百多年前的生死「對手」請出來，只是手法各異。他們一個偏重於感性，一個偏重於理性，路徑不同，目的卻是一致的。他們好像開鑿一條穿山隧道，一個從南面掘進，一個從北面掘進。如今隧道打通了，只是沒有慶典，而他們的學術良知和道德勇氣是值得稱道的……。

文章後來在多家報刊發表。潘先生讀到發表在《學習時報》上的那個版本，他讀了就給我寫信，視我為知己。我回信說，您老一輩子研究文學，德高望重，桃李滿天下，但將來留下的恐怕就是「太平雜說」。中國學者多於牛毛，真正能留下東西的屈指可數。你老做的是真學問——也應了這句話：只有真問題，才有真學問！後來，潘老每有關於「太平軍」的文章發表，總是複印寄我一份。2005年見我出任《隨筆》雜誌特邀副

主編，他給我寫信道賀説：「由你出任《隨筆》特邀副主編，很好，很好。」潘老是2006年7月去世的，在他生命的最後兩年裏，我們成了忘年交。後來我編書，曾想推出他的《太平雜説增補本》，但未能如願。聽到他去世的消息，我想寫篇懷念他的文字，迄今卻未能動筆。就此機會，先寫上這麼幾句，聊作紀念。

這裏還要説到一個人，就是生養我血肉之軀的母親。在我編輯這本書的時候，正是母親最後的日子。在她生命的最後時刻，我沒能多陪陪她，這是我心裏永遠的痛。我曾寫過一篇〈愧對母親〉的文章，説了我對母親的深深懺悔。我原以為，多給母親的錢就是孝敬了，可母親需要的不是錢，她去世了，錢還剩在那裏。如今母子天人兩隔，我在這裏念她，不知母親九泉有知乎！

最後還要感謝邵建先生的好心推薦，使台灣學者、出版人蔡登山先生得見此書稿，並在收到書稿後的第二天立即回覆：「大著我們決定出版，而且會很快進行。」我很慶幸與蔡登山先生的緣分。

最後還要告訴讀者朋友：本書在秀威出版過程中，因受篇幅所限，拿下了七萬餘字的〈對話——現代與傳統〉一輯。該輯有與楊小凱、馮象、劉軍寧、王炯華等著名學者的對話，容後補充整理成卷，也將由秀威出版。也許下一本書，更值得期待。

（2006年12月於長沙，2008年3月改定）

世紀映像叢書

世紀映像叢書

世紀映像叢書

世紀映像叢書

國家圖書館出版品預行編目

思想的風景：近代思想史另類閱讀／向繼東著
.-- 一版. -- 臺北市：秀威科技資訊，
2008.10
　　面；　公分. --（史地傳記；PC0059）
BOD版
ISBN 978-986-221-104-5（平裝）

1.學術思想　2.近代哲學　3.知識分子　4.中國

112.707　　　　　　　　　　　　　97019787

史地傳記　PC0059

思想的風景 ── 近代思想史另類閱讀

作　　　　者／向繼東
主　　　　編／蔡登山
發　行　　人／宋政坤
執　行　編　輯／詹靓秋
圖　文　排　版／鄭維心
封　面　設　計／陳佩蓉
數　位　轉　譯／徐真玉、沈裕閔
圖　書　銷　售／林怡君
法　律　顧　問／毛國樑　律師
出　版　印　製／秀威資訊科技股份有限公司
　　　　　　　　台北市內湖區瑞光路583巷25號1樓
　　　　　　　　電話：02-2657-9211　傳真：02-2657-9106
　　　　　　　　E-mail：service@showwe.com.tw
經　　銷　　商／紅螞蟻圖書有限公司
　　　　　　　　台北市內湖區舊宗路二段121巷28、32號4樓
　　　　　　　　電話：02-2795-3656　傳真：02-2795-4100
　　　　　　　　http://www.e-redant.com

2008 年 10 月　BOD 一版
定價：450 元

讀　者　回　函　卡

感謝您購買本書，為提升服務品質，煩請填寫以下問卷，收到您的寶貴意見後，我們會仔細收藏記錄並回贈紀念品，謝謝！

1. 您購買的書名：＿＿＿＿＿＿＿＿＿＿＿＿＿＿＿＿

2. 您從何得知本書的消息？

　　□網路書店　　□部落格　　□資料庫搜尋　　□書訊　　□電子報　　□書店

　　□平面媒體　　□ 朋友推薦　　□網站推薦　□其他＿＿＿＿＿＿

3. 您對本書的評價：(請填代號　1.非常滿意 2.滿意 3.尚可 4.再改進)

　　封面設計＿＿＿　版面編排＿＿＿　內容＿＿＿　文/譯筆＿＿＿　價格＿＿＿

4. 讀完書後您覺得：

　　□很有收獲　　□有收獲　　□收獲不多　　□沒收獲

5. 您會推薦本書給朋友嗎？

　　□會　□不會，為什麼？＿＿＿＿＿＿＿＿＿＿＿＿＿＿＿＿

6. 其他寶貴的意見：＿＿＿＿＿＿＿＿＿＿＿＿＿＿＿＿＿＿

＿＿＿＿＿＿＿＿＿＿＿＿＿＿＿＿＿＿＿＿＿＿＿＿＿＿

＿＿＿＿＿＿＿＿＿＿＿＿＿＿＿＿＿＿＿＿＿＿＿＿＿＿

＿＿＿＿＿＿＿＿＿＿＿＿＿＿＿＿＿＿＿＿＿＿＿＿＿＿

讀者基本資料

姓名：＿＿＿＿＿＿＿＿＿＿　年齡：＿＿＿＿　性別：□女 □男

聯絡電話：＿＿＿＿＿＿＿＿　E-mail：＿＿＿＿＿＿＿＿＿＿

地址：＿＿＿＿＿＿＿＿＿＿＿＿＿＿＿＿＿＿＿＿＿＿＿＿

學歷：□高中(含)以下　　□高中　　□專科學校　　□大學

　　　□研究所(含)以上 □其他＿＿＿＿＿＿＿

職業：□製造業 □金融業 □資訊業 □軍警 □傳播業 □自由業

　　　□服務業 □公務員 □教職　□學生 □其他＿＿＿＿＿

秀威與 BOD

BOD（Books On Demand）是數位出版的大趨勢，秀威資訊率先運用 POD 數位印刷設備來生產書籍，並提供作者全程數位出版服務，致使書籍產銷零庫存，知識傳承不絕版，目前已開闢以下書系：

一、BOD 學術著作—專業論述的閱讀延伸
二、BOD 個人著作—分享生命的心路歷程
三、BOD 旅遊著作—個人深度旅遊文學創作
四、BOD 大陸學者—大陸專業學者學術出版
五、POD 獨家經銷—數位產製的代發行書籍

BOD 秀威網路書店：www.showwe.com.tw
政府出版品網路書店：www.govbooks.com.tw

　　永不絕版的故事・自己寫・永不休止的音符・自己唱